高职高专经管类专业系列教材
GAOZHI GAOZHUAN JINGGUAN LEI ZHUANYE XILIE JIAOCAI

SHICHANG YINGXIAO CEHUA

市场营销策划（第2版）

主　编　巫国义　谭　蓓
副主编　刘　恋　向红兵

重庆大学出版社

内容提要

全书共设10个项目,内容包括市场营销策划概述、市场营销策划环境分析、产品策划、品牌策划、广告策划、营业推广策划、主题活动策划、节日活动策划、公共关系活动策划和企业形象策划。每个项目设置了学习目标、导入案例、典型案例、资料链接、实时互动、任务演练、重点概括、课后思考、案例分析、实训项目等板块,适应理实一体化教学需要,突出"学中做、做中学"的特点。

本书适合普通高等学校经管类专业人才培养的教学使用,也可作为在职人员继续教育用书和自学参考书籍。

图书在版编目(CIP)数据

市场营销策划 / 巫国义,谭蓓主编. -- 2版. -- 重庆:重庆大学出版社,2020.8

高职高专经管类专业系列教材

ISBN 978-7-5689-2258-6

Ⅰ.①市… Ⅱ.①巫… ②谭 Ⅲ.①市场营销—营销策划—高等职业教育—教材 Ⅳ.①F713.50

中国版本图书馆CIP数据核字(2020)第109494号

市场营销策划

(第2版)

主 编 巫国义 谭 蓓

副主编 刘 恋 向红兵

责任编辑:顾丽萍 版式设计:顾丽萍

责任校对:陈 力 责任印制:赵 晟

*

重庆大学出版社出版发行

出版人:饶帮华

社址:重庆市沙坪坝区大学城西路21号

邮编:401331

电话:(023)88617190 88617185(中小学)

传真:(023)88617186 88617166

网址:http://www.cqup.com.cn

邮箱:fxk@cqup.com.cn(营销中心)

全国新华书店经销

重庆荟文印务有限公司印刷

*

开本:787mm×1092mm 1/16 印张:17.75 字数:423千

2015年2月第1版 2020年8月第2版 2020年8月第4次印刷

印数:3 001—5 000

ISBN 978-7-5689-2258-6 定价:49.00元

第2版前言

市场营销策划是企业把握当前和未来的市场需求变化,并把这些需求转化为企业赢利机会的实践过程。本书针对企业营销策划的主要任务,按照营销策划的基本程序,以营销策划项目为主线,力求将营销理论与营销活动实践相结合,增强教材的针对性、实践性和可操作性。

本书在撰写过程中,注重适应理实一体化的教学需要,突出"学中做、做中学"的特点。每个"项目"设置"学习目标",引导学习者明确学习目的,便于自我检查。每项"任务"通过"导入案例"引导学习者进入学习情境。任务穿插"典型案例""资料链接""实时互动"等内容,不仅拓宽了学习者的知识面,同时还引导学习者积极思考,加深对相关知识点的理解。每项"任务"结束,设置"任务演练",通过边学边练,将所学用于实践,巩固知识,锻炼能力。每个"项目"结束,设置"重点概括",帮助学习者梳理回顾所学的主要内容;"课后思考"和"案例分析"检测学习者对所学知识的掌握程度;"实训项目"通过综合实训演练,强化学习者解决实际问题的能力。

本书由巫国义、谭蓓担任主编, 刘恋、向红兵担任副主编,并由他们负责全书的整体构思、大纲设计和审核统稿。全书共设10个项目:项目1市场营销策划概述(向红兵撰写),项目2市场营销策划环境分析(谭蓓撰写),项目3产品策划(巫国义撰写),项目4品牌策划(陈卫莉撰写),项目5广告策划(肖定菊撰写),项目6营业推广策划(童文军撰写),项目7主题活动策划(刘恋撰写),项目8节日活动策划(赵凯撰写),项目9公共关系活动策划(李雨虹撰写),项目10企业形象策划(卿云晖撰写)。

本书在撰写过程中,参阅了国内外学者许多相关著述、案例资料,在此谨向这些学者表示诚挚的谢意。书中不足之处敬请专家、读者批评指正。

编　者

2020年3月

目　录

项目1　市场营销策划概述

【学习目标】

知识目标

● 了解市场营销策划的核心概念、特点及类型。

● 了解市场营销策划各要素和原则。

● 理解市场营销策划的流程与方法，并用于实际。

● 掌握营销策划书的结构与内容，以及撰写技巧。

能力目标

● 运用本项目知识研究相关案例，具备分析营销策划个案的能力；掌握撰写营销策划书的基本技巧。

● 学会根据营销环境，结合所学知识，用策划方法分析及解决问题。

任务1　认识市场营销策划

【导入案例】

百事新营销

随着新零售在2017年的崛起，消费者体验被置于更加重要的地位，移动化、场景化的应用得到更深入的细分，消费者更为积极地渗透到价值创造的各个环节，成为创造独特体验的参与者。消费者角色的转变给移动互联环境下的品牌传播带来新的思考，如何抓住年轻人成为下一个制胜关键。

成长于数字化时代的年轻消费者注重情绪触发，认知升级快。基于对新生代消费者的洞察和沟通，百事在其品牌传播中采用新数字技术，整合大量用户数据，构建了多渠道加深用户体验的营销方案，在创造品牌差异化价值、与年轻人生活场景情感联结、营造消费者体验空间等方面进行了成功探索，以融入年轻人的生活与心智。

针对年轻人的独特需求，百事2017年从口味和包装两方面进行了一系列创新。2017年在中国上市的百事可乐无糖全黑细长罐，借助全黑设计赋予产品更为鲜明与大胆的个性，“敢黑 · 带感”的品牌态度与时下崇尚“个性”文化的年轻消费群体形成共鸣，更好地满足年轻人的细分需求。基于时下年轻人对多元价值观的认知与接纳、自我态度表达的渴望，百事2017年在时尚、音乐、运动等代表年轻潮流文化风向标的领域进行了系列跨界合作，将“Live for Now”（渴望就现在）的品牌文化延伸至消费者生活方式的不同层面。百事与“跳出框架，打破边界”的纽约著名华裔时装设计师 Alexander Wang（亚历山大 · 王）进行了深度合作，以自由不羁的设计美学结合百事对黑色的独特领悟，呼应年轻人把握现在，探索未知可能的生活态度，彰显百事可乐无糖无惧无畏、大胆探寻的品牌个性。百事多年来一直具有很强的音乐基因，推出的“玩转百事盖念店”系列活动中，百事一展其在代言人选择上的独到见解——相比明星光环，更关注其与年轻人产生共鸣的生活标签。“百事盖念店”是百事可乐首个线上和线下结合的潮流文化体验空间，在进行线上活动时，百事打破常规的单一奖品兑换机制，消费者可以在线上平台通过兑换、抽奖、竞拍、众筹等方式赢取限定潮品。线下活动注重体验设计，精准解读消费者的心智信号，汇聚跨界时尚单品，与消费者在产品、平台、空间、环境的互动中完成情感连接，营造全开放的沉浸式体验。

日新月异的新零售时代，消费品品牌传播已经成为挑战不断的全新课题。面对信息碎片化的传播环境，跨界合作能够有效丰富品牌的消费触点，抓住年轻人的注意力。在营销策略上，品牌需要兼顾媒体覆盖的广度和深度，不仅要通过一些大媒体的投放和大型内容的植入来扩大影响面，还要让现有用户对品牌有更深的接触愿望。百事所开展的一系列体验化、定制化、差异化的品牌沟通活动，都颇有成效地扩展了品牌的广度和深度，通过在音乐、运动、时尚等领域的跨界行为，深入了解年轻人不断变化的消费需求和消费心理，以巩固品牌和他们的情感连接，持续引领年轻生活方式，将百事的产品基因、品牌理念渗透到他们的生活中。

问题讨论：

1.百事新营销手段有哪些？

2.你更喜欢哪些营销方式？请说明理由。

1.1.1 市场营销策划的概念

市场营销策划，就是指市场营销策划活动的主体——企业，在市场营销活动中，为达到预定的市场营销目标，从新的营销视角、新的营销观念、新的营销思维出发，运用系统的方法、科学的方法、理论联系实际的方法，对企业生存和发展的宏观经济环境和微观市场环境进行分析，寻找企业与目标市场顾客群的利益共性，以消费者满意为目标，重新组合和优化配置企业所拥有的和可开发利用的各种人、财、物资源和市场资源，对整体市场营销活动或某一方面的市场营销活动进行分析、判断、推理、预测、构思、设计和制订市场营销方案的行为。

1.1.2 市场营销策划的特点

市场营销策划是一门复合型的学科，它是由多门学科知识综合、交叉、碰撞而形成的新的应用知识体系。它秉承市场营销学的特点，是综合思维的科学与精湛的经营艺术的结合。市场营销策划既是一门科学，也是一门经营艺术。

1）市场营销策划是创新思维的学科

市场营销策划实质上是一种经营哲学，是市场营销的方法论，因而是一门创新思维的学科。市场营销策划作为创新思维的学科，特别强调将单线性思维转变为复合性思维，将封闭性思维转变为发散性思维，将孤立的、静止的思维转变为辩证的、动态的思维，将具有浓厚的小农经济色彩的“量入为出”的思维转变为“量出为入”的市场经济的思维。市场营销策划所要达到的最终目的是通过对企业各类资源的整合，使营销策划的对象以崭新的面貌出现在市场上，并在特定时空条件的市场上具有唯一性、排他性和权威性。只有达到这“三性”，才是一个优秀的市场营销策划，才能满足市场竞争的创新需要，也才能使营销策划的对象在市场竞争中产生“先发效应”和“裂变效应”，以抢占市场的先机，拥有市场核裂变能量，为企业拓展广阔的市场空间，实现企业综合经济效益最大化。

2）市场营销策划是市场营销工程设计学科

市场营销策划实质上是运用企业市场营销过程中所拥有的资源和可利用的资源构造一个新的营销系统工程，并对这个系统中的各个方面根据新的经营哲学和营销理念设计进行轻、重、缓、急的排列组合。在这个市场营销系统工程的设计中，营销理念设计始终处于核心和首要地位。

在市场营销策划中，营销理念设计是其他一切营销活动设计的前提，是市场营销活动的影子,而市场营销活动则是营销理念的原型。营销理念设计是统率、指导和规范其他市场营销系统工程设计的核心力量,并渗透于整个市场营销策划过程中。

3)市场营销策划是具有可操作性的实践学科

市场营销策划是一门实践性非常强的学科。市场营销不是空洞的理论说教,它要回答企业在现实的市场营销活动中提出的各种疑难杂症,而不仅仅回答这些问题出现的原因,即回答为什么,是什么。企业最需要的市场营销策划不仅仅是企业应该开拓市场,应该赚钱,而更重要的是如何开拓市场、营造市场以及如何在激烈的市场竞争中获取丰厚的利润。市场营销策划就是在创新思维的指导下,为企业的市场营销拟订具有现实可操作性的市场营销策划方案,提出开拓市场、营造市场的时间、地点、步骤及系统性的策略和措施,而且还必须具有特定资源约束条件下的高度可行性。市场营销策划不仅要提出开拓市场的思路,更重要的是在创新思维的基础上制订市场营销的行动方案。

4)市场营销策划是系统分析学科

市场营销策划是一项系统工程设计,其主要任务是帮助企业利用开放经济中丰富的各种资源,如区域性资源、国内资源和全球性资源、显性资源和隐性资源、可控资源和不可控资源等,用系统的方法将其进行新的整合,使其在市场营销过程中产生巨大的"核裂变"效应。市场营销策划是用科学、周密、有序的系统分析方法,对企业的市场营销活动进行分析、创意、设计和整合,系统地形成目标、手段、策略和行动高度统一的逻辑思维过程和行动方案。

市场营销策划就是依据系统论的整合原理,寻求市场营销活动 1+1>2 的投入产出比。市场营销策划是一系列点子、谋略的整合,是建立在点子和谋略之上的多种因素、多种资源、多种学科和多个过程整合而成的系统工程。因此,作为理论,市场营销策划是一门系统科学;作为实践,市场营销策划是一项系统工程。

◎典型案例

一个人想做一套家具,就走到树林里砍倒一棵树,并动手把它锯成木板。这个人锯树的时候,把树干的一头搁在树墩上,自己骑在树干上,还往锯开的缝隙里打一个楔子,然后再锯,过了一会儿又把楔子拔出来,再打进一个新地方。

一只猴子坐在一棵树上看着他干这一切,心想:原来伐木如此简单。这人干累了,躺下打盹时,猴子爬下来骑到树干上,模仿着人的动作锯起树来,锯起来很轻松,但是,当猴子要拔出楔子时,树一合拢,夹住了它的尾巴。

猴子疼得尖声大叫,它极力挣扎,把人给闹醒了,最后被人用绳子捆了起来。

实时互动:该案例说明了什么?

1.1.3 市场营销策划的类型

市场营销策划的类型根据策划的内容不同可以分为以下 3 种。

1)市场营销战略策划

对企业来说,策略是指由企业中层就可以决定的解决局部问题的途径和方法。战略则是企业为了寻求长期发展所进行的总体性的谋划,是公司管理层所制定的"策略规划"。

市场营销战略作为企业较长时期内市场营销活动的总体谋划,具有原则性、稳定性、持久性和整体性等特点，一般不可随意变更和调整。对于一个企业而言，若市场营销战略失误，正确的营销活动就会受到严重影响，甚至造成不可挽回的损失。

营销学中的产品策略、价格策略、销售渠道策略和促销策略就是企业最基本的市场营销策略。其中任何一项策略的运用，都必须符合市场营销战略的总体布局。

市场营销活动包含多种营销战略。例如目标市场战略、竞争战略、多角化战略、企业形象战略等。

2）市场营销战术策划

市场营销战术策划，就是依据营销战略策划的思路和方向，综合运用各种市场营销手段，进入和占领目标市场，实现企业的战略意图。它包括产品策划、价格策划、分销策划、促销策划。

（1）产品策划

产品策划是指企业从产品的开发、上市、销售到报废的全过程的活动和方案，又称商品策划。其内容从不同的角度有着不同含义：从类型上看，分为新产品开发、旧产品改良及新用途的拓展；从现代营销过程上看，分为产品创意、可行性评价、产品开发设计、产品营销设计、产品目标策划等。

（2）价格策划

价格是一种产品或服务的标价。广义地看，价格是消费者为了换取、获得和使用产品或服务的利益而支付的价值。价格是一种从属于价值并由价值决定的货币价值形式。价值的变动是价格变动的内在的、支配性的要素，是价格形成的基础。由于商品的价格既是由商品本身的价值决定的，也是由货币本身的价值决定的，因而商品价格的变动不一定反映商品价值的变动。商品的价格虽然是表现价值的，但是，仍然存在着商品价格和商品价值不一致的情况。

价格策划是指企业通过对顾客需求的估量和成本分析，选择一种能吸引顾客、实现市场营销组合的价格策略。价格策划的程序包括选择定价目标、核算产品成本、调查和预测竞争对手的反应、选择定价方法、确定定价策略和确定最后价格。

（3）分销策划

在西方经济学中，分销的含义是建立销售渠道的意思，即产品通过一定渠道销售给消费者。从这个角度来讲，任何一种销售方式都可以称为分销。即分销是产品由生产地点向销售地点运动的过程，产品必须通过某一种分销方式才能到达消费者手中。

分销策划是指在企业产品由生产地向销售地运动的过程中，对产品经历的方式、方法和路线的策划。分销策划主要包括销售渠道的策划、支付营销的策划和物流系统的策划。

（4）促销策划

促销就是营销者向消费者传递有关本企业及产品的各种信息，说服或吸引消费者购买其产品，以达到扩大销售量的目的。促销实质上是一种沟通活动，即营销者（信息提供者或发送者）发出作为刺激消费的各种信息，把信息传递到一个或更多的目标对象（即信息接收者，如听众、观众、读者、消费者或用户等），以影响其态度和行为。常用的促销手段有广告、人员推销、营业推广和公共关系。企业可根据实际情况及市场、产品等因素选择一种或多种促销手段的组合。

在促销中,企业将人员促销、广告促销、公共关系和人员推广等形式有机结合,综合运用,最终形成一套整体促销的活动方案的过程就是促销策划。促销策划包含广告策划、公关策划、SP(销售促进)策划和推销策划等。

3)市场营销创新策划

创新是神奇的,也是营销活动必不可少的。然而,究竟什么是创新?什么又是创新策划?

在日常生活中,我们经常听到"要有创新意识""要有差异性,要新奇"之类的话语。那么,什么是创新呢?

所谓创新,是指以现有的思维模式提出有别于常规或常人思路的见解为导向,利用现有的知识和物质,在特定的环境中,本着理想化需要或为满足社会需求,而改进或创造新的事物、方法、元素、路径、环境,并能获得一定有益效果的行为。创新是以新思维、新发明和新描述为特征的一种概念化过程。创新来源于生活、幻想、兴趣、积累等。而创新策划是指企业用新观念、新技术、新方法对企业营销活动或目标市场、竞争、企业形象、顾客满意度、产品品牌、价格、分销、促销、组织和管理等诸多方面的战略与策略进行重新设计、选择、实施和评价,以提高企业市场竞争能力的运作过程与活动。创新策划包括知识营销策划、关系营销策划、网络营销策划、整合营销策划。

【任务演练】

走访企业及经营策划者

演练内容:

要求学生了解、收集该企业的某一项或某一方面的营销策划及案例。

演练要求:

把全班分为两大组,第一组学生访问某一个工商企业,第二组开展"了解经营策划者"的活动。

任务2 市场营销策划的要素与原则

【导入案例】

星巴克猫爪杯

你为星巴克猫爪杯拼过命吗?猫爪杯的拥趸就拼过。2019年2月26日,星巴克推出春季版"2019星巴克樱花杯",其中一款粉嫩可爱的"猫爪杯"在网络上迅速走红。每年的樱花季,星巴克都会限量推出应景的主题杯,这已经成为传统。但与往年樱花杯并未掀起波澜相比,2019年的猫爪杯成功“出圈”了。

星巴克的猫爪杯首先采用了饥饿营销的套路,让消费者趋之若鹜,同时星巴克对用户深入洞察,迎合消费新趋势。近年来,社会上刮起一股“吸猫热”,越来越多的人正在成为“猫奴”。尤其在集空巢青年、大龄、未婚、社畜等标签于一身的“80后”“90后”人群中,养猫成了一种时尚的生活方式。为了养猫,猫奴们自己不舍得吃穿,也要给自己的宠物猫喂价格昂贵的猫粮。在社交圈斗猫咪萌图,给小猫过生日、拍写真,已经成为“猫奴”们日常生活的重要部分。

星巴克显然注意到了这一消费新趋势。而星巴克轻奢品牌风和小资生活的定位,面对的是城市中产人群,尤其是以“80后”“90后”为代表的中产年轻人群。这一部分客户群和喜爱猫咪的人有很高的重合度。针对这一部分用户群体和消费趋势,星巴克推出猫咪主题的咖啡杯,迅速激发了这一群体强烈的消费欲望,成功地实现了精准营销。

问题讨论:星巴克猫爪杯成功的奥秘是什么?该案例给你带来什么启示?

1.2.1 市场营销策划的要素

市场营销策划的目的是改变企业现状,完成营销目标,借助科学方法与创新思维,立足企业现有营销状况,对企业未来的营销发展做出战略性的决策和指导,带有前瞻性、全局性、创新性、系统性。市场营销策划适合任何一个产品,包括无形的服务,它要求企业根据市场环境变化和自身资源状况做出相应规划,从而提高产品销售,获取利润。而要做好市场营销策划工作,掌握营销策划的四大要素是关键。为了帮助大家做好市场营销策划工作,本书总结出了有效市场营销策划的四大要素。

1)市场环境分析

进行市场环境分析的主要目的是了解产品的潜在市场和销售量,以及竞争对手的产品信息。只有掌握了市场需求,才能做到有的放矢,减少失误,从而将风险降到最低。以凉茶为例,凉茶一直以来为南方人所热衷,这其中有气候、饮食上的差异,因此应该将主要的营销力量集中在南方城市,如果定位错误,将力量转移到北方,无论投入多大的人力财力,都不会取得好的营销效果。

2)消费心理分析

只有掌握了消费者出于什么原因、什么目的去购买产品,才能制订出有针对性的营销创意。目前的营销大多是以消费者为导向的,根据消费者的需求来制订产品,但仅仅如此是不够的,对消费能力、消费环境的分析才能使整个营销活动获得成功。脑白金能够畅销数十年,从它不间断的广告和广告语中就能看出端倪:过节不收礼正是利用了国人在过节时爱送礼的特性,而作为保健品,两个活泼老人的形象在无形中驱使晚辈在过节时选择脑白金,相信如果换成两个年轻人说广告语,影响力就会下降很多。

3)产品优势分析

分析产品优势包括本品分析和竞品分析。只有做到知己知彼,才能战无不胜。在营销活动中,企业产品难免会被拿来与其他产品进行对比,如果无法了解本品和竞品各自的优势和劣势，就无法打动消费者。在某次营销类课程中就发生过这样的情况，在课程的实作模拟中，两位学员进行销售情境模拟，其中一位扮演销售人员的学员在整个过程中对本品和竞品都缺乏足够的了解，导致另一位学员只能通过直观的感觉来交接产品特性，最终使整个销售过程以失败告终。营销的目的也是如此，通过营销手段，让消费者了解本品的优势，进而产生购买欲望是营销活动中重要的环节。

4）营销方式与平台的选择

营销方式和平台的选择既要考虑企业自身情况和战略，同时还要兼顾目标群体的喜好来进行。例如针对全国儿童的产品，就可以根据儿童的特点，在央视的儿童频道以动画短片的形式展现出来，这样不仅符合企业战略，将产品传达给全国儿童，同时能够吸引儿童的目光。对于一些快消品，则可以选择和产品切合度较高的方式，其中SNS（社交网络）平台中十分流行的争车位、开心农场等游戏，就吸引了很多汽车企业和饮料企业的加入，并且取得了非常好的效果。

但要注意的是，营销是一个系统的复杂的工作，企业要做好市场营销工作，仅仅抓住营销策划的四大要素是远远不够的，还需要根据自身的情况，做出切实可行的方案。

◎典型案例

自动洗碗机是一种先进的家庭厨房用品。当电冰箱、洗衣机大量进入寻常百姓家，市场饱和后，制造商揣摩消费者心理，推出洗碗机，意在减轻人们的家务劳动负担，适应现代人的快节奏。然而，当美国通用电气公司率先将自动洗碗机投向市场时，等待他们的并不是蜂拥而至的消费者，“门前冷落鞍马稀”的局面真是出人意料。尔后，公司的营销策划专家寄希望于广告媒体，实施心理上的轮番“轰炸”，以为如此消费者总会认识到自动洗碗机的价值。于是，该电气公司在各种报纸、杂志、广播和电视上反复广而告之，“洗碗机比用手洗更卫生，因为可以用高温水来杀死细菌”。该电气公司还宣传自动洗碗机清洗餐具的能力，努力后的结果如何呢？“高招”用尽，市场依旧，消费者对洗碗机仍是敬而远之。自动洗碗机的设计构思和生产质量都是无可挑剔的，但为什么一上市就遭此冷遇呢？究其原因，主要有以下3点：第一，传统价值观念的作祟、消费者对新东西的偏见、技术上的无知、消费者的风险和消费能力的差距，使自动洗碗机难以成为畅销产品；第二，有些追赶潮流的消费者倒是愿意买洗碗机以换取生活方便，但机器洗碗事先要做许多准备工作，家庭厨房窄小，使其价值难以实现；第三，自动洗碗机单一的功能、复杂的结构、较多的耗电量和较高的价格也是其不能市场化、大众化的原因之一。

实时互动：该案例说明了什么？

◎资料链接

在市场营销过程中，目标消费者居于中心地位。企业识别总体市场，将其划分为较小的细分市场，选择最有开发价值的细分市场，并集中力量满足和服务于这些细分市场。企业设计由其控制的四大要素（产品、价格、渠道和促销）所组成的市场营销组合。为找到和实施最好的营销组合，企业要进行市场营销分析、计划、实施和控制。通过这些活动，企业观察并应变于市场营销环境。

1.2.2 市场营销策划的原则

目前市场营销策划应用非常广泛，想要把其利用好就要懂得市场营销策划过程中应遵循的几大原则。另外，为了提高企业营销策划的准确性与科学性，也需要遵循营销策划中的基本原则。

1）**战略性原则**

营销策划一般是从战略的高度对企业营销目标、营销手段进行事先的规划和设计，市场策划方案一旦完成，将成为企业在较长时间内的营销指南。也就是说，企业整个营销工作必须依此方案进行。因此，在进行企业营销策划时，必须站在企业营销战略的高度去审视它，务求细致、周密、完善。从营销战略的高度进行策划，其作用是至关重要的。波音公司的发展历程是一个成功的例证。1952年前，波音公司在商用飞机市场几乎没有立足之地，而且以前制造商用飞机的尝试也都以失败告终。而后，波音公司在做商用飞机市场领导者的战略指导下，进行系列与此相关的营销策划，较强的创新意识使他们在激烈的竞争中占了上风，超过了道格拉斯飞机公司。可以说，波音公司后来的辉煌确实离不开他们营销策划的战略性原则。

2）**信息性原则**

企业营销策划是在掌握大量而有效的营销信息基础上进行的，没有这些信息，将导致营销策划的盲目性和误导性。同时，在执行市场营销策划方案的过程中将会出现方案和现实有出入的情况。调整方案也要在充分调研现有信息的基础上进行，占有大量的市场信息是市场营销策划及实施成功的保证。20世纪60年代末，林彪屯兵10万，对深圳河虎视眈眈，一时香港民心慌乱，地价狂跌。这时，李嘉诚根据他所搜集的信息，做出冷静的判断，认为中国不会出兵，于是，开始收购地产。事实证明，李嘉诚的判断是正确的。20世纪70年代，香港经济飞速发展，地价扶摇直上，李嘉诚也因此成为香港首富。由此可见，准确的信息加上冷静的头脑是成功策划的关键。

3）**系统性原则**

企业营销策划是一个系统工程，其系统性具体表现为两点：一是营销策划工作是企业全部经营活动的一部分，营销策划工作的完成有赖于企业其他部门的支持和合作，并非营销一个部门所能解决的，如产品质量、产品款式、货款收回等，就分别要生产部门、设计部门、财务部门的配合；二是进行营销策划时要系统地分析诸多因素的影响，如宏观环境因素、竞争情况、消费需求、本企业产品及市场情况等，将这些因素中的有利一面最大限度地综合利用起来，为企业营销策划服务。

4）**时机性原则**

企业营销策划既要做到“适时”，也要做到“重机”。换句话说，要重视“时间”与“空间”在营销策划中的重要作用。例如，新大洲借“锅”下“米”的策划，就是营销策划中借势的“神来之笔”。在1999年摩托车大战中，新大洲公司和建设集团不约而同地推出了一款高贵而又典雅的仿古车，受到都市爱车一族的女士们青睐。但在营销策划的策略中，新大洲公司与建设集团采用了两种不同的方式。建设集团首先在车展中将其样板车向市场曝光，并在电视、报纸、杂志等众多媒体进行了庞大的广告宣传，造成了一时的轰动效应，为其后进行的产品销售打下了良好的基础。建设集团把大量资金投入产品广告宣传，同样是针对这款车。新大洲公司并未加入这激烈的广告战，而是紧锣密鼓地进行着生产的前期准备，他们从配套部件入手，将大量的资金投入产前的技术准备中，在短短的3个月里，使这款新车的月产量达到了5 000辆，在高峰期月产量达近万辆。由于建设集团的新款车与新大洲公司的新款车大同小异，新大洲公司在建设集团推出其新款车前，把其“罗马假日”款仿古车推向市场，凭借“锅”下“米”的方式在营销战中获得成功。

5）权变性原则

市场就是战场，竞争犹如战争。现代市场经济中演绎着一场场激烈的竞争，权变性原则在策划中是不可或缺的思维因素。我们来看看美国柯达公司公布“傻瓜机”技术的案例。1963年2月28日——这个世界照相史上划时代的日子，柯达公司发明并上市了新相机（别名“傻瓜机”）。可就在“傻瓜机”大为走俏的时候，柯达公司做出了惊人之举。公司宣称：“我们不要独占傻瓜机的专利，其技术全部都可以提供给世界上的每个制造厂商。”其实，柯达公开“傻瓜机”技术正是该公司策划权变性的体现。原来，柯达公司因傻瓜机的问世，当年营业额超过20亿美元，纯利润3亿多美元，所花费的600万美元开发费已带来了巨额利润。与此同时，世界上相机拥有量已达数千万只，而且日本自行研究的“傻瓜机”也即将问世，即使不公开其技术，其他公司也已模仿研制出同类产品。同时，相机是耐用品，可以重复使用，而胶卷软片是一次性使用，其市场需求越来越大。正是鉴于以上考虑，柯达公司才采取权变的策划措施，公布了傻瓜机技术。公布的结果使日本的独立开发与其他公司的模仿开发均变得一文不值，没有投入研制的公司不费吹灰之力就拥有了柯达公司提供的技术。而更重要的是，其他公司傻瓜机生产越多，胶卷软片的需求就越大，而柯达公司这时正好可以集中精力，全力生产高质量的胶卷软片提供给市场，公司照样财源滚滚。无疑，柯达公司公布傻瓜机技术是企业营销策划具有权变性的最佳说明。其实，由于市场随时在波动变化，企业营销策划就必须有权变性，只有这样，企业才能适应市场环境，在竞争中获胜。

6）可操作性原则

企业营销策划要用于指导营销活动，其指导性涉及营销活动中的每个人的工作及各环节的处理，因此其可操作性非常重要。不能操作的方案创意再好也没有任何价值，不易于实现，也必然要耗费大量人力、财力、物力。如20世纪80年代初，我国有关部门策划了“川气出川”的工程，即把在四川省当时已开采的天然气用管道输送出川，为湖北、湖南提供燃气能源。其策划方案不可谓不新，效益也不可谓不诱人，但由于天然气在四川境内的储量探明并不充裕，加上输送天然气出川工程浩大，其策划难以继续实施，结果以白白损失数亿元后工程停止而告终。这一深刻的教训促使每个策划者在进行策划时均应遵循可操作性原则。

7）创新性原则

企业营销策划要求策划的“点子”（创意）新、内容新、表现手法也要新，给人以全新的感觉。新颖的创意是策划的核心内容。例如，深圳君安金行开业围绕着“真情闪亮的地方”这一点将公关、营业推广、广告宣传等整合传播手段考虑进去，特别是感人至深的系列广告、真情服务举措，大大强化了君安金行与消费者真情相连的企业形象，缩短了企业与消费者的心理距离,消费者感受到了企业的真诚以及全心全意为消费者着想的绵绵情怀。君安金行开业以极小的投入换来了较大的收获,是一次成功的企业营销策划。

8)效益性原则

企业的生命之源在于使顾客满意。科技的进步,经济的发展,市场竞争的加剧,已使今天的顾客不同于以前的顾客,今天的市场也不再是昨天的市场。现在,市场的主导权已由厂商转到顾客手中。

◎典型案例

三个旅行者同时住进一家旅馆。早上出门时,一个旅行者带了一把雨伞,一个拿了一根拐杖,第三个则两手空空。

晚上归来时,拿着雨伞的人淋湿了衣服,拿着拐杖的人跌得全身是泥,而空手的人却什么事情都没有。前两个人都很奇怪,问第三个人这是为什么。

第三个旅行者没有回答,而是问拿伞的人:“你为什么淋湿而没有摔跤呢?”

“下雨的时候,我很高兴有先见之明,撑着雨伞大胆地在雨中走,衣服还是淋湿了不少。泥泞难行的地方,因为没有拐杖,走起来小心翼翼,就没有摔跤。”

再问拿着拐杖者,他说:“下雨时,没有伞我就拣能躲雨的地方走或者停下来休息。泥泞难行的地方我便用拐杖拄着走,反而摔了跤。”空手的旅行者哈哈大笑,说:“下雨时我拣能躲雨的地方走,路不好走时我细心走,所以我没有淋着也没有摔着,你们有凭借的优势,就不够仔细小心,以为有优势就没有问题,所以反而有伞的淋湿了,有拐杖的摔了跤。”

◎资料链接

王老吉最早推向市场时是主打凉茶市场的,但广东凉茶品牌众多,王老吉显得较为弱小。2002年,王老吉重新定位,主攻饮料市场,定位为“预防上火的饮料”,该定位补缺了饮料市场的空白,使得王老吉重新获得生机,并一举创下了中国饮料史上的奇迹,销售额达到约130亿元。

江中健胃消食片原本是一款胃药,但是经过咨询公司定位后,确立新的定位思路为“日常助消化用药”。该定位一举摆脱吗丁啉等强势产品的压制,在助消化药市场抢得先机,并创造了10亿元的销售额。不久后,江中集团又推出“儿童装”产品,再次补缺助消化药市场。

(资料来源:菲利普·科特勒.市场营销管理:亚洲版[M].2版.北京:中国人民大学出版社,2001.)

【任务演练】

演练内容:营销策划的各项准备工作程序化运作。

情境设计:将班级学生分成若干实训小组,每组确定1人负责。各组依照该项目的业务程序与规范要求,进行营销策划准备工作的模拟实训。

演练要求:对开展策划的准备工作程序化运作进行模拟。

1.将班级学生分成若干小组,每组确定1人负责。

2.各组学生根据操练项目需要进行分工。

3.各组学生结合该项目的内容、业务程序与规范要求进入角色,重点体验其程序化运作模拟实训的全过程。

4.各组学生记录本次模拟实训的成功经验、存在问题和解决办法。

5.各组整理实训记录,在此基础上撰写《××策划准备工作程序化运作模拟实训报告》。

6.在班级讨论交流、互相点评与修订各组的《××策划准备工作程序化运作模拟实训报告》。

任务3　市场营销策划的流程与方法

【导入案例】

美国爱尔琴钟表公司的经营观念

美国爱尔琴钟表公司自1869年创立到20世纪50年代,一直被公认为是美国最好的钟表制造商之一。该公司在市场营销管理中强调生产优质产品,并通过由著名珠宝商店、大百货公司等构成的市场营销网络分销产品。1958年之前,公司销售额始终呈上升趋势,但此后其销售额和市场占有率开始下降,造成这种状况的主要原因是市场形势发生了变化。这一时期的许多消费者对名贵手表已经不感兴趣,而趋于购买那些经济、方便、新颖的手表,而且,许多制造商迎合消费者需要,已经开始生产低档产品,并通过廉价商店、超级市场等大众分销渠道积极推销,从而夺得了爱尔琴钟表公司的大部分市场份额。爱尔琴钟表公司竟没有注意到市场形势的变化,依然迷恋于生产精美的传统样式的手表,仍旧借助传统渠道销售,认为自己的产品质量好,顾客必然会找上门,结果,企业经营遭受重大损失。

问题讨论:

1.爱尔琴钟表公司持有什么样的经营观念?

2.该经营观念与市场营销观念有什么区别?

1.3.1　市场营销策划的流程

市场营销策划如同酿酒,是一个科学的运作过程。一般来说,企业市场营销策划包括以下8个步骤。

1)了解现状

了解现状不仅包括对市场情况、消费者需求进行深入调查,还包括对市场上竞争产品的了解以及对经销商情况的了解。大致有以下5点。

①市场形势了解。市场形势了解指对不同地区的销售状况、购买动态以及可能达到的市场空间进行了解。

②产品情况了解。产品情况了解指对原来产品资料进行了解,找出其不足和有待加强、

改进的地方。

③竞争形势了解。对竞争者的情况要有一个全方位的了解，包括其产品的市场占有率、采取的营销战略等方面。

④分销情况了解。对各地经销商的情况及变化趋势要进行适时调查，了解他们的需求。

⑤宏观环境了解。要对整个社会大环境有所了解和把握，从中找出对自己有利的切入点。

以上是整个营销策划的基础，只有充分掌握了企业、产品的情况，才能为后面的策划打下基础。

2）分析情况

一个好的营销策划必须对市场、竞争对手、行业动态有一个较为客观的分析，主要包括以下 3 方面内容。

①机会与风险分析。分析市场上该产品可能受到的冲击，寻找市场上的机会和“空档”。

②优势与弱点分析。认清该企业的弱项和强项，同时尽可能充分发挥其优势，改正或弱化其不足。

③结果总结。通过对整个市场综合情况的全盘考虑和各种分析，为制定应当采用的营销目标、营销战略和措施等打好基础。

分析情况是一次去粗取精、去伪存真的过程，是营销策划的前奏。

3）制定目标

企业要将自己的产品或品牌推出去，必须有自己得力的措施，制订切实可行的计划和目标。这个目标包括以下两方面内容。

①企业整体目标。

②营销目标。营销目标是指通过营销策划的实施，希望达到的销售收入、预期的利润率和产品在市场上的占有率等。

能否制定一个切合实际的目标是营销策划的关键。有的营销策划方案大有“浮夸”之风，脱离实际，制定目标过高，其结果也必然与实际相差千里；而有的营销策划则显得过于保守，同样也会影响营销组合效力的发挥。

总之，制定一个适宜的目标不但是必要的，而且是关键的。

4）制定营销战略

企业必须围绕已制定的目标进行统筹安排，结合自身特点制定可行的市场营销战略。营销战略包括以下 3 方面内容。

①目标市场战略。目标市场战略是指采用什么样的方法、手段去进入和占领自己选定的目标市场，也就是说企业将采用何种方式去接近消费者以及确定营销领域。

②营销组合策略。营销组合策略是指对企业产品进行准确的定位，找出其卖点，并确定产品的价格、分销和促销的政策。

③营销预算。营销预算是指执行各种市场营销战略、政策所需的最适量的预算以及在各个市场营销环节、各种市场营销手段之间的预算分配。制定营销战略要特别注意产品的市场定位和资金投入的预算分配。

5)制订行动方案

营销活动的开展从时间上到协调上需要制订一个统筹兼顾的方案,要求选择合适的产品上市时间,同时要有各种促销活动的协调和照应。有的营销策划忽略对产品上市最佳时机的确定,这会直接影响营销活动的开展。而各个促销活动在时间和空间上也要做到相互搭配、“错落有致”。

6)预测效益

要编制一个类似损益报告的辅助预算,在预算书的收入栏中列出预计的单位销售数量以及平均净价;在支出栏中列出划分成细目的生产成本、储运成本及市场营销费用。收入与支出的差额就是预计的盈利。经企业领导审查同意之后,它就成为有关部门、有关环节安排采购、生产、人力及市场营销工作的依据。

7)设计控制和应急措施

在这一阶段,营销策划人员的任务是为经过效益预测感到满意的战略和行动方案构思有关的控制和应急措施。设计控制措施的目的是便于操作时对计划的执行过程、进度进行管理。典型的做法是把目标、任务和预算按月或季度分开,使企业及有关部门能够及时了解各个时期的销售实绩,找出未完成任务的部门、环节,并限期做出解释和提出改进意见。设计应急措施的目的是事先充分考虑到可能出现的各种困难,防患于未然。营销策划人员可以扼要地列举出最有可能发生的某些不利情况,指出有关部门、人员应当采取的对策。

8)撰写市场营销计划书

这是企业营销策划的最后一个步骤,就是将营销策划的最终成果整理成书面材料,即营销策划书,也叫企划案。其主体部分包括现状或背景介绍、分析、目标、战略、战术或行动方案、效益预测、控制和应急措施,各部分的内容可因具体要求不同而详细程度不一。

◎典型案例

永琪6元营销模式

永琪营销三阶段

第一阶段——引入潜在客户

到永琪消费的顾客时常会有感于洗头项目的价廉物美,如果办三折卡,原价20元的洗头项目仅需6元。也就是说,顾客办卡后只要从卡里划6元,便能享受长达45分钟的洗头、吹干和半身按摩服务。看上去,45分钟才收6元的按摩服务费,足以让永琪亏损甚至倒闭,但事实上,这恰恰是永琪营销模式最关键的环节,因此,我们将这种独特的模式命名为6元模式。

为了增加6元模式的弹性,永琪会根据顾客的实际需求进行人性化调整,如顾客对“6元45分钟的洗头发”不感兴趣,可以在6元洗发的基础上加“38元的指压”;同时,永琪还经常推出“洗剪吹10元”“周年庆”以及各类节假日大酬宾等活动来吸引消费者的眼球。

本阶段的目的在于将客户吸引至门店,并非为了销售该项服务,吸引客户的数量和办卡推销是开展下一阶段的关键,正所谓“巧妇难为无米之炊”,只有拥有消费群体,美容师才能实施推销业务。

第二阶段——固化顾客关系

美容师根据第一阶段收集到的信息对每位顾客进行定位。其中,月收入超过2万元的高收入群体被定位为重点目标客户,1万~2万元的中等收入人群作为次重点,对于低收入者和"顽固不化"的消费者只能选择放弃。

永琪底薪很低,在奖金的激励和业绩的压力下,美容师会通过服务质量、语言技巧或者感情投资等方法,让游离在固化系统之外的永琪顾客成为自己的顾客。这个阶段实际上是永琪的服务竞争阶段。市场机制的引入使顾客可以选择和固化最适合自己的服务。

第三阶段——稳定和深化顾客关系

经过前一阶段的竞争,永琪的顾客和美容师会逐渐形成一对一的服务模式,因此,在这个阶段,美容师稳住顾客就成为关键。一方面,美容师要一如既往地为顾客推销产品和服务;另一方面,他们还需要和顾客建立信任关系。在两个相互矛盾的要求中,要想维持和顾客之间深度的关系,不太容易。聪明的美容师会充分利用手里的权限,为顾客谋取额外的增值服务。

实时互动:永琪遵循着什么样的策划流程?

1.3.2　市场营销策划的方法

企业市场营销策划的方法主要有以下4种。

1)点子方法

什么是点子?点子需要的是创新的欲望、超人的胆识和勇气及个性等。从现代营销角度来说,点子是指有丰富市场经验的营销策划人员经过深思熟虑,为营销方案的具体实施所想出的主意与方法。一个点子往往展现整个营销策划的精华。日本三洋电机公司新产品"双门冰箱"就来自公司技术员大川进一郎与太太的一句闲聊。一天,大川问太太:"你每天使用冰箱,感到有不方便的地方吗?"太太说:"从冷冻室里取冰块时,把外面的大门一打开,冰箱里的冷气就外流,觉得很可惜。"大川抓住这一点,很快想出双门冰箱的点子并开发上市,新产品一下子风靡全球。

2)创意方法

创意是指在市场调研前提下,以市场策略为依据,经过独特的心智训练后,有意识地运用新的方法组合旧的要素的过程。创意其实就是在不断寻找各种事物与事物间存在的一般或不一般的关系,然后把这些关系重新组合、搭配,使其产生奇妙、变幻的创意。

创意方法是营销策划的核心和精髓,许多营销策划的成功之处往往来源于一个绝妙而又普通的创意。有这样一个广告牌曾树立在北京长安街上,广告的画面是在蓝天下奔驰着一列火车,这列火车实际上是由一些罐装可口可乐组成的。这则广告创意便是巧妙地将可口可乐与火车联想起来,进行大胆创意,产生意想不到的效果。又如,1993年1月25日,"西泠空调"在久负盛名的大型报纸(《文汇报》)头版刊登了全版广告。这个破天荒的创举成了当天上海滩的头号新闻,上海东方电台、东方电视台都报道了这个大"新闻",海外一些媒体,如日本《朝日新闻》、新加坡《海峡时报》,以及我国香港《大公报》都纷纷就此做了报道,因为这在当时中国广告传播界尚属罕见，从来没有哪家报社用这种方式刊出广告。美国《时代》杂志发表评论："《文汇报》广告策划创意过程与方法，可以列为中国广告业的教科书。"这次成功的广告创意也使西泠电器成功地成为当年的热门话题，给人们留下了深刻印象。

3）谋略方法

谋略是关于某项事物、事情的决策和领导实施方案。谋略的中心是一个"术"字，战术、权术、手段和方法在谋略中发挥着核心作用。谋略起初在战争中广泛运用，成为古代兵法中的重要内容。现代的谋略则含有组织、管理、规划、运筹、目标、行为等多方面的内容，既有全局性、根本性，又有艺术性、方向性。

美国雷诺公司本是一家小公司，它决定从阿根廷引进新产品圆珠笔到美国，碰到两家大公司捷足先登，买了专利。雷诺于是请工程师设计了一种新型的利用地球引力自动输送墨水的圆珠笔，然后拼命去推销。由于无钱扩大宣传，他想出一计，毫无根据地到法院起诉这两家大公司，说他们违反了反托拉斯法，阻挠雷诺公司的生产和销售，要求赔偿100万美元，引发两家大公司反控告，更引起传媒大肆宣传，雷诺一举成名。谋略的调控使点子有了目标，使营销策划有了目的，往往会给企业带来意想不到的效果。

4）运筹学方法

战国时期有一个著名的"田忌赛马"故事：齐国大将军田忌经常与齐王赛马，每次比赛都是输。因为齐王的一等马比田忌的一等马强，齐王的二等马比田忌的二等马强，齐王的三等马也比田忌的三等马强，一对一，每次都是齐王赢、田忌输。孙膑闻知后献上一个计策，让田忌的三等马对齐王的一等马，让田忌的一等马对齐王的二等马，让田忌的二等马对齐王的三等马。结果，田忌先输第一场，却赢了后两场，终于2∶1反败为胜。齐王于是拜孙膑为军师。

田忌赛马是典型的运用运筹学的具体方式。出马是点子，组阵是谋略，概率与组合是战略方法。以少胜多、以弱胜强是运筹学发挥的效果。

◎典型案例

2009年年底，电影《阿凡达》的上映让全球影迷叫好。张家界将富有中国味的"乾坤柱"改名为带有西方宗教色彩的"哈利路亚山"，借力《阿凡达》，通过影视营销策划拉动了景区的旅游收入。

1.借势传播景区优势，转移公众注意力

只有将张家界借势营销专区的关注度转化为景区游客数量的增加，才能称得上是成功的营销，否则只会流于"炒作"的行列，难以成为经典。针对"哈利路亚山"所在的张家界景区，该地进行了大量的宣传工作，将张家界和《阿凡达》捆绑起来，建立起公众看"阿凡达哈利路亚山"就去张家界景区的认知。

2.基于人的口碑营销，提高游客美誉度

旅游是消费者体验感很强烈的一种产品，游客口碑就显得非常重要。如何去？价格如何？服务怎样？吃、住、行、游、购、娱，将"哈利路亚山"所在的张家界景区的特色和服务通过游客口碑传出去，树立景区的美誉度，给游客提供更丰富的可借鉴的游玩攻略，无疑会吸引更多游客前往。

3.做好旅游线上渠道,合力推广“阿凡达之旅”

旅游产品的营销也遵循4P理论。通过一系列对张家界景区美景的推广,以及大量游客攻略和口碑的传播,“阿凡达之旅”开始成为很多游客的向往。

为了创造更好的游客体验感,景区负责人制作了“纳美人”服装,在“哈利路亚山”和游客进行合影留念,为游客口碑奠定基础。直到现在,“纳美人”依然活跃在“哈利路亚山”上,给游客留下了深刻印象。

4.淡季反超破纪录,阿凡达营销取得成效

借势《阿凡达》提高了张家界景区的知名度,张家界景区游客的接待数量实现了淡季反超旺季的奇迹。

张家界借势营销所产生的效应并没有随着《阿凡达》电影的落幕走向衰弱,借势《阿凡达》影视营销带来的效应还在持续拉动着中外游客前来……

实时互动:该案例用了哪种营销策划方法?其独到之处在哪?

◎**资料链接**

何阳的点子

《点遍中国》的作者——何阳大学毕业曾分配到北京一家化工厂,32岁辞职创业。1988年创办只有一个工作人员的北京和洋新技术研究所,何阳以点子多并将“点子”商品化而闻名全国,20世纪90年代初曾经将一个点子卖到数十万元。但是在经济人眼中,何阳的“点子营销”存在着很大争议。有人认为何阳用“点子”开启了中国营销人的价值发现之旅,他是一位纯粹的营销人。但是,也有不少人认为,何阳的“成功”误导了中国的营销界,导致一些老板沉迷于“一剑封喉”的痴想。

【任务演练】

为“家之福”超市写一份迎“圣诞、元旦”的促销策划流程

演练内容:教师给定项目,学生为该项目写策划流程。

演练要求:

1.教师介绍项目,学生分组写促销策划流程。

2.学生构建方案的框架。

3.由学生将资料加以整理、分类,按照策划书的框架顺序一一列入。

4.学生进行流程设计,并说明运用的方法。

5.各团队提交策划流程书。

6.团队间交流策划流程书,并相互点评。

7.任课教师总结。

任务 4 市场营销策划书的设计与撰写

【导入案例】

通用市场营销策划书撰写大纲

1.执行概要和要领

商标、定价、重要促销手段、目标市场等。

2.目前营销状况

(1)市场状况:目前产品市场、规模、广告宣传、市场价格、利润空间等。

(2)产品状况:目前市场的品种、特点、价格、包装等。

(3)竞争状况:目前市场上主要竞争对手与基本情况。

(4)分销状况:销售渠道等。

(5)宏观环境状况:消费群体与需求状况。

3.SWOT 问题分析

优势:销售、经济、技术、管理、政策等方面的优势。

劣势:销售、经济、技术、管理、政策(行业管制等政策限制)等方面的劣势。

机会:市场机会与把握情况。

威胁:市场竞争上的最大威胁与风险因素。

综上所述,如何扬长避短,发挥自己的优势,规避劣势与风险。

4.目标

财务目标:公司未来 3 年或 5 年的销售收入预测(融资成功情况略)。

营销目标:目标销售成本、毛利率。

5.营销战略

目标市场:(略)

定位:(略)

产品线:(略)

定价:产品销售成本的构成及销售价格制定的依据等。

分销:分销渠道(包括代理渠道等)。

销售队伍:组建与激励机制等情况。

服务:售后客户服务。

广告:宣传广告形式。

促销:促销方式。

R&D(科学研究与试验发展):产品完善与新产品开发举措。

市场调研:主要市场调研手段与举措。

6.行动方案

营销活动(时间)安排。

7.预计的利润表及其他重要财务规划表

(略)

8.风险控制

风险来源与控制方法。

问题讨论:这一案例表明营销策划书是什么?

1.4.1 营销策划书的结构与内容

策划书没有一成不变的格式,它依据产品或营销活动的不同要求,在策划的内容与编制格式上会有变化。但是,从营销策划活动一般规律来看,其中有些要素是相通的。营销策划书的基本结构可分为以下 10 项,如表 1.1 所示。

表 1.1 营销策划书的基本结构表

策划书的构成	要　素
1.封面	策划书的脸
2.前言	前景交代
3.目录	一目了然
4.概要提示	要点提示
5.正文	对症下药
6.预算	计算准确
7.进度表	容易实施
8.人员分配及场地	依据和基础
9.结束语	前呼后应
10.附录	提高可信度

1)**封面**

策划书的封面可提供以下信息:①策划书的名称;②被策划的客户;③策划机构或策划人的名称;④策划完成日期及本策划适用时间段;⑤编号。

2)**前言**

前言或序言是策划书正式内容前的情况说明部分,内容应简明扼要,最多不要超过 500 字,让人一目了然。其内容主要是:①接受委托的情况,如 A 公司接受 B 公司的委托,就××

年度的广告宣传计划进行具体策划；②本次策划的重要性与必要性；③策划的概况，即策划的过程及达到的目的。

3）目录

目录的内容也是策划书的重要部分。封面引人注目，前言使人开始感兴趣，那么，目录就务必让人读后了解策划的全貌。目录具有与标题相同的作用，同时也应使阅读者能方便地查寻营销策划书的内容。

4）概要提示

阅读者应能够通过概要提示大致理解策划内容的要点。概要提示的撰写同样要求简明扼要，篇幅不能过长，一般控制在一页纸内。另外，概要提示不是简单地把策划内容予以列举，而是要单独成一个系统，因此其遣词造句等都要仔细斟酌，要起到一滴水见大海的效果。

5）正文

正文是营销策划书中最重要的部分，具体包括以下 4 方面内容。

（1）营销策划的目的

营销策划的目的主要是对本次营销策划所要实现的目标进行全面描述，它是本次营销策划活动的原因和动力。如《长城计算机市场营销企划书》文案对企划书的目的说得非常具体。其首先强调“9000B 的市场营销不仅仅是公司的一个普通产品的市场营销”；然后说明 9000B 的营销成败对公司长远利益、近期利益和长城系列产品的重要性，要求公司各级领导及各部门达成共识，高质量地完成任务。这一部分使整个方案的目标方向非常明确、突出。

（2）市场状况分析

市场状况分析着重分析以下 4 个因素。

①宏观环境分析。着重对与本次营销活动相关的宏观环境进行分析，包括政治、经济、文化、法律、科技等。

②产品分析。主要分析本产品的优势、劣势，在同类产品中的竞争力、在消费者心目中的地位、在市场上的销售力等。

③竞争者分析。分析本企业主要竞争者的有关情况，包括竞争产品的优势、劣势，竞争产品营销状况，竞争企业整体情况等。

④消费者分析。对产品消费对象的年龄、性别、职业、消费习惯、文化层次等进行分析。

以上市场状况的分析是在市场调研取得第一手资料的基础上进行的。

（3）市场机会与问题分析

营销方案是对市场机会的把握和策略的运用，因此分析市场机会就成了营销策划的关键。只要找准了市场机会，策划就成功了一半。

①营销现状分析。对企业产品的现行营销状况进行具体分析，找出营销中存在的具体问题点，并深入分析其原因。

②市场机会分析。根据前面提出的问题，分析企业及产品在市场中的机会点，为营销方案的出台做准备。

（4）确定具体营销方案

针对营销中问题点和机会点的分析，提出达到营销目标的具体营销方案。营销方案主要由市场定位和4P组合两部分组成，具体体现在两个主要问题上。

①本产品的市场定位是什么？

②本产品的4P组合，即具体的产品方案、价格方案、渠道方案和促销方案是怎样的？

6）预算

这一部分记载的是整个营销方案推进过程中的费用投入，包括营销过程中的总费用、阶段费用、项目费用等，其原则是以较少投入获得最优效果。用列表的方法标出营销费用也是经常被运用的，其优点是醒目易读。

7）进度表

把策划活动起止全部过程拟成时间表，具体到何日何时要做什么都标注清楚，作为策划进行过程中的控制与检查。进度表应尽量简化，在一张纸上拟出。

8）人员分配及场地

此项内容应说明具体营销策划活动中各个人员负责的具体事项及所需物品和场地的落实情况。

9）结束语

结束语在整个策划书中可有可无，主要起到与前言的呼应作用，使策划书有一个圆满的结束，不致使人感到太突然。

10）附录

附录的作用在于提供策划客观性的证明。因此，凡是有助于阅读者对策划内容理解、信任的资料都可以考虑列入附录。但是，可列可不列的资料还是以不列为宜，这样可以更加突出重点。附录的另一种形式是提供原始资料，如消费者问卷的样本、座谈会原始照片等图像资料。附录也要标明顺序，以便阅读者查找。

◎典型案例

周庄主题公园营销策划书目录

一、周庄镇现状和基础研究

（一）城镇自然条件与地理环境

（二）城镇历史沿革

（三）城镇传统风貌

（四）周庄镇保护规划

二、周庄镇房地产市场（主要是商业物业市场）综览

（一）房地产市场（主要是商业物业市场）现状及发展动态分析

（二）商业物业未来供需情况预测

三、本项目投资判断及保值增值潜力分析

（一）本项目综合环境价值评估

（二）本项目保值增值潜力分析

四、本项目定位及经营主题可行性评估

（一）项目定位及经营主题

（二）项目定位的重要依据及主题要点

实时互动：根据学生分析案例提出的问题，拟出“周庄主题公园营销策划书提纲”；小组讨论，形成小组《周庄主题公园营销策划书》；班级交流和相互点评。

1.4.2 营销策划书的写作技巧

营销策划书和一般的报告文章有所不同，它对可信性和可操作性以及说服力的要求特别高，因此，运用写作技巧提高上述两个“性”、一个“力”就成为撰写策划书追求的目标。

1）寻找一定的理论依据

要提高策划内容的可信性并被阅读者接受，就必须为策划者的观点寻找理论依据。但是，理论依据要有对应关系，纯粹的理论堆砌不仅不能提高可信性，反而会给人脱离实际的感觉。

2）适当举例

这里的举例是指通过正反两方面的例子来证明自己的观点。在策划报告书中加入适当的成功与失败的例子，既能调整结构，又能增强说服力，可谓一举两得。需要指出，举例以多举成功的例子为宜，选择一些先进的经验与做法以印证自己的观点是非常有效的。

3）利用数字说明问题

策划报告书是一份指导企业实践的文件，其可靠程度如何是决策者首先要考虑的。报告书的内容不能留下查无凭据的漏洞，任何一个论点最好都有依据，而数字就是最好的依据。在报告书中利用各种绝对数和相对数来进行比较对照是绝对不可少的。要注意的是，各种数字最好都有出处以证明其可靠性。

4）运用图表帮助理解

运用图表有助于阅读者理解策划的内容，同时图表还能提高页面的美观性。图表的主要优点在于有强烈的直观效果，因此，用图表进行比较分析、概括归纳、辅助说明等非常有效。图表的另一优点是能调节阅读者的情绪，有利于阅读者对策划书的深刻理解。

5）合理利用版面安排

策划书视觉效果的优劣在一定程度上影响着策划效果的发挥。有效利用版面安排也是撰写策划书的技巧之一。版面安排包括打印的字体、字号大小、字与字的空隙、行与行的间隔、黑体字的采用以及插图和颜色等。如果整篇策划书的字体、字号完全一样，没有层次之分，那么这份策划书就会显得呆板，缺少生气。总之，通过版面安排可以使重点突出、层次分明、严谨而不失活泼。

6）注意细节，消灭差错

这一点对策划报告书来说十分重要，但却往往被人忽视。如果一份策划书中错字、别字连续出现的话，阅读者怎么可能对策划者抱有好的印象呢？因此，对打印好的策划书要反复仔细检查，不允许有任何差错出现，对企业的名称、专业术语等更应仔细检查。

◎**资料链接**

进入市场计划书

1.主要商品

(1)对象商品的概要;(2)商品群展开。

2.目前市场状况

(1)所售商品分析;(2)销售状况分析。

3.今后的方针与安排

4.商品对象(目标)

(1)商品××目标;(2)商品××市场。

5.分销渠道分析

6.进入市场所存在的问题

7.广告宣传计划

8.营业系统

9.个别工具的设计方案

(1)样品方案;(2)价格表。

策划书的模板:

××活动策划书

一、活动目的及意义

二、活动主题

三、主办单位、承办单位、赞助商

四、活动时间

五、活动地点

六、活动对象

七、活动形式与内容

八、活动流程(如有奖项设置,请写清楚相关奖项的设定,包括奖项的名额、金额、礼品、证书以及评分标准等)

九、前期工作安排

十、活动现场

十一、活动后期安排

十二、要求与注意事项

十三、应急预案

十四、经费预算(尽量采用表格形式)

十五、预期效果及展望

【任务演练】

演练内容:很多营销策划书会出现这样那样的差错。请在网络上找一份营销策划书进行仔细检查,分析其出现错误的原因。

演练要求:

1.教师不直接提供上述问题的答案,引导学生结合本任务教学内容就这些问题进行独立思考,自由发表见解,组织课堂讨论。

2.教师把握好讨论节奏,对学生提出的典型见解进行点评。

【重点概括】

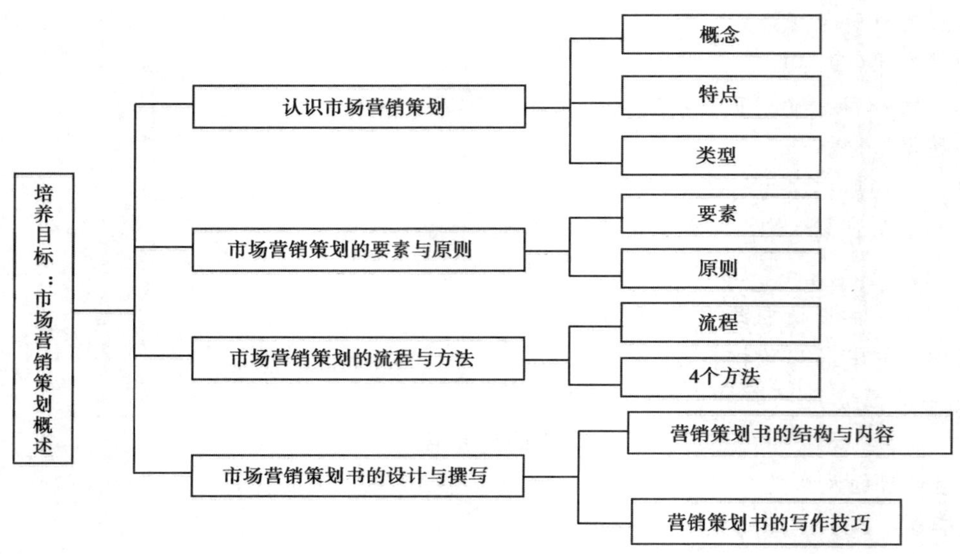

【课后思考】

1.市场营销策划的含义是什么?

2.市场营销策划的内容有哪些?

3.市场营销策划的方法有哪些?

4.简述营销策划书的撰写技巧。

【案例分析】

小油漆厂如何选择目标市场

英国有一家小油漆厂,访问了许多潜在消费者,调查他们的需要,并对市场做了以下细分。本地市场的60%,是一个较大的普及市场,对各种油漆产品都有潜在需求,但是本厂无力参与竞争。另有4个分市场,各占10%的份额:一个是家庭主妇群体,特点是不懂室内装饰需要什么油漆,但是要求质量好,希望油漆商提供设计,油漆效果美观;一个是油漆工助手群体,顾客需要购买质量较好的油漆,替住户进行室内装饰,他们过去一向从老式金属器具店或木材厂购买油漆;一个是老油漆技工群体,他们的特点是一向不买调好的油漆,只买颜料和油料,自己调配;最后是对价格敏感的青年夫妇群体,他们收入低,租公寓居住,按照英国的习惯,公寓住户在一定时间内必须油漆住房,以保护房屋,因此,他们购买油漆不求质量,只要比白粉刷浆稍好就行,但要价格便宜。

经过研究,该厂决定选择青年夫妇作为目标市场,并制定了相应的市场营销组合。①产品:经营少数颜色不同、规格不同的油漆,并根据目标顾客的喜爱,随时增加、改变或取消颜色品种和装罐大小。②分销:产品送抵目标顾客住处附近的每一家零售商店,目标市场范围内一旦出现新的商店,立即招徕经销本厂产品。③价格:保持单一低廉价格,不提供任何特价优惠,也不跟随其他厂家调整价格。④促销:以“低价”“满意的质量”为号召,以适应目标顾客的需求特点。定期变换商店布置和广告版本,创造新颖形象,并定期更换广告媒体。

由于市场选择恰当,市场营销战略较好地适应了目标顾客,虽然经营的是低档产品,该企业仍然获得了很大成功。

思考题:

1.市场细分的主要依据是什么?

2.请评价这家小油漆厂的市场营销组合策略。

【实训项目】

为一水果超市撰写一份营销策划书

实训目标:

帮助学生掌握营销策划书的撰写方法。

实训内容与要求:

教师给定项目,学生为该项目撰写营销策划书。

实训时间:

教学时间 2 课时。

实训步骤:

1.教师介绍项目,学生分组撰写营销策划书。

2.学生构建营销策划书的框架。

3.由学生将资料加以整理、分类,按照策划书的框架顺序一一列入。

4.学生进行版面设计。

5.各团队提交营销策划书。

6.团队间交流营销策划书,并相互点评。

7.任课教师总结。

实训效果与检测:

1.水果店实施策划书,看其效果。

2.实训总结。

项目 2　市场营销策划环境分析

【学习目标】

知识目标

- 理解营销环境和企业营销行为的关系。
- 掌握宏观环境、微观环境的构成要素及对营销行为的影响。
- 了解企业分析和评价营销环境的基本方法。
- 了解行业竞争分析的主要内容。
- 掌握竞争者优势与劣势分析的思路。
- 掌握市场领导者、市场挑战者、市场追随者和市场补缺者的特点和竞争策略。
- 了解理想补缺市场的特点。

能力目标

- 学会对特定企业环境进行 SWOT 分析。
- 认知分析环境的基本方法。
- 学会在具体营销活动中判断竞争对手，并初步策划营销竞争策略。
- 学会针对具体营销活动中的竞争者进行比较分析。

任务1 市场营销环境与市场机会

【导入案例】

家乐福正式加入苏宁，是经济萎靡还是水土不服？

家乐福是最早在中国开展业务的外资零售企业之一。自1995年进入北京市场，短短几年里，家乐福的门店就在上海、江苏、广东等地遍地开花，因为大卖场里的商品全、价格廉，令人趋之若鹜，一度出现“每天还没开门，就有顾客在排队”的壮观场景。为了加速开店，家乐福赋予各地门店极大的经营自主权，自主决定商品选择、价格制定，甚至门店选址。这在短期内调动了人员积极性，贡献了惊人的高销售额。但门店权力过大导致总部无法集权，各地门店服务和品质参差不齐的现象时有发生。

2007年，家乐福中国区进行改革，颁布了在家乐福华东、华中、华南、华北4个大区下面设立以城市为单位的城市采购中心(City Commercial Merchandise Unit,CCU)，逐步回收门店权力，引发了一波店长的离职潮。

自2010年起，电商平台进一步普及和多元化，传统大卖场的生存空间受到挤压，永辉超市、大润发等后起之秀开始崭露头角，家乐福早年积累的优势逐渐消失。2010年7月，家乐福西安小寨店关闭，随后又陆续关闭了4家门店。

2012年后，家乐福中国区业绩和利润开始进入双下滑的阶段。据管理咨询公司贝恩的统计，电商渠道的渗透率已从2014年的41%增长至2018年的80%，而6 000平方米以上的大卖场市场份额连年下滑，从2014年的23.6%下降到2018年的20.2%。

2019年，家乐福中国区业务日渐萎缩，最终被苏宁收购。

问题讨论：曾堪称神话的家乐福到底怎么了？

2.1.1 宏观环境与微观环境

企业生活在环境当中，而环境是不断变化的，因此企业必须时刻关注环境的变化，主动去适应环境。那么企业面临的市场营销环境主要有哪些，这些因素是如何影响企业的，以及应当采取哪些方法应对这些环境因素带来的变化，始终是一个企业在求生存、谋发展过程中的永恒课题。

市场营销环境是指与企业营销活动有潜在关系的所有外部力量和相关因素的集合，包括宏观环境和微观环境两大类。宏观环境是指影响企业微观环境的社会因素，如人口、经济、政治与法律、社会与文化、自然和技术等因素，这些社会力量是企业不可控制的因素；微观环境是由与企业有最直接关系的个体组成，如企业本身、供应商、营销中介、顾客、竞争者和公众等。微观环境中所有的因素都会受到宏观环境中各种力量的影响和制约,这两种环境之间不是并列关系,而是包容与从属关系。宏观环境因素与微观环境因素共同构成多因素、多层次、多变的企业市场营销环境的综合体,如图 2.1 所示。

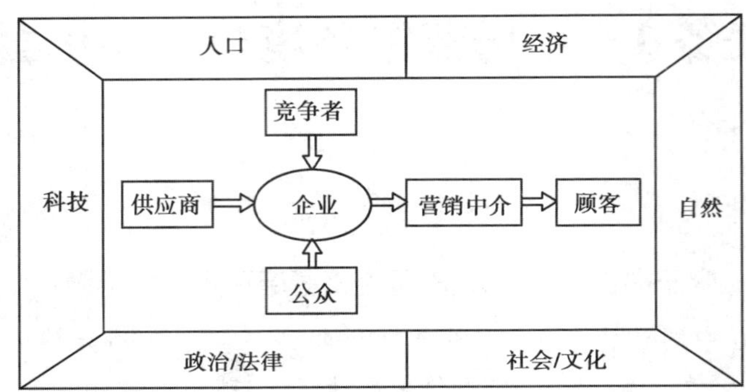

图 2.1 营销环境构成模型

1)宏观环境分析

营销理论强调企业经营采用从外向内的观念,不断从变化的外部环境中发现机会或威胁,在此基础上运用各种可控手段,利用和把握机会,同时回避和降低风险。宏观环境是造成市场机会或威胁的主要力量,它是引导企业营销活动的大方向。因此,分析企业营销环境应先从宏观环境开始。

(1)人口环境

市场是由那些具有购买欲望同时又具有购买力的人构成的。现代市场营销以消费者为中心,人口构成了市场营销的基本要素,人口特征直接决定了市场的容量。企业营销受到人口因素的强烈影响,一方面因为有一定数量的人口才能形成有吸引力的市场规模,另一方面因为年龄、性别、教育程度、职业等的不同,消费者对商品和服务有着不同需求。

①人口规模与增长速度。世界人口以爆炸性的速度增长,全世界人口为 70 多亿,尤其是包括我国在内的发展中国家人口密度大,增长速度快,在消费方面,基本消费品的购买量大。众多的人口和人口的进一步增长,给企业带来了机会,也带来了威胁。

◎**资料链接**

马尔萨斯(1766—1834 年)是英国的牧师、经济学家。他在《人口论》(1798 年)一书中提出,人和动植物一样都听命于繁殖自己种类的本能冲动,造成了过度繁殖。因此,人口有超过生活资料许可的范围而增长的恒常趋势。他断言:人口按几何数列 1,2,4,8,16,32……增加,而生活资料只能按算术数列 1,2,3,4,5,6……增加。人口的增长快于生活资料的增长这个无法改变的自然规律,将使全体人民沦于贫穷和困苦的境地。

②人口地理分布及流动。人口的地理分布,是指人口在不同地区的密集程度。人口的地理分布不同,必然带来消费习惯和市场需求的不同,进而影响企业的投资重点、发展方向、网点布局及服务方式的变化。世界人口地理分布极不均匀,仅亚洲的人口总数就远远超过了其他几个洲的人口的总和。我国人口的地理分布也极不平衡,如果从黑龙江的漠河到云南的腾冲画一条线将我国分为东南和西北两大部分,则东南部的人口数约占总人口数的

94%,而西北部的人口数仅占总人口数的6%,但西北部的资源却非常丰富。这种极不平衡的人口分布状况,对企业营销策划的影响巨大。

在现代社会,人口的地理分布不仅不均匀,而且具有流动性。我国的人口流动有如下特点:一是农村人口流入城镇务工或经商;二是城镇人口向近郊迁移,使城市规模越来越大,带来近郊商业、文化的繁荣;三是内地人口流向沿海经济开发区;四是经商、学习、观光、旅游等使人口流动加速。我国人口的流动性使当地基本需求量增加,给当地企业带来较多的市场份额和市场营销机会。企业只有掌握人口的地理分布及流动趋势,方能准确地寻找自己的目标市场,确定自己产品的流向与流量及销售网络。

③人口年龄结构。年龄结构是指某一地区某一时期内不同年龄层次的人口比重。人口的年龄结构决定了市场需求的结构。不同年龄阶段的消费者,由于在社会阅历、价值观念、生活方式以及社会活动等方面存在明显差异,这就导致不同消费需求的产生。

从我国第六次人口普查资料来看:14岁以下人口数占总人口数的16.60%,65岁以上人口数占总人口数的8.87%。与第五次人口普查结果相比,14岁以下人口的数量下降了6.29%,而65岁以上人口的数量上升了1.91%。我国人口老龄化趋势明显,老年人市场将成为一个潜力巨大的市场,有关老年保健用品、老年营养食品以及老年人生活、休闲娱乐等用品的生产企业将拥有更为广阔的市场发展空间。

◎典型案例

预计2025年,我国老龄人口数量将超过3亿人,到2050年,我国60岁以上人口将占到总人口的30%左右,社会将进入深度老龄化阶段。有分析认为,随着我国老龄化社会的逼近和养老方式、养老观念的变化,未来的养老产业将超越地产成为第一大产业,养老地产领域的社区居家养老将成为一个重要方向,政策的支持也将给相关项目带来利好。地产龙头企业万科集团在养老业务方面已经布局了15个城市、170个项目,其中带床位项目约50个,无床位的日照/居家服务中心约120个,社区居家养老在万科养老地产体系占主导地位。

④人口性别与家庭。人口的性别差异也会使消费需求有显著的差别,例如,男性热衷于交友、冒险、户外活动,女性喜欢穿着、打扮、美容。随着社会进步,女性社会地位的提高,有独立经济来源的职业女性越来越多,这给市场带来较大的变化:首先,家庭收入增加为市场提供新的购买力;其次,职业女性对服装、汽车、化妆品、托儿服务、代替家务劳动的家用电器、方便食品以及家政服务的需求增加,这些都给相关行业提供了市场机会。

◎典型案例

2013年4月国际金价大跌,国内中年女性大量购买黄金导致国际金价创下年内最大单日涨幅,她们与资本大鳄的角力被无限放大,《华尔街日报》甚至专创英文单词"dama"来形容"中国大妈"。此后,金价又在当月经历两次暴跌,从1 550美元/盎司(约合人民币307元/克)下降到了1 321美元/盎司(约合人民币261/克),导致很多人被套牢。"中国大妈"现象虽然一定程度上印证了国内人们生活水平的提升,但在投资上也需要进行合理的引导,避免因盲目投资而造成损失。

现代家庭既是社会的细胞,也是商品购买、消费的基本单位。家庭数量的多少直接决定了一些家庭用品市场的容量,而家庭规模的大小又决定了家庭需求的品种、规格和档次。目前世界各国普遍呈现家庭规模缩小的趋势,小型化、微型化的家庭模式已经普及,并逐渐由城市向乡镇发展。家庭小型化使得家庭数量激增,刺激了住房、家具、家用电器、厨具等商品需求的快速增长,为这些行业提供了巨大的市场机会。企业营销策划应当顺应家庭结构的变化趋势,在产品开发、包装与促销等方面积极采取应对措施,顺势而为,谋求发展壮大机遇。

(2)经济环境

市场需求的大小由人口和购买力两个基本因素决定,即人的需求只有在具备支付能力时才是现实的市场需求。在人口环境既定的情况下,社会购买力与市场需求规模呈正比。

①收入因素。一个消费者的需要能否得到满足,以及怎样得到满足,主要取决于其收入的多少。从市场营销的角度考查消费者的收入,通常从人均国民收入、个人总收入、个人可支配收入、个人可任意支配收入等方面进行分析。

◎资料链接

要注意区别货币收入和实际收入。决定消费者购买力的是实际收入。在消费者的货币收入不变时,物价下跌,则表明实际收入上升;反之,则表明实际收入下降。还有一种情况是消费者的货币收入虽然增加,但通货膨胀率超过货币收入增长率,实际收入也会减少。实际收入的变动直接影响消费者的支出与购买意向,营销人员应注意实际收入的变动趋势。

②消费结构。分析收入因素对企业营销策划的影响,主要是从静态角度进行的。但消费者收入增加了,增加的收入用于何处仍然不得而知,所以还应从动态角度进行分析,即从消费者收入支出模式中进行分析,消费者支出模式即消费结构。消费结构的变化,对市场营销策划具有重要的意义。

◎资料链接

恩格尔定律是19世纪德国统计学家恩格尔研究得出的人们收入增加后支出的变化规律。按照恩格尔定律,随着家庭收入的增加,用于购买食物的支出比重将会下降,而用于服装、交通、保健、娱乐、教育的开支及储蓄的比例将上升。人们把恩格尔论述的消费支出中食物支出与总支出之比的关系,称为恩格尔系数。一般来说,恩格尔系数是衡量一个国家、一个地区、一个城市及一个家庭的生活水准高低的标准。恩格尔系数越小,食物支出所占比重越小,表明生活水平越高;恩格尔系数越大,则食物支出所占比重越大,表明生活水准越低。所以,恩格尔系数与生活水准成反比。企业从恩格尔系数可以了解目前市场的消费水平,也可以推知今后消费变化的趋势及对企业营销活动的影响。虽然随着历史环境的变化,这一定律需要得到补充和发展,但其基本法则在西方主要国家的家庭预算研究中得到了普遍证实。

基尼系数是指在全部居民收入中,用于进行不平均分配的那部分收入占总收入的百分比,是国际上用来综合考查居民内部收入分配差异状况的一个重要分析指标。基尼系数为0,表示收入分配完全平等;如果系数为1,则表示收入分配绝对不平等。收入分配越是趋向平等,基尼系数越小,反之就越大。国际上通常把0.4作为收入分配差距的"警戒线"。

③储蓄和信贷。消费除受收入及支出结构影响外,还受储蓄状况和信贷条件的影响。储蓄指城乡居民将可任意支配收入的一部分储存待用。较高的储蓄率会推迟现时的消费支

出，加大潜在的购买力。但如果储蓄比例过高，就说明市场缺乏购买热点，需求不足。消费信贷是指消费者凭信用先取得商品或使用权，然后按期归还贷款，并最终取得商品所有权的行为。它实际上是消费者用贷款购买商品，提前支取未来收入，提前消费。通常所说的赊销、分期付款都是它的具体形式。

实时互动：你如何看待储蓄减少了实际购买力，消费信贷则增加了实际购买力？

(3)政治与法律环境

在任何社会制度下，企业的营销活动都必定受到政治与法律环境的约束。政治与法律环境显示出政府与企业的关系，一方面反映在国家的方针政策上，它不仅规定了国民经济的发展方向和速度，也直接关系到社会购买力的提高和市场消费需求的增长；另一方面，反映在国家的法规上，特别是有关经济的立法，它不仅规范企业的行为，而且会使消费需求的数量、质量和结构发生变化，能鼓励或限制某些产品的生产和消费。

①政治环境。这是指国家的政治制度、政治倾向以及政府的方针政策对企业的营销产生直接或间接的影响。政治环境包括国内政治环境和国外政治环境两个方面。

国内政治环境一般包括国家的各项方针、政策的制定和调整，企业要认真进行研究，领会其实质，一方面可以保证企业的经营不会与国家的方针政策相抵触，另一方面也可以充分利用国家给予的各种优惠政策。

◎**典型案例**

新医疗体制改革政策的核心是建设基本医疗保障体系，建立覆盖城乡居民的基本医疗卫生制度，解决“看病难、看病贵”等问题。由于中、低价格的普药更有可能进入国家基本药物目录，这类普药的生产和销售获得了良好的发展机遇。

随着经济全球化的发展，对国际政治环境的研究愈来愈重要。在国际市场上从事营销策划工作必须研究东道国的性质、体制、政策，以便更好地了解其所颁布的贸易法令、条例规章，估量一下进入该国市场的可能性和前景，同时密切关注国际政治环境的发展动向，为在国际市场上取得营销的成功提供保障。

②法律环境。法律环境对企业营销活动的影响主要体现在对企业施行管理的立法和对社会及消费者的保护立法方面。市场营销活动中正当的竞争是在法律保障下进行的，在法律允许的范围内企业可以充分发挥自身的管理能力、技术能力、营销能力。营销策划人员应该对有关法律规定的方向性内容有大致的了解，但不一定需要熟知详细内容，解决相关问题时，可以请企业专门的法律顾问或委托律师事务所协助完成。

(4)社会与文化环境

这里所说的文化主要是指人类社会历史实践过程中所创造的物质和精神财富的总和。文化的影响是多层次、全方位、渗透性的，对人们的消费心理、消费习惯有着深远的影响。企业要充分了解并尊重目标市场的文化传统，避免与当地的文化传统发生冲突，从而顺利地实现营销计划。

①价值观念。价值观念是指人们对事物的评价标准和崇尚风气，它可以反映在阶层观念、财富观念、创新观念、时间观念等方面，并在很大程度上影响消费者的消费需求和购买行为。这些观念方面的差异形成了不同的营销环境。例如，当今社会倡导环保、生态、健康的

观念,许多消费者更愿意购买绿色产品,营销策划人员必须对此加以注意。

②风俗习惯。风俗习惯是人们在一定的社会物质生产条件下长期形成的,并世代相传成为约束人们思想、行为的规范。世界范围内不同国家或国家内的不同民族在居住、饮食、服饰、礼仪、婚丧等物质文化生活方面各有特点,形成风俗习惯的差别。由于不同的风俗习惯有不同的商品消费需求,企业在营销策划活动中,不能完全按照自己的习惯来决策,而必须考虑目标市场的风俗习惯,并用动态发展的眼光看待风俗习惯。

我国是一个多民族国家,各民族都有自己的风俗习惯。我国不同民族由于地理环境、经济发展、风俗文化不同,消费行为和消费方式存在许多差异,认识这些差异对企业营销策划意义重大。

③宗教信仰。宗教是一种社会意识形态,是对客观世界的一种虚幻的、超自然的反映,也是人类社会历史发展的产物。不同的宗教在思想观念和生活方式、宗教活动、禁忌等方面各有其特殊的传统,这将直接影响人们的消费习惯和消费需求。营销策划人员必须对宗教有一定的了解,否则会错失良机,甚至触犯禁忌,造成失误。

④语言文字。语言文字是人类表达思想和交际的工具,市场营销必然要在不同的语言文字环境中进行,而语言文字的差异常常给营销带来不便和困难。企业在进行营销策划活动时,要看到这种差异及其对消费者购买行为的影响,以针对不同的语言群体制定相应的策略。

一方面要做到有效沟通。企业不仅要与目标市场的消费者沟通,通过各种促销方式诱发消费者的购买行为,还要为营销活动的顺利开展,同有关政府各部门、公共团体、各种中间商等机构沟通协调。另一方面要做到准确翻译。企业只有充分了解不同地区的语言特点与规律,才能准确进行文字表达,避免出现含混不清甚至忌讳的意思表达。还要考虑到隐喻、偏好等因素,如企业利用有些地区语言谐音的意义,给消费者留下良好印象,促进企业的销售。

◎典型案例

B 公司生产的婴儿一次性尿布在美国市场销售,一句“妈妈更轻松了”的广告词,促使年轻妈妈们慷慨解囊。但在日本市场推广时,沿用这样的广告却没有奏效,妈妈们不会图省事而选择不知对宝宝有何影响的产品,将广告词改为“宝宝更舒适了”后,终于打动了妈妈的心。语言文字表达对消费的影响可见一斑。

⑤教育水平。教育水平指消费者受教育的程度。世界各国在教育程度上的差异会导致消费者需求、消费者行为、消费者生活方式方面的差异。教育水平高低明显影响消费结构,影响着企业营销策略的制定和实施。通常分析教育水平可利用现成的统计指标,如某国家和地区的受教育程度、文盲率高低、在校大中小学生的人数和比率、受教育人口的性别构成等。

⑥亚文化群。亚文化群是指在共同文化传统团体中存在的具有相对特色的较小团体,它可分为种族的、民族的、宗教的和伦理的团体,也可按年龄群、活动爱好群或者其他特殊的团体人群划分。企业要注意不同亚文化群因各自的价值观、行为规范所形成的对商品和服务的特殊要求和需要,在用亚文化群来分析需求时,可以把每一个亚文化群视为一个细分市

场，采取不同策略开展市场营销策划活动，以更好地满足消费者个性化要求。

(5)自然环境

一个国家、一个地区的自然环境包括该地的自然资源和地理环境，这些因素都会不同程度地影响企业的营销活动，企业要把握自然环境的主要动向。

①自然资源日趋短缺。自然资源一般可划分为“无限”资源(包括空气、阳光、水等)、有限可再生性资源(森林、农作物等)、有限非再生性资源(石油、煤炭、矿产品等)。许多有限非再生性资源日益枯竭，在替代品难以寻找的情况下，自然会导致成本增加。

②环境污染日益加重。现代工业创造了巨大的物质财富，但同时也造成了自然环境的巨大破坏，环境污染日益成为全球性的严重问题。全世界都对此给予极大关注，这一方面可以加强用于污染治理技术设备的研究开发；另一方面可以推动新的可维护生态平衡的生产技术和包装方法的应用，从某种意义上讲，这为企业的发展提供了市场营销机会。

③环境保护力度加强。资源短缺、污染严重、灾害频发等问题引起了各国和公众团体的广泛关注，许多国家从社会利益和长远利益出发，加强了对资源和环境保护方面的政策干预，相应颁布制定了有关资源开发利用与环境保护的法律法规，进而给造成污染的企业带来了经营压力，与此同时给相关环保产业带来了巨大商机。

(6)技术环境

技术环境是指技术进步因素对市场营销所带来的影响。世界近代史上三次大的科技革命，向人们揭示了这样一个道理：技术的每一次进步或革命，都会对传统行业造成严重的甚至是毁灭性的冲击，使许多新兴的行业迅速崛起，“技术是一种创造性的毁灭”力量。企业应该密切关注所在领域和相关领域技术环境的发展变化，分析其对企业营销所产生的具体影响，预测新技术的前景，从中发现市场营销机会，及时调整自己的营销方案，并以技术进步为契机不断开发新的产品，使企业长久地保持兴旺发达。

2)微观环境分析

微观环境中的各种制约力量，与企业形成了协作、竞争、服务、监督的关系。一个企业成功地开展营销策划活动，不仅取决于对宏观环境的适应性，也取决于能否适应微观环境。如果说宏观环境可以对营销带来机会或构成威胁，那么，微观环境则直接影响营销活动的方式或效果，即直接影响了企业为目标市场服务的能力。

实时互动：微观环境牵涉众多关联企业，所以它是不可控制因素吗？

(1)企业内部环境

企业内部环境包括企业内部各部门的关系及协调配合。在现代市场导向下，营销固然是企业的一项十分重要的职能，但绝不能认为只有营销部门的人才从事营销工作。没有企业内部各方面的协调配合与支持，营销工作寸步难行。营销的微观环境首先在于企业内部，理顺内部环境，处理好企业内部各部门、各人员的关系，争取有效的协调配合至关重要。

在实际工作中，这些部门与营销部门可能由于对企业最佳利益的看法不同、部门之间利益冲突甚至部门之间的偏见而引起矛盾。这就需要在决策层的统一领导下，树立全员市场营销观念，企业内部各部门之间通过有效协作与沟通，开展内部营销，使营销工作真正落到实处，共同服务于顾客，从而实现“顾客满意”。

(2)供应商

供应商是指向企业或同类其他企业(竞争者)提供所需资源的企业和个人,其资源的供应能力直接影响企业的营销能力。供应商与企业的关系是一种相互协作的伙伴关系,供应商提供资源的价格、品种以及交货期,直接制约着公司产品的成本、利润、销售量及生产进度安排。为提高经济效益和市场竞争力,企业应该对供应商从多方面进行调查,重点调查其资源质量与价格,同时也要调查其资信状况以及在运输、成本和风险等方面的情况,从中选择条件最好的作为自己的供应商。

(3)营销中介

营销中介是指协助企业推广、销售产品给最终购买者,融通资金,提供各种营销服务的企业和个人。这些营销中介包括中间商、物流机构、营销服务机构、金融机构等。

(4)顾客

顾客是指购买或可能购买企业产品与服务的组织和个人,前者是现实顾客,后者为潜在顾客。企业营销者通常把顾客群称为目标市场,并按其购买目的不同划分为消费者市场、生产者市场、中间商市场、政府市场和国际市场等。

(5)竞争者

在任何市场上,只要不是独家经营,便有竞争对手存在。很多时候,即便某个市场上只有一家企业在提供产品或服务,没有“显在”的对手,我们也很难断定在这个市场上没有潜在竞争企业。竞争对手的状况将直接影响企业的营销活动,无论是在产品销路、资源,还是在技术力量方面的对峙,常常是此消彼长的。按照现代市场营销观念,如果要在竞争中成功,企业就必须在满足消费者欲望和需求方面比竞争对手强。因此,企业首先要识别各种不同的竞争者,并采取不同的竞争对策。一般来说,企业面临着欲望竞争者、平行竞争者、产品形式竞争者和品牌竞争者等。每个企业都应识别自己的竞争对手,了解其策略,熟悉其产品特征,做到知己知彼,扬长避短,以自身优势去吸引目标顾客,提高市场占有率。

(6)公众

公众是指对企业实现其目标而言,具有实际的或潜在的利害关系和影响力的任何团体或个人。企业在公众中具有良好形象是企业的一笔无形资产,不良形象则是企业的一笔巨额负债。现代企业大都在内部组织结构中设有公共关系部门,其职能是处理、策划与不同公众之间的关系,树立并维护企业良好的形象。在通常情况下,一个企业所面临的公众主要有政府公众、媒体公众、融资公众、社团公众、社区公众、一般公众和内部公众等。

2.1.2 环境机会与环境威胁

企业与营销环境的关系中最应引起重视的是营销环境的动态性和企业对营销环境的适应性。每一个企业的生存发展过程,就是其努力与周围环境保持一种微妙的平衡关系的过程。一旦环境发生变化,平衡便被打破,企业必须积极地做出反应并适应这种变化,寻求新的平衡。企业的相关环境总是处于不断变化的状态之中,其变化所造成的影响都是双面的,既存在着威胁又会带来机会。

环境机会是指环境中某些因素的变化给企业营销带来或可能带来的有利条件和市场机

会，这些机会可以按其吸引力以及每一特定机会可能获得成功的概率加以分类。环境机会对不同企业有不同的影响力，企业在每一特定机会中成功的概率，取决于企业实力是否与该行业所需要的成功条件相符合，如企业是否具备实现营销目标所必需的资源，企业是否能比竞争者利用同一市场机会获得较大的“差别利益”等。

环境威胁是指环境中某些因素的变化给企业营销造成或可能造成的压力或危害，对企业的市场地位构成威胁。企业应善于识别所面临的威胁，并按其严重性和出现的可能性进行分类，然后为那些严重性大且可能性也大的威胁制订相应的应变计划。

由于营销环境的动态性，机会和威胁有可能在一定条件下互相转化。而且环境因素中往往同时蕴含着机会与威胁，比如，能源危机对汽车生产企业是环境威胁，但消费者出于“省油”的动机，需要更换原有的耗油高的汽车，这对汽车生产企业又是个机会。因此，企业在进行环境分析时首先要进行环境扫描，即由企业的高层领导召集和聘请企业内外熟悉外部环境的专家和营销策划人员组成分析小组，通过有组织的调查研究、预测分析，将所有可能影响企业经营的环境因素变化的事件都列举出来，然后加以讨论，逐一评审，最后筛选出小组一致认定的对企业经营将有不同程度影响的事件。

1）矩阵分析法

现实生活中，威胁和机会往往是同时存在的，可采用“威胁分析矩阵图”和“机会分析矩阵图”来分析、评价营销环境。营销策划方案是对市场机会的把握和策略的运用。

（1）环境机会分析

环境机会分析主要考虑机会潜在吸引力和出现的可能性大小，其分析矩阵如图2.2所示。

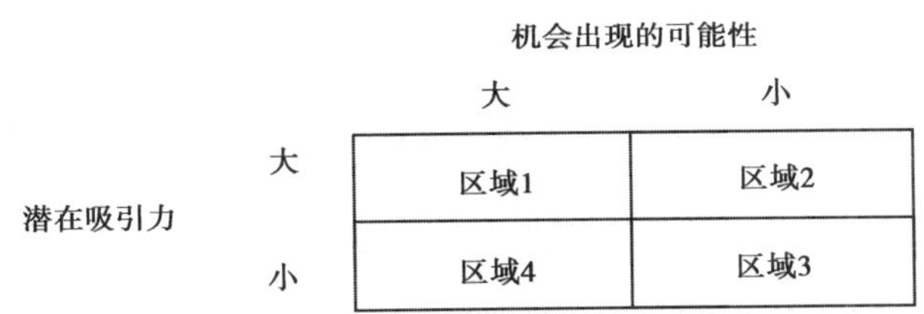

图2.2 环境机会矩阵

图2.2中，区域1表示环境机会出现的可能性大，潜在的吸引力大，成功的可能性大；企业必须高度重视。区域2表示环境机会出现的可能性小，潜在的吸引力大，成功的可能性小；企业需注意把握市场机会，努力创造有利条件。区域3表示环境机会出现的可能性小，潜在的吸引力小，成功的可能性小；企业要观察环境变化，并依据情况及时采取措施。区域4表示环境机会出现的可能性大，潜在的吸引力小，成功的可能性大；企业要及时抓住环境机会，制定相应营销对策，尽快转化为企业发展机会。

（2）环境威胁分析

对环境威胁的分析主要考虑两个方面：一是环境威胁对企业潜在的危害大小；二是环境威胁出现的可能性大小，其分析矩阵如图2.3所示。

图2.3中，区域1表示环境威胁出现的可能性大，对企业潜在的危害性大；在该区域内威

		威胁出现的可能性 大	威胁出现的可能性 小
潜在危害性	大	区域1	区域2
	小	区域4	区域3

图 2.3　环境威胁矩阵

胁程度高，企业应高度关注环境威胁的发展趋势，及时采取应对措施，防止损害企业的市场地位。区域 2 表示环境威胁出现的可能性小，对企业潜在的危害性大；在该区域内威胁程度一般，企业应重视环境威胁变化，尽可能降低其潜在的危害性影响。区域 3 表示环境威胁出现的可能性小，对企业潜在的危害性小；在该区域内威胁程度最小，企业应重视威胁发展趋势，集中精力抓好现有市场营销工作。区域 4 表示环境威胁出现的可能性大，对企业潜在的危害性小；在该区域内威胁程度一般，企业应结合自身优势，准备好应对方案，化不利因素为有利因素。

（3）综合评价分析

在企业面临的市场环境中，单纯环境机会或环境威胁是罕见的，一般情况下是机会与威胁并存、利益与风险伴随的复杂综合性环境。企业对环境的选择是建立在分析了机会与威胁出现的可能性大小的基础上的，综合评价分析如图 2.4 所示。

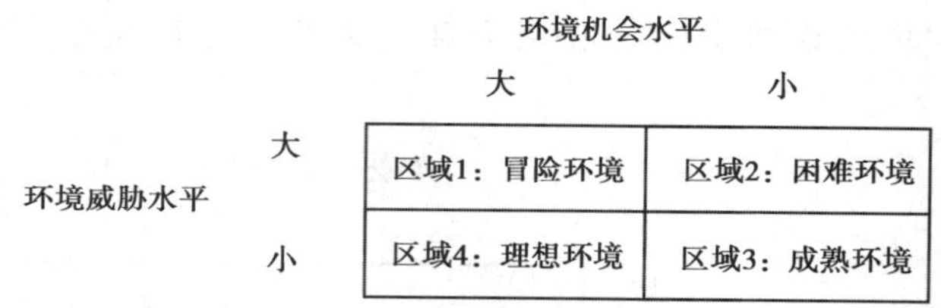

环境机会水平
大
小
大
小
环境威胁水平
区域1：冒险环境
区域2：困难环境
区域4：理想环境
区域3：成熟环境

图 2.4　环境机会—环境威胁矩阵

图 2.4 中，区域 1 表示环境机会大，同时利益与风险共存，企业面临威胁也大，处于冒险环境中。区域 2 表示环境机会小，面临威胁大，风险大于利益，市场竞争激烈，市场容量基本饱和，企业处于困难环境中。区域 3 表示环境机会小，同时面临威胁也小，市场处于相对稳定状态，企业处于成熟环境中。区域 4 表示环境机会大，面临威胁小，利益大于风险，企业处于理想环境中。

2）SWOT 分析法

SWOT 分析矩阵是进行企业外部环境和内部条件分析，从而寻找二者最佳可行营销组合的一种分析工具。在这里，S 代表企业的“长处”或“优势”（Strength）；W 是企业的“弱点”或“劣势”（Weak）；O 代表外部环境中存在的“机会”（Opportunity）；T 为外部环境所构成的“威胁”（Threat）。

通过 SWOT 分析，可以结合环境对企业的能力和素质进行分析评价，认清企业相对于其他竞争者所处的优势和劣势，有助于企业制定竞争战略。进行 SWOT 分析，一般要经过下列步骤。

(1)进行企业外部环境分析,列出对企业来说外部环境中存在的发展机会(O)和威胁(T)

环境机会的实质是指市场上存在着“未满足的需求”。随着消费者需求的不断变化和产品市场生命周期的缩短,旧产品不断被淘汰,对新产品的需求日益明显,从而市场上产生了许多新的机会。环境提供的机会能否被企业利用,取决于企业自身是否具备利用机会的能力,即企业的竞争优势是否与机会一致。

环境威胁是指对企业营销活动不利或限制企业营销活动发展的因素。比如,竞争对手的加入、市场发展速度减缓、关键技术改变、政府法规变化等因素都可以成为对企业未来成功的威胁。企业通过环境分析,应及时察觉存在的环境威胁,准确判断环境威胁出现的可能性及造成危害的严重程度,相应地调整企业的营销策略。

(2)进行企业内部条件分析,列出企业目前所具有的优势(S)和劣势(W)

企业优势是指企业相对于竞争对手而言所具有的资源、技术、产品长项以及其他特殊实力。先进的技术和设备、充足的资金、低廉的成本、高品质的产品、良好的企业形象、完善的服务系统、与买方或供方长期稳定的关系、和谐的雇员关系等,都可以形成企业优势。

企业劣势是指影响企业经营效率和效益的不利因素和特征,它们使企业在竞争中处于弱势地位。企业的潜在劣势主要体现在以下方面:战略不明、研发落后、设备陈旧、缺少某些关键技术或能力、成本过高、营销组合不当、服务意识薄弱、内部管理混乱、公司形象不佳等。

各种优势因素和劣势因素对企业经营的影响是不同的。其中某些优势因素对企业竞争成功起着关键的作用,称为关键的成功因素。同样,某些劣势对企业来说是致命的,而另一些劣势则相对不太重要且易补救。

企业优势与劣势的关系,好比是战略平衡表的两个栏目,优势是竞争的“资产”,劣势是竞争的“债务”,其中的关键是“资产”能否胜过“债务”。对企业来说,“资产”越多,取胜的机会就越大。

(3)绘制SWOT矩阵

这是一个以外部环境中的机会和威胁为一方,企业内部条件中的优势和劣势为另一方的二维矩阵(图2.5)。在这个矩阵中,有4个象限或4种SWOT组合。它们分别是优势—机会(SO)组合、优势—威胁(ST)组合、劣势—机会(WO)组合、劣势—威胁(WT)组合。

	优势（S）	劣势（W）
机会（O）	SO组合方案	WO组合方案
威胁（T）	ST组合方案	WT组合方案

图2.5　SWOT矩阵

(4)进行组合分析

对每一种外部环境与企业内部条件的组合,企业可以采取以下4种策略原则。

①劣势—威胁(WT)组合。企业应尽量避免处于这种状态。然而一旦企业处于这样的

状态,在制定策略时就要想方设法降低威胁和劣势对企业的影响,以求能生存下去。

②劣势—机会(WO)组合。企业已经鉴别出外部环境所提供的发展机会,但同时企业本身又存在着限制利用这些机会的组织劣势。在这种情况下,企业应遵循的策略原则是,通过外在的方式来弥补企业的弱点,以最大限度地利用外部环境中的机会。如果不采取任何行动,就是将机会让给了竞争对手。

③优势—威胁(ST)组合。在这种情况下,企业应巧妙地利用自身的优势来对付外部环境中的威胁,其目的是发挥优势而降低威胁。但这并非意味一个强大的企业必须以其自身的实力来正面地回击外部环境中的威胁,合适的策略应当是慎重而有限度地利用企业的优势。

④优势—机会(SO)组合。这是一种最理想的组合,任何企业都希望凭借企业的长处和资源来最大限度地利用外部环境所提供的多种发展机会。

2.1.3 企业对策

营销环境通过对企业提供机会或构成威胁而影响营销活动。企业一旦发现环境机会,就要迅速分析评估,充分利用。同时要善于识别所面临的威胁,制订应变计划并实施,以避开威胁或把威胁造成的损失降到最低程度。

1)环境机会应对

环境机会对不同企业有不同的影响力,企业要学会寻找和识别环境机会,判断其大小,并把握住机会,从而使企业不断发展壮大。

(1)识别机会

客观环境中存在着许多未被满足的需求,也就是存在着许多的市场机会。如果这些市场机会与企业的战略目标不一致,或者与企业的能力不匹配,企业利用这样的市场机会不一定能获取竞争优势,所以市场机会对不同的企业来说,并不一定都是企业机会。只有那些符合企业目标与能力,有利于发挥企业优势的市场机会,才是企业机会。

各个企业由于拥有的技术、资源和经营条件不同,以及在整个营销系统中所承担的职能不同,通常都有其特定的经营领域。因此对于出现在本企业经营领域内的市场机会,称为行业市场机会,对于在不同行业间的交叉与结合部分出现的市场机会则称为边缘市场机会。由于各个企业都比较注重行业的主要领域,因此,在行业与行业之间有时会出现“夹缝”,从而形成空白地带,相应地提供了企业发展产品的边缘机会。

在市场机会中,那些明显的没有被满足的市场需求被称为表面市场机会。对表面的市场机会,企业容易寻找和识别,难度系数比较低,这是其最大的优点。但这种市场机会一旦出现便会有大批企业一拥而上,市场机会的可利用价值随之降低。另一种则是隐藏着的未被满足的市场需求,称为潜在市场机会。潜在市场机会对企业来说,不容易发现、寻找、识别,难度系数大,这是潜在市场机会的最大缺点。但是如果企业能很好地分析市场需求,发掘潜在机会,则能给企业的营销带来更多出击市场的主动权。

(2)利用机会

对实力和条件相当的企业来说,机会是平等的,但它转瞬即逝。当机会降临的时候,企业要有能力抓住机会,并充分利用机会。这就需要做到以下两点。

①抢先。机会的均等性和实效性决定了企业在利用机会的过程中必须抢先一步,争取主动。在市场营销活动中,抢先利用机会包含“先”和“快”两个方面。所谓“先”,是指对营销环境各个因素变化动态的预先洞察,并分析其变化趋势,以便先声夺人。所谓“快”,则强调速度、效率,争取时间。抢先意味着对机会一定程度的垄断,因此,企业在利用机会的过程中,谁能抢先一步赢得时间和空间,谁就赢得了胜利。

②创新。现实中,当某一企业发现机会时,其他企业往往也会察觉到。同时因为各个企业都认识到“抢先”的重要性,所以企业利用机会时能否大胆“创新”就成为竞争取胜的“法宝”。

2)环境威胁应对

(1)反抗

所谓反抗就是企业针对环境威胁发起进攻的全部企业行为。一般来说,企业会制造反威胁的舆论,或者影响政府的法规制定,采取多种有效的措施,从根本上扭转不利的环境因素,消除威胁对企业可能产生的不利影响。

(2)减轻

通过调整营销策略主动适应或改善环境,以减轻环境威胁,降低风险程度。

(3)转移

如果威胁的力量过于强大,企业根本无力反抗,也无力采取减轻措施,或者反抗及减轻的代价过于巨大,企业就可以及时转移到其他市场或进入其他行业,以规避风险,寻找新的市场发展机会。

【任务演练】

SWOT 分析能力训练

演练内容:某大学有几位毕业生自主创业,欲在校园附近开办一家餐馆,请你根据本校周边环境情况,利用 SWOT 分析法进行营销分析。

演练要求:以班级学习小组为单位,每小组完成一份 SWOT 分析文案。

1.学生运用 SWOT 分析法对该项目进行分析,形成文案。

2.教师提供 SWOT 分析范例,并对学生完成的文案进行点评。

任务2　竞争者分析

【导入案例】

宝马与奔驰的强强联手

在2014年的巴西世界杯上，宝马和奔驰因为足球走到了一起，携手演绎了一段营销佳话。

当时德国队与葡萄牙队强强相遇，成为这届世界杯的焦点之战，万众瞩目。比赛开始之前，宝马和奔驰的官方微博同时发布信息，两者使用了相同的配图，图片上是双方的赛车和"We are one"的文字。宝马的主题词为：敬友谊，为悍将，齐喝彩；奔驰的主题词为：共把盏，齐上阵，同进退。

当德国队以4∶0战胜葡萄牙队之后，宝马和奔驰再次同时发布微博庆祝，两者选取的配图素材一模一样，只是角度略有不同。这次宝马使用的主题词是：再见江湖，相逢亦是对手；奔驰使用的主题词是：旗开得胜，合力所向披靡。

随后，两者还共同推出"We are one team"的微博话题，阅读量很快就超过百万，引起了极大的关注度。宝马和奔驰由于配合默契，双双在世界杯上成为利用新媒体开展营销活动的赢家。

问题讨论：你如何看待宝马和奔驰共同演绎的世界杯体育营销？

2.2.1　识别竞争者

竞争是市场经济的基本特性。在竞争日趋激烈的市场活动中，企业要实现自身的经营目标，必须在营销活动中处于有利的竞争地位。企业要密切关注竞争者的行为，做到"知己知彼，百战不殆"。企业通过收集竞争者的信息，识别与之竞争的对手，全面了解竞争对手的情况，分析竞争者的优势、劣势和竞争策略，明确自己的竞争地位。

1）从行业角度识别竞争者

现代企业总是面临来自各方面竞争力量的威胁，积极迎接这些竞争的挑战是取得市场竞争成功的基础。行业内部的竞争对企业的影响往往更为直接，也较为强烈，所以通常情况下应将研究竞争者的重点放在行业内部。行业指的是提供一种或一类相互密切替代产品的公司的集合。密切替代产品是指有高度需求交叉弹性的产品，一种产品的价格升高会引起对另一种产品的需求增大。如长虹电视机价格降低会引起顾客对其他电视机需求减少，IBM计算机价格上升会引起顾客对其他计算机需求增加，二者互为密切替代品。

美国管理学家迈克尔·波特教授在分析行业竞争结构时指出，有5种力量影响行业竞争,即现有的竞争力量、潜在的竞争力量、替代品竞争力量、供应者竞争力量、购买者竞争力量(图2.6)。同时这5种力量又由多个要素构成,这些要素共同决定了每一种力量的强度及其对竞争程度的影响。

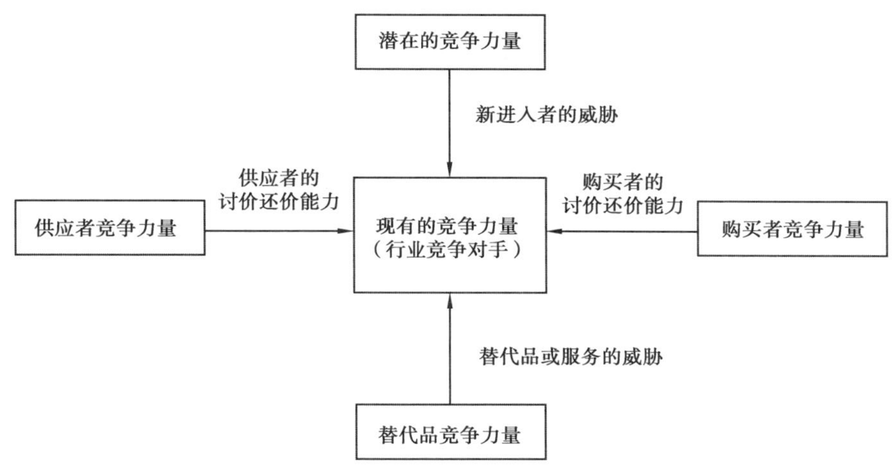

图2.6　影响竞争的5种力量

(1)现有的竞争力量

同行业的各企业之间相互依存,但在遭遇环境威胁或面临改善企业现有地位的机会时,各企业为了自身的生存和发展,在激烈的竞争中会施展各种竞争手段,它们在产品档次、产品价位、附加服务、广告策略、渠道选择、公关方式等具体的营销策略和战术上展开针锋相对的市场争夺战。这可能使整个行业兴旺发达,也可能使行业状况恶化。这些竞争对手是企业最关心的竞争力量,同行业内各企业竞争应注意平衡处理自己的地位和全行业繁荣之间的关系。

(2)潜在的竞争力量

潜在的竞争力量主要来自新进入者的威胁。新进入者是为行业内的利润而来,它们加入某一行业,会加剧行业内部的竞争,使该行业的成本上升,产品价格下降,利润降低,因此降低了该行业的吸引力。

(3)替代品竞争力量

替代品是指与现有产品具备同种功能的其他产品。替代品与现有产品在市场上存在此消彼长的关系,它们的出现产生了对消费者同类需要的争夺。替代品生产者的进入将会影响整个行业,与替代品竞争最好的方式是全行业一起采取行动,调整价格,调整经营策略。

(4)供应者竞争力量

供应者竞争力量表现在降低产品价格、提高供货质量和服务等方面。供应者的议价能力越强,来自供应者的成本就越高。

(5)购买者竞争力量

购买者都希望购买物美价廉并能提供较好服务的产品。他们会利用各企业间的竞争,通过压价、要求提供更好的质量和服务来施加压力。

2)从市场角度识别竞争者

从市场竞争的角度来看,那些力求满足相同顾客需要或服务于同一顾客群的企业都是竞争者。由于顾客支付能力和时间的有限,服务于相同顾客群的不同企业之间也会相互争夺顾客,形成竞争。"奔驰"汽车与"宝马"汽车是竞争者,汽车厂商之间是竞争者,所有提供"代步工具"产品和服务的企业都是竞争者。

实时互动:从市场角度来看,凡能解决消费者"口渴"问题的生产企业,包括各种果蔬饮料、矿泉水生产企业都是竞争者吗?

从市场角度来识别竞争者,可以开拓企业识别竞争者的视野,使其发现实际的和潜在的竞争者,这种观点是对从行业角度识别竞争者的一种补充。企业应站在购买者的角度,以顾客的眼光来认识周围的竞争因素。根据产品替代程度,一个企业的竞争对手通常包括4个层次,即品牌竞争者、产品形式竞争者、平行竞争者、欲望竞争者。从品牌竞争到欲望竞争,竞争范围逐渐扩大,从而把更多的企业纳入竞争对手的范畴中。当然一般而言,企业遇到的最直接的竞争是品牌竞争、产品形式竞争与平行竞争,然而从更深层次、更长远眼光看,欲望竞争的威胁可能给企业带来更大的挑战。

竞争者的范围十分广泛,企业不能仅仅将有直接竞争关系的对手视为竞争者,而应该从广义上进行界定,避免"竞争者近视症"。对企业竞争者进行最有效的识别时,往往需要将行业角度和市场角度结合起来进行分析。

2.2.2 评估竞争者

在准确识别了竞争者之后,企业要对竞争者进行评估。

1)判定竞争者的战略和目标

竞争者之间可能采取各不相同的战略,也可能采取类似的战略,竞争企业采取的竞争战略越类似,市场的竞争程度就越激烈。一般来说,市场上同行业的竞争企业越多,竞争越激烈;市场越是由少数企业所控制,竞争企业之间就越有可能达成某种程度的默契与妥协,以形成竞争的均势。不过,一旦控制了市场的少数大型企业之间爆发了竞争,竞争的程度与结果将更为惨烈。

根据竞争企业所采取的竞争战略的特点,可以将竞争者划分为不同的战略群体,凡采取类似竞争战略的企业,可以划分为同一战略群体。例如,在零售行业中,某些豪华百货公司采取的是面向高档市场的高价战略,而一些连锁商店采取的则是面向工薪阶层的低价战略,它们可以分属于不同的战略群体。在同一个战略群体中,企业所采取的战略越相似,它们之间的竞争就越激烈。同时,在不同的战略群体之间也存在着竞争,这是因为:属于不同战略群体的企业具有相同的目标市场,从而相互之间存在着争夺市场的竞争;不同战略群体企业之间战略差异的不明确性,使顾客混淆了企业之间的差别;企业战略的多元性,使不同战略群体中的企业的战略发生了交叉;某一战略群体中的企业可能改变或扩展自己的战略,加入另一战略群体的行列,在流动障碍小的情况下,竞争将更加激烈。企业最直接的竞争者是那些用相同战略面对相同目标市场的企业。

考察竞争对手的市场目标具有特别重要的意义。企业可以借此了解竞争者目前的市场地位、经营状况、财务状况，并了解其对自己的状况是否满意，从而推断这个竞争对手的策略发展动向，以及其对外部环境因素的变化或其他企业竞争策略的反应。

每个企业的最终目标都是追逐利润，并为了这一终极目的而采取一定的行为。但各个企业对短期利润和长期利润的侧重有所不同，对利润满意水平的看法也不同，这必然导致竞争者目标和行为的差异。例如，当竞争者降低价格时，以扩大市场份额为目标的企业将降低价格来维持市场占有率，而以短期利润最大化为目标的企业则会维持价格不变，然后想办法削减成本。

事实上，每个企业都有一组目标，包括获利能力、市场占有率、现金流量、成本控制、技术水平、服务等，但目标组合的侧重点不同。因此，企业不仅要识别竞争者对利润目标的态度，还应了解竞争者目标组合的侧重点，这样才能判断它们对不同竞争行为的反应。比如，一个以低成本领先为目标的企业对竞争企业在制造过程中的技术突破会做出强烈反应，而对竞争企业增加广告投入则不太在意。

2）分析竞争者的优势与劣势

分析竞争者的优势与劣势是竞争者分析内容的重要部分，它便于企业了解竞争者的竞争实力和完成既定目标的能力。竞争者的优势与劣势分析思路如下。

（1）收集信息

收集信息是收集有关竞争者的关键数据，主要有：市场份额、心理份额、情感份额、销售额、利润额、投资报酬率、现金流量、新投资、利用设备的能力等。

市场份额是指竞争者在市场中所占的比例。心理份额是指在顾客回答诸如“列举这个行业中你首先想到的一家公司”之类的问题时，提名某竞争者的顾客在全部顾客中所占的份额。如提到软件行业，人们自然会想到微软公司，这表明该企业的心理份额很高。情感份额是指在顾客回答诸如“列举你喜欢购买某产品的一家公司的名称”之类的问题时，提名某竞争者的顾客在全部顾客中所占的份额。事实上，企业的销售额和利润额会受多种因素的影响而波动，但稳步提升企业的心理份额和情感份额，即增强顾客对企业的知晓度和偏爱度对企业更为重要。

获取有关竞争者优势与劣势的信息是一项十分困难的工作。企业一般可以通过市场调研的方式了解竞争者的优势与劣势，如通过直接对顾客、中间商进行市场调查来获取第一手资料；企业也可以借助某些二手资料进行了解，如竞争者过去的重要业务数据等；还可以通过某些合法的手段来掌握竞争者的某些内部情况，对其优势与劣势做出正确的判断。当然，企业主要通过对竞争者在市场上的表现来判断其优势与劣势。

（2）分析信息

根据所得资料对竞争者的优势与劣势进行综合分析，如表 2.1 所示。

表 2.1 竞争者优势与劣势分析

品　牌	顾客对竞争者的评价				
	产品知晓度	产品质量	情感份额	技术服务	企业形象
A	5	5	4	2	3

续表

品　牌	顾客对竞争者的评价				
	产品知晓度	产品质量	情感份额	技术服务	企业形象
B	4	4	5	5	5
C	2	3	2	1	2

注:表中 5,4,3,2,1 分别表示优秀、良好、中等、较差和差。

表 2.1 列出了企业收集的顾客对竞争者在 5 个属性方面的评价。从表中可以看出,竞争者 A 的产品知晓度和质量都是最好的,但是在技术服务和企业形象方面逊色一些,导致情感份额下降。竞争者 B 的产品知晓度和质量都不及竞争者 A,但是在技术服务和企业形象方面优于竞争者 A,使情感份额达到最大。竞争者 C 各方面均处于不利地位。通过该表,能找出竞争者的优势和劣势所在。

(3)标杆管理

找出了竞争者的优势后,企业应利用这个结果来提升自己的竞争力。具体的做法是采用标杆管理的方法。标杆管理也称定点赶超,它是指企业找出竞争者在管理和营销方面的最好做法,以此作为基准,然后加以模仿、组合和改进,力争超过竞争者。标杆管理的程序为:确定定点赶超项目→确定衡量关键绩效的变量→确定最佳级别的竞争者→衡量最佳级别竞争者的绩效→衡量公司绩效→制订缩小差距的计划和行动→执行和监测结果。

◎资料链接

标杆管理是 1979 年由美国的施乐公司率先提出来的。施乐公司是现代复印技术的发明者,并一度以高技术的产品主宰了整个复印机市场。但在 20 世纪 70 年代,一些日本公司以与施乐公司接近或低于其制造成本的价格来出售类似的产品,将施乐公司的市场份额从 49%降低到 22%。为了应对挑战,施乐公司提出了标杆管理的方法,学习日本竞争者生产性能可靠和成本更低的产品的能力。施乐公司买进日本复印机,并通过“逆向工程”分析它,在这两方面有了较大的改进。标杆管理具体的做法是详细考察竞争对手的情况,确定竞争对手是否领先、为什么领先、如何消除存在的差距,并找出需要改进的环节。最后,公司为这些改进环节确定了改进的目标,并制订了达到这些目标的计划。通常一个普通的公司与世界级的公司相比,在质量、进度、成本和绩效上有 10 倍以上的差距。因此,执行标杆管理的企业的主要目标是模仿其他企业的最好做法并改进它。标杆管理的标杆企业并不一定是选择同行业的企业,如施乐公司曾经向美国的运通公司学习账单处理的技术,向卡明斯工程公司学习生产计划技术,向比恩公司学习仓库管理,结果是公司重新赢回了原先的市场份额。

分析竞争者的优劣,尤其要寻找竞争者的弱点,要注意发现竞争者在市场判断上的错误。企业可利用竞争者的弱点和错误,出其不意,攻其不备。

3)判断竞争者的反应模式

企业要估计竞争者的市场反应和可能采取的行为,为本企业的市场策略提供决策依据。一般情形下,竞争者的市场反应可以分为以下 4 种类型。

(1)从容型竞争者

这类竞争者对竞争对手的行动没有迅速反应或者反应不强烈。其原因可能是对顾客的忠诚和自己的竞争力过于自信,确信竞争者争夺市场、争夺顾客的行为不会损害企业的利益,不屑于采取反应行为;或者是因为竞争者受到自身在资金、规模、技术等方面能力的限制,缺乏做出反应的必要能力;还可能是因为竞争者对市场竞争措施重视不够,未能及时捕捉到市场竞争变化的信息,没有发现对手的新举措。企业一定要弄清竞争者从容不迫的原因。

(2)选择型竞争者

这类竞争者可能对竞争对手某些方面的攻击做出反应,而对其他方面的攻击不加理会。从企业竞争行为对竞争者的威胁而言,降低产品价格的威胁最为直接,因此竞争者通常会对降价竞销行为反应敏感,倾向于做出强烈的反应,力求在第一时间采取报复措施进行反击。但对改善服务、增加广告、改进产品、强化促销等非价格竞争措施则不大在意,认为这些措施不构成对自己的直接威胁。了解企业的主要竞争者可能会在哪些方面做出反应,为企业选择和实施竞争策略提供了依据。

(3)强烈型竞争者

这类竞争者对竞争对手的任何进攻都会做出迅速而强烈的反应。在市场居于统治地位的竞争者一旦受到来自竞争对手的挑战就会迅速做出强烈的市场反应,进行激烈的报复和反击。这种报复措施往往是全面的、致命的,甚至是不计后果的。这些强烈反应型竞争者通常都是市场上的领先者,它们一方面要维护自己的统治地位,紧握市场竞争的主动权;另一方面,它们拥有足够的实力采取强烈的反应措施。企业应避免与这类竞争者发生正面冲突。

(4)随机型竞争者

这类竞争者对市场竞争因素的变化所做出的反应通常是随机的,往往不按规则行事,不表露可预知的反应模式。它们在特定情况下可能做出反应也可能不做反应,其行为的不可预见性,给企业带来更大的决策难度。这类竞争者是企业在做出竞争行为之前要重点研究的对象。

竞争者的反应模式不仅受其策略、目标和优劣势的制约,而且受到其市场观念、企业文化等因素的影响。因此,企业要深入了解竞争者的思想和信念,以预测竞争者可能做出的反应及采取的行动,采取适宜的竞争策略,正确开展竞争性营销活动。

2.2.3 确定攻击和回避的竞争者

企业在判定了竞争者战略和目标,进行了竞争者的优势与劣势分析后,应该有针对性地对某些竞争对手发起进攻,而对某些竞争对手采取回避策略。这里按3种标准对竞争者分类,以便企业进攻或回避。

1)按竞争者的强弱分为强竞争者与弱竞争者

一些企业把进攻目标瞄准较弱的竞争者,以便以更少的付出取得更多市场份额,但由于竞争不够激烈,可能企业竞争力的提高和利润增加也比较少。而攻击强的竞争者也许比较困难而且成功的概率较小,但在竞争的过程中企业能够提高自己的生产、管理和营销能力,一旦攻击成功，企业也将很大程度地扩展市场份额和提高利润水平。

2）按竞争者与本企业的相似程度分为近竞争者与远竞争者

由于近竞争者与自己的利益关系最紧密，许多企业都会选择同近竞争者展开竞争，而不是远竞争者。然而这种攻击，其一是使对方的反击更有力；其二是如果一旦竞争胜利，将对方逐出市场，有可能招来更强大、更难对付的竞争者。

3）按竞争者表现的好坏分为良性竞争者与恶性竞争者

每个行业都有良性竞争者与恶性竞争者，企业应支持良性竞争者，打击恶性竞争者，以维护行业正常秩序。

良性竞争者的特点是：它们遵守行业规则，通常会努力建立一个稳定健康的行业；根据市场接受程度和产品成本制定合理的价格，维护市场的稳定，推动同行努力降低成本或创造差异；它们把自己限定在行业的某一部分或细分市场中，接受合理水平的市场份额和利润。良性竞争者通常有助于增加全面的需求，在一定程度上分担市场及产品开发的成本，有利于推出新技术和新产品，会形成更多的细分市场和产品差异，还有利于行业地位的提高。

恶性竞争者的特点是：它们违反行业规则，总是企图采用恶性竞争手段抢占市场份额，而不是靠提高产品质量和优化服务来吸引顾客，这些企业最常用的手段是大幅度降低产品价格或服务价格；它们打破了行业平衡，降低了行业的平均收益率。恶性竞争者有很大的破坏性，不利于行业的培育和总需求的增加，会使一个原本很有发展前途的行业发生剧烈震荡，甚至使一个新生的行业被市场抛弃。不遵守公平竞争规则的竞争者都是行业的害群之马，企业应该联合良性竞争者去攻击恶性竞争者。

【任务演练】

竞争策略分析

演练内容：收集可口可乐与百事可乐在中国市场上的营销策略资料，具体包括产品、价格、渠道、促销等竞争情况。分析可口可乐与百事可乐采取竞争策略的原因、方法和手段。

演练要求：以班级学习小组为单位，每个小组完成一篇可口可乐与百事可乐之战的分析报告。

1.分小组行动，可到图书馆或网上收集资料或利用报纸、杂志资料。

2.组织班级交流汇报会，每个小组选出代表发言，交流发言资料要做成PPT。

任务 3　竞争策略分析

【导入案例】

罗森触底反弹

在讲求本土作战的零售业态中，从家乐福、麦德龙到沃尔玛，当年叱咤风云的三大外资卖场如今都陆续离开中国。作为"老字号"，罗森服务了几代用户——从最初的"60 后"，到如今的"00 后"，也经历了新零售时代资本进入市场对传统品牌带来的冲击，但罗森却在盒马、永辉等新零售业态的夹击下，走上了低调扩张之路。

罗森对时代变化保持敏感，把主要用户锁定在 35 岁以下人群，抓住主要用户群的需求，凭借在鲜食加工、安全管理上积累的丰富经验，以鲜食差异化为重点，尤其是 0～10 ℃的产品，不断加快推新的节奏，每周都保证推出 10 个左右鲜食新品，一年将近 500 个品种。再加上便利店 24 小时经营的时间优势，罗森成为美团等寻求的夜间外卖合作伙伴。现在罗森的会员已经达到 1 000 万以上，业务做得风生水起。

问题讨论：你如何看待罗森的差异化经营？

竞争策略是指不同的企业在相同的目标市场上根据自身条件而采取的手段、办法和措施。不同的企业在目标市场中的地位不同，根据企业对某种产品市场所拥有的市场份额，可把企业分为市场领导者、市场挑战者、市场追随者和市场补缺者，它们在竞争中会采取不同的竞争策略。企业应在对市场上的竞争者进行全面分析的基础上，对自己做出恰当的竞争定位，并据此制定自己的竞争策略。

2.3.1　市场领导者的竞争策略

市场领导者是指行业中在同类产品的市场上市场占有率最高的企业。许多行业都有一个被公认的市场领导者，该企业在相关产品市场中占有最大的市场份额，因而在价格调整、新产品开发、分销覆盖和促销力度等方面均具有领导作用，是市场竞争的导向者，也是竞争者挑战、效仿或回避的对象。

市场领导者尽管其地位是在竞争中通过自己努力而形成的，但并非固定不变，它时刻面临竞争对手的挑战。市场领导者在行业中占有最大市场份额，一般拥有资源多，在市场中获益大，但市场领导者依然存在弱点：因在行业中投资巨大，当市场发生变化时，投资报酬率将下降，从而削弱其再投资能力或缩减维持现有市场地位所需的资金；营销情况更容易被其他企业了解和掌握，易遭遇各方攻击；如果疏于进行经常性的组织制度革新，易患"大企业病"，管理效率和应变能力将降低。因此，企业必须随时保持警惕，经常审视自身弱点，正确选择竞争策略以保持自己的领导地位。通常可采取 3 种策略:一是设法扩大整个市场需求;二是采取有效的防守措施和攻击战术,保护现有的市场份额;三是在市场规模保持不变的情况下进一步扩大市场份额。

实时互动:你认为市场领导者竞争策略的核心是守住自己的市场,保持自己的优势地位吗?

1)扩大市场总需求的策略

市场需求总量的扩大无疑有益于该行业中的所有经营者,但由于市场领导者在市场中所占份额最多,当总市场扩大时其受益最大。因此,寻找扩大市场需求总量的途径对市场领导者至关重要。

(1)开发新用户

当产品具有吸引新购买者的潜力时,寻找新用户是扩大市场总需求最简便的途径。企业可从 3 个方面找到新的用户。

①转变未使用者。这是指说服那些尚未使用本产品的消费者开始使用,把潜在顾客转变为现实顾客。

②进入新细分市场。企业在原细分市场需求饱和后,可设法进入新的细分市场,说服新细分市场的顾客使用本产品,扩大原有产品的适用范围。

③进行地域扩展。这是指寻找尚未使用本产品的地区,开发新的地理市场。如在国内已取得领先地位的企业,可以通过产品出口、海外建厂、特许经营等方式,向海外扩张,以取得更大的市场。

(2)寻找新用途

设法找出产品的新用途和新用法并加以推广,以此扩大市场对产品的需求。一方面,企业要不断开发产品新用途。杜邦公司在发明尼龙纤维后,就不断地开发这种纤维的新用途。尼龙先是用于制作降落伞绳,然后是织制女袜,接着用于服装和装饰面料,后来又成为汽车轮胎骨架的重要原料。尼龙纤维每一项新用途的研制和开发都使其开始了一个新的生命周期。另一方面,顾客也是发现产品新用途的重要来源,企业必须注意顾客使用产品的情况。如美国的小苏打制造厂阿哈默公司发现有些顾客把小苏打当作冰箱除臭剂使用,于是公司就开展了大规模的广告活动,宣传小苏打的这种用途,使得美国 1/2 的家庭把装有小苏打的开口盒子放进了冰箱。

(3)增加使用量

企业可以从 4 个方面增加顾客对产品的使用量。

①提高使用频率。企业可设法使顾客更频繁地使用产品。如牙膏制造商劝说人们最好每次饭后都刷牙,以利于口腔保健。

②增加每次使用量。企业可劝导顾客在每次使用产品时适当增加使用量。如宝洁公司劝告顾客,在使用海飞丝洗发水时,每次将使用量增加一倍,效果更佳。

③增加使用场所。企业应鼓励顾客在不同场合更多地使用产品,如电视机的制造商建议在卧室和客厅都摆放电视机,这样观看方便,可以避免家庭成员选择频道的冲突,使有条件的家庭乐于购买两台以上的电视机。

④有计划废弃。企业在顾客购买产品后要密切追踪其使用情况,在产品毁损或使用期限到期时,提醒和促使顾客及时废弃和重购。

2)保持市场份额的策略

市场领导者在设法扩大市场总需求的同时,应采取较好的防御措施和有针对性的进攻,来保持自己的市场地位。防御策略的目标是:减少受攻击的可能性,使攻击转移到危害较小的地方,并削弱其攻势。虽然任何攻击都可能造成利润上的损失,但防御者的措施如何,速度快慢,后果却不一样。

◎典型案例

GAP 公司是美国著名的服装零售企业,以销售休闲服闻名于世。GAP 成功的营销策略之一是将该企业的产品覆盖高、中、低档整个服装市场,"香蕉共和国"(BANANA)是其高档服装品牌;"盖普"(GAP)是其中档服装品牌;"老海军"(OLD NAVY)是其低档服装品牌。格调清新、古朴、时尚的设计风格和以南美风情为诉求的新奇专卖店装潢,吸引着全美顾客的兴致。GAP 不仅在服装的色彩和款式上总是冲在潮流之前,引导服装消费,而且其密集的广告宣传攻势,提高了其品牌知名度,成为年轻化服饰的新宠。成功的 GAP 从未懈怠,始终在不同的市场范围、不同的时期主动推出新产品,并配合价格、促销等策略,以主动的防御保持自己的领先地位。

(1)阵地防御

这是指企业围绕目前的主要产品和业务建立牢固的防线,根据竞争者在产品、价格、渠道和促销等方面可能采取的进攻策略,制定自己的预防性营销策略,在竞争者发起进攻时,坚守原有的产品和业务阵地。这种静态的防御在许多情况下是必要的、有效的,但是单纯的防御极其危险,第二次世界大战时法国"马其诺防线"的失败要引以为戒。企业更重要的任务是技术更新、新产品开发和扩展业务领域,否则很可能导致失败。

◎资料链接

"马其诺防线"是军事史上一个典型的失败案例。第二次世界大战前,当时处在和平时期的法国,为防备德国未来可能的进攻,在从瑞士到比利时之间的东部国境线上建造了一套防御阵地体系,其始建于 1928 年,1940 年基本建成,以陆军部长马其诺的名字命名。1940 年,德国军队从比利时绕过这条防线攻入法国,使防线失去作用。这就是单纯的静态防守造成的必然结果。由于当时法国把军事力量集中投到这条防线上,侧翼空虚,给敌人留下可乘之机。

(2)侧翼防御

这是指企业在自己主阵地的侧翼建立辅助阵地,以保卫自己阵地的周边和前沿,并在必要时将其作为反攻基地。如果侧翼阵地防守非常松懈,不能有效地挫败竞争对手的侧翼进攻,而且放任竞争对手在自己的市场内建立滩头阵地,将对自己的市场地位产生极大的威胁。

(3)先发防御

这是指企业在竞争对手尚未构成严重威胁或在其向本企业采取进攻行动前抢先发起攻击,以削弱或挫败竞争对手。"最好的防守就是进攻",这是一种先发制人的防御策略,这种策略主张预防胜于治疗，事半功倍，有益于稳定市场领导者的优势地位。企业应正确地判断何时发起进攻效果最佳，以免贻误战机。

企业以攻为守、先发制人的方式多种多样：当某一竞争者的市场占有率对本企业可能形成威胁或达到某一危险高度时，就对它发动一次攻击，以挫败它向本企业进攻的锐气，迫使其放弃进攻的意图或推延发起进攻的时间；运用游击战，在不同方位，逐一打击对手，不时变换攻击目标，使各个对手疲于奔命，忙于招架；可以展开全面进攻，覆盖各个细分市场，使得对手人人自危；也可以持续性地打价格战，使未取得规模效益的竞争者陷于困境；还可以开展心理战，警告对手自己将采取某种打击措施而实际上并未付诸实施，迫使竞争者放弃不自量力的冒险行为。以攻为守的策略目的是要时时保持主动，使竞争者处于被动防守的地位。

(4)反击防御

这是指企业受到竞争对手攻击后采取反击措施。企业要注意选择反击的时机，可以迅速反击，也可以延迟反击，弄清竞争者发动攻击的意图、策略、效果和其薄弱环节后再实施反击，不打无准备之仗。反击策略主要有以下 5 种。

①正面反击。即与对手采取相同的竞争措施，迎击对方的正面进攻。如果对手开展大幅度降价和大规模促销等活动，那么市场领导者凭借雄厚的资金实力和卓著的品牌声誉也采取降价和促销活动，则可以有效地击退对手。

②攻击侧翼。即选择对手的薄弱环节加以攻击。

③钳形攻势。即同时实施正面攻击和侧翼攻击。

④退却反击。即在竞争者发动进攻时我方先从市场退却，避免正面交锋的损失，待竞争者放松进攻或麻痹大意时再发动进攻，收复市场，以较小的代价取得较大的战果。

⑤“围魏救赵”。在对方攻击我方主要市场区域时攻击对方的主要市场区域，迫使对方撤销进攻以保卫自己的大本营。

◎资料链接

魏、赵都是战国时的诸侯国名。《史记·孙子吴起列传》记载，公元前 354 年，魏国围攻赵国都城邯郸，赵国向齐国求救，齐王派田忌、孙膑出兵救赵。孙膑认为，魏军精锐围赵，国内兵力空虚，就引兵包围魏国都城。围赵的魏军见都城被围，只得撤回。齐军半路截击，魏军大败，因此解了赵国之围。以后军事上把围攻来犯之敌的后方据点，迫使其撤回兵力，从而更好地歼灭敌人的策略，叫“围魏救赵”。

(5)运动防御

这是指企业将其业务活动范围扩大到其他领域中，一般是扩大到和现有业务相关的领域中的策略。这种策略的实施不仅实现了防御目前阵地的目标，而且还扩展到新的市场阵地，作为未来防御和进攻的中心。市场扩展可通过两种方法实现。

①市场扩大化。即企业将其注意力从目前的产品转到有关该产品的基本需要和与该项需要相关联的整套科学技术的研究与开发上。例如，把石油公司变成能源公司就意味着该企业的市场范围扩大了。但市场扩大化必须遵循目标原则和优势集中原则，市场的拓宽不能覆盖面过大，否则，将导致企业易犯的两大错误：目标过大无法实现和企业力量过分分散。

②市场多角化。即企业向与现行产品和服务不相关的其他领域扩展，实行多元化经营。市场领导者凭借自己强大的资金优势和先进的经营管理手段和经验，投资其他行业，以获取

更高的利润和有效地分担风险。

(6)收缩防御

这是指企业主动从实力较弱的领域撤出,放弃某些疲软的市场战线,将力量集中于实力较强的领域的策略,是"以退求进"的策略。其优点是在关键领域集中优势力量,增强竞争力。收缩防御策略不是单纯的放弃,而是力量的重新合理分配,巩固和增强企业在关键市场上的竞争力。

3)扩大市场份额的策略

在市场需求总规模还能有效扩大的情况下,市场领导者也应随市场情况变化调整自己的营销组合,努力在现有市场规模下扩大自己的市场份额。

一般来说,如果单位产品价格不降低且经营成本不增加,企业利润会随着市场份额的扩大而提高。美国"市场战略对利润的影响"(PIMS)的研究表明:市场份额是影响投资收益率最重要的变数之一,市场份额越高,投资收益率越大。市场份额在 10%以下的企业,其投资报酬率在 9%左右,而市场份额超过 40%的企业将得到 30%的平均投资报酬率,或者为市场份额在 10%以下的企业的平均投资报酬率的 3 倍。美国咖啡市场份额的每个百分点价值 4 800 万美元,软饮料为 1.2 亿美元。

许多企业以提高市场份额为目标,市场领导者可根据企业规模经济的优势,降低成本,扩大其市场份额。但要考虑 3 种因素:一是引起反垄断的可能性。许多国家为维护市场秩序,制定反垄断法,当企业的市场份额超过一定限度时,就有可能受到指控和制裁。二是为提高市场份额所付出的成本。当市场份额达到一定水平时,进一步提高就会付出很大的代价,甚至得不偿失。美国的一项研究表明,企业的最佳市场份额是 50%。三是所采用的营销组合。只有在单位成本随市场份额的提高而下降,提供的优质产品价格增长大大超过为提高质量而投入的成本的情况下,市场份额才与收益率呈同一方向变化。

企业扩大市场份额的主要做法有:一是产品创新。产品创新是能有效保持现有市场地位的竞争策略。二是质量策略。即不断向市场提供超出平均质量水平的产品。这种竞争策略的目的,或者是直接从高质量产品中得到超过平均投资报酬率的收入,或者是借助高质量产品以维持品牌声誉或保持企业产品的市场号召力。三是多品牌策略。即在企业销路较大的产品项目中,采用多品牌营销,使品牌转换者在转换品牌时,仍在购买本企业的产品。四是加大广告策略。即在一定的时期,采用高强度、高频率的广告来增加消费者对品牌的熟悉程度或使其产生较强的品牌偏好。

总之,市场领导者必须善于扩大市场需求总量,保卫自己的市场阵地,防御竞争者的攻击,并在保证收益增加的前提下,提高市场份额,才能持久地占据市场领先地位。

2.3.2　市场挑战者的竞争策略

市场挑战者是指那些在市场上处于次要地位,有能力对市场领导者和其他竞争者采取攻击行动,希望夺取市场领导者地位的企业。企业具备以下条件时,可以考虑进攻。

①当企业在行业中具有一定的市场声望,并且可以利用已有声望来扩大现有的市场份额,而又难以寻找到新的市场时。

②当企业财力较强,有充足的资金积累,却还没有更为适宜的新投资领域时。

③当主要竞争者(可能是市场领先者,也可能是和自己地位相差不多的挑战者)转换了战略目标,与本企业已经实行的营销策略很类似时。

④主要竞争者犯了营销错误,留下了可乘之机时。

市场挑战者如果要进攻,首先要确定自己的挑战目标和挑战对象,然后还要选择适当的进攻战略。

1)确定挑战对象

大多数市场挑战者的目标是增加自己的市场份额和利润,减少对手的市场份额。挑战者可在下列 3 种情况中进行选择。

(1)攻击市场领导者

当市场领导者在其目标市场的经营活动中存在“漏洞”和失误时,就有必要采取攻击策略。进攻具有绝对优势的市场领导者风险很大,但攻击策略若能奏效,挑战者的市场地位能迅速提高,潜在收益可观。为取得进攻的成功,挑战者一方面应对自己进行全面分析,另一方面要认真调查研究领先企业的弱点和失误,把握好进攻机会。

(2)攻击实力相当者

挑战市场领导者对企业的要求很高,挑战者要承受很大风险,还会因为市场领导者及时采取应对策略而无功而返,甚至因过度消耗实力而降低市场地位,进而退出市场。挑战者可避开市场领导者,选择进攻与自己实力相当的企业。挑战者应仔细调查和自己势均力敌的企业,调查竞争者是否满足了消费者的需求,是否具有产品创新的能力,如果在这些方面有缺陷,就可作为攻击对象,以夺取它们的市场。

(3)攻击地方性小企业

市场挑战者总的竞争原则是集中优势力量,选择恰当的时机、恰当的区域发动有效的进攻。挑战者对那些规模较小、仅在有限细分市场上从事经营活动的小企业,可以通过收购、兼并实现扩张,甚至有的挑战者通过兼并若干小企业成为一流的大企业。

2)选择进攻策略

(1)正面进攻

正面进攻就是集中全力向对手的主要市场阵地发动进攻,是攻击对手真正的实力所在,而不是它的弱点。即便不能一役以毙之,也可极大消耗对手实力。正面进攻的胜负取决于双方力量的对比,奉行的是实力原则,即实力更强或更有持久力的一方将取得胜利。如果防守者具有某些防守优势,如在某市场上有较高的声誉、广泛的销售网络、牢固的客户关系等,则实力原则不一定奏效。企业采取正面进攻的常用做法有 3 种:一是产品对比,将自己的产品和竞争对手的产品用合法形式进行比较,使竞争者的顾客认为有必要更换品牌;二是广告攻击,即选择与竞争者相同的广告媒介,针对竞争者的广告定位进行合法攻击;三是价格战,价格战是把双刃剑,可能使参战的每一方都受到损失,甚至严重损失。在现代营销活动中,价格战是挑战者在比较极端的情况下采用的竞争策略。

(2)侧翼进攻

侧翼进攻就是集中优势力量攻击对手的弱点,有时可采取“声东击西”的战略,佯攻正面,实际攻击侧面或背面。当挑战者难以采取正面进攻,或者使用正面进攻风险太大时,往往会考虑采用侧翼进攻策略。寻找对手弱点的主要方法是分析对手在各类产品和各个细分市场上的实力和绩效,把对手实力薄弱、绩效不佳或尚未覆盖而又有潜力的产品和市场作为攻击点和突破口。由于侧翼进攻避免了攻守双方为争夺同一市场而造成的两败俱伤的局面,因此挑战者能较易收到成效。侧翼进攻有两种方式:一种是地理性的侧翼进攻,即在全国或全世界寻找对手力量薄弱的地区,在这些地区发动进攻;另一种是细分性侧翼进攻,按照收入水平、年龄、性别、购买动机、产品用途和使用率等因素辨认细分市场并认真研究,通过分析竞争对手现有的产品线和各个细分市场的需求特点,发现对手尚未重视或未满足的市场需求,迅速用自己的产品弥补这些空缺。侧翼进攻符合现代市场营销观念,即发现消费者的需要并设法满足它。侧翼进攻是最经济和最有效的竞争策略,成功机会更多。

(3)包围进攻

包围进攻是在对方市场领域内,同时在两个或两个以上方面发动进攻,迫使被攻击者全面防守,却又首尾难顾,顾此失彼。包围进攻是一种全方位、大规模、多角度地向竞争对手发起进攻的策略,这要求企业确实具有比竞争对手更大的资源优势。比如,向市场提供竞争对手所能提供的一切产品和服务,比竞争对手更加质优价廉,并且配合大规模促销活动。包围进攻的适用条件是:通过市场细分未能发现对手忽视或尚未覆盖的细分市场,无法采用侧翼进攻;与对手相比拥有绝对的资源优势,制订了周密可行的作战方案,并确信围堵计划的实施足以击垮竞争对手。这种策略多用于挑战者进攻弱势企业。

(4)迂回进攻

这是一种最间接的进攻战略,即企业并不进攻竞争者现有的市场或地盘,尽量避免正面冲突,在对方没有防备的地方或是不可能防备的地方发动进攻。具体策略有3种:一是发展无关的产品,实行产品多元化;二是以现有产品进入新的市场,实行市场多元化;三是发展新技术、新材料、新产品,取代现有产品。这种迂回战术能帮助企业逐渐增强自己的实力,一旦时机成熟,即可转入包围进攻或正面进攻。

(5)游击进攻

游击进攻是向竞争对手有关领域发动小规模的、间断性的进攻,逐渐削弱对手,使自己最终夺取市场。其特点是:进攻不在固定的地方、固定的方向上展开,而是"打一枪换一个地方",这既是探究对手的实力和反击能力,也是为全面进攻做准备。游击进攻能有效地骚扰对手、消耗对手、牵制对手、误导对手,打乱对手的部署,瓦解对手的士气,而己方不需冒太大的风险。游击进攻主要适用于规模较小、力量较弱的企业。其主要方法包括在某一局部市场上有选择地降价、开展短促的密集促销等。游击进攻不是企图取得直接胜利,企业不可能靠"游击方法"彻底地战胜竞争对手。采取游击进攻必须在开展少数几次主要进攻还是一连串小型进攻之间做出决策。通常认为,一连串的小型进攻能够形成累积性的冲击,效果较好。

2.3.3 市场追随者的竞争策略

市场追随者指那些在产品、技术、价格、渠道和促销等大多数营销策略上模仿或跟随市场领导者的企业。市场追随者既不像市场领导者那样有较大的市场份额,也不像市场挑战者那样有较强的进攻意识。市场追随者的目标是保持现有的市场份额,随着市场的发展稳定获利。在很多情况下,追随者可让市场领导者和挑战者承担新产品开发、信息收集和市场开发所需的大量经费，自己坐享其成，减少支出和风险，并避免向市场领导者挑战可能带来的重大损失。许多居于第二位及以后位次的企业往往选择追随而不是挑战。

◎**典型案例**

可口可乐进入市场以后，百事可乐随即也进入市场，它们也都获得了有利的市场地位。百事可乐最早是以“我也是”策略进入市场的。百事可乐对可口可乐的追随简直到了仿冒的地步。“可口可乐”的命名，据说是可乐倒入杯中时的“喀卡喀拉”声，而“百事可乐”的名字则是打开瓶盖时冒气的声音，后面的词是完全一样的。可口可乐曾因此控告百事可乐，打了多年的官司，最后法庭判决“可乐”为一般名称，而非专有名词。

当然，这不等于说追随者就不需要策略。市场追随者必须懂得如何保持现有顾客，并争取一定数量的新顾客；必须设法给自己的目标市场带来某些特有的利益；还必须尽力降低成本并保持较高的产品质量和服务质量。追随不是单纯模仿，追随者必须找到一条有利于自身发展而不会引起竞争者报复的成长途径。一般有以下 3 种可供选择的跟随策略。

1）紧密跟随

紧密跟随指企业尽可能在各个细分市场和营销组合中模仿市场领导者的做法，避免与市场领导者直接冲突，保持与领导者在品牌、销量上的差距，使领导者的既有利益不受妨碍或威胁。它们利用市场领导者的投资组合和营销组合策略去开拓市场，自己跟在后面分一杯羹，表现出较强的寄生性。我国温州地区有大量的中小企业，在服装、皮鞋等许多领域具有很强的仿造能力，这种仿造和改良虽然难以对市场领导者构成致命的威胁或取而代之，但节省开发费用，缩短产品推出时间，也能生存和发展。

2）距离跟随

距离跟随指在主要方面，如目标市场、产品创新、价格水平和分销渠道等方面都模仿领导者，但是在包装、广告和价格上又保持一定差异的做法。由于这部分追随者很少干扰市场领导者的主要市场计划，只要不发起挑战，领导者愿意保留这样的追随者，这样它们既可以充当龙头老大的角色，又没有违背垄断法的规定。在钢铁、肥料、化工等同质产品行业，因不易差异化，降价成为企业短期攫取市场份额的决定因素，但由此引发的价格战，将造成两败俱伤，所以距离跟随策略使用最为普遍。正因如此，各企业常常模仿市场领导者，采取较为一致的产品、价格、服务和促销战略，市场份额保持着高度的稳定性。企业在追随过程中积蓄能量，可通过兼并小企业而使自己发展壮大。

3）选择跟随

选择跟随是指企业在某些方面紧跟市场领导者，在某些方面又自行其是的做法。它不是盲目跟随，而是择优跟随，有选择地改进领导者的产品、服务和营销策略，同时发挥自己的独创性，避免与领导者正面交锋，选择其他市场销售产品。这种跟随者通过改进并在别的市场壮大实力后，有可能成长为挑战者。

虽然追随者不冒风险，但也存在明显缺陷。研究表明，市场份额处于第二、第三和以后位次的企业与第一位的企业在投资报酬率方面有较大的差距。

此外，还有一种“追随者”在国际市场上十分猖獗，即名牌产品的伪造者或仿制者，它们的存在对许多国际驰名的大公司是一个巨大的威胁。

2.3.4 市场补缺者的竞争策略

市场补缺者指专门向规模较小的或大企业不感兴趣的细分市场提供产品和服务的企业。特殊需求的市场一般在整体市场上所占的份额很小，大企业对其不屑一顾，但是能够通过提供高附加值而得到高利润和快速增长。市场补缺者根据自身所特有的资源优势拾遗补阙，见缝插针，虽然在整体市场上仅占有很少的份额，但是比其他企业能更充分地了解和满足某一细分市场的需求，能够通过专业化经营、提供高附加值来占领这些市场，最大限度地获取收益，得到快速增长。

1）识别补缺市场

作为市场补缺者，在竞争中最关键的是寻找到一个或多个安全且有利可图的补缺基点，也称“利基”点（“利基”是“Niche”的译音）。理想的补缺市场具有的特点是：第一，具有一定的市场容量和购买力，能够赢利；第二，具备发展潜力；第三，实力较强的竞争者对这一市场不感兴趣或不愿经营；第四，企业自身具备向这一市场提供优质产品和服务的技术、资源和能力；第五，企业自身在顾客中建立起良好的信誉，能够抵御竞争者的进攻，保护自己的竞争地位。

2）取得补缺市场的主要途径

市场补缺者发展的关键是实现专业化，主要途径有以下 10 种。

（1）最终用户专业化

企业专门致力于为某一类型的最终用户提供产品或服务。如户外运动产品专卖店专门为户外运动爱好者提供各类装备。

（2）纵向专业化

企业专门为处于生产与分销循环周期的某个层次提供专门的产品或服务。如专门生产纽扣、缝纫线和各种服装配饰的企业，生产各种服装辅料的企业，他们的产品都是服装加工所必需的。

（3）顾客规模专业化

企业集中力量专门为某一规模（大、中、小）的顾客服务。许多市场补缺者专门为大公司不重视的小企业、小客户或个人消费者提供产品或服务。如某些小型装修企业，专门承接家庭用户的住房装修业务，这些是大型装修企业所不愿意做的。

（4）特殊顾客专业化

企业可以专门向一个或几个大客户提供产品或服务。如一些企业专门为沃尔玛或麦当劳供货。

（5）地理区域专业化

企业将营销范围集中在比较小的地理区域，这些地理区域往往具有交通不便的特点，大企业不愿经营。

（6）产品或产品线专业化

企业专门生产、经营某一种产品或某一类产品线，具有鲜明的特色。这些产品是被大企业视为市场需求不够、达不到经济生产批量而放弃的。如美国的绿箭公司专门生产口香糖产品，日本的 YKK 公司只生产拉链产品，现在它们都已发展成为世界著名的跨国公司。

(7)定制专业化

企业专门按客户定制要求进行产品的加工生产。当市场领先者或市场挑战者追求规模经济效益时,市场补缺者往往可以遇到许多希望接受定制业务的顾客。专门为这类客户提供服务,可以构成一个很有潜力的市场。近年来,我国城市中的许多家庭,在住房装修、家具等产品或服务的需求方面,越来越倾向于定制,这就为许多小企业或个体业主提供了虽然分散,但数量极大的营销机会。

(8)服务专业化

企业专门向某一类消费者提供一种或几种其他公司所没有的服务。如服装公司不仅提供服装,还向顾客提供服饰、色彩搭配方面的咨询服务。近年来,我国城市中出现的许多"搬家服务公司""家教服务中心",也是小企业采用这类专业化进行发展的实例。

(9)质量—价格专业化

企业选择为市场的底层(低质低价)或顶层(高质高价)专门生产经营某种质量和价格的产品。例如杰尼亚在中国的目标市场就是顶级消费阶层。

(10)分销渠道专业化

企业专门为某一类分销渠道提供产品或服务。如一些企业专门生产在超市销售的产品,或专门为航空公司的乘客提供食品。

3)保护和扩大补缺市场

市场补缺者是弱小者,面临的主要风险是当竞争者入侵或目标市场的消费习惯发生变化时,有可能受到攻击或陷入绝境。因此,这类企业不仅要创造属于自己的补缺市场,还要注意保护和扩大补缺市场。多个补缺市场比单一补缺市场具有更大的抗御风险能力,企业实施竞争策略时应尽可能取得或创造多个补缺市场。在取得或创造补缺市场之后,企业应通过产品与服务质量的提高、产品与服务的多样化和差异化、专业化营销的深层展开等方式保护和扩大补缺市场,以确保企业的长期生存与稳定发展。

企业对市场竞争策略的选择,主要是由企业自身所处的地位决定的,而这种地位在多数情况下是由企业自身的性质、规模、经营方式、资金状况等所决定的。因此,企业在进行竞争策略选择时须从企业自身条件和外部环境等实际情况出发。在现代市场中,为了谋求企业长期发展,企业不仅需要制定和运用竞争策略,而且有必要考虑合作,注意合作与竞争关系的平衡。

【任务演练】

A 公司的营销策划

演练要求:冰激凌是个小产品,却拥有一个大市场,竞争较为激烈,市场已经被几大巨头——和路雪、雀巢、伊利、蒙牛等分割把持,剩下的小品牌寥寥可数,在夹缝中生存。A 食品公司是做冷饮的小企业,公司没有拳头产品,而且销售渠道也不健全,公司经营陷入困境。在消费旺季即将到来之际,请你为 A 公司新品冰激凌的营销策划提出建议。

1.结合所学知识,对 A 公司面临的竞争环境进行分析。

2.有针对性地为 A 公司进行营销策略的设计,提出相应的营销策划建议。

【重点概括】

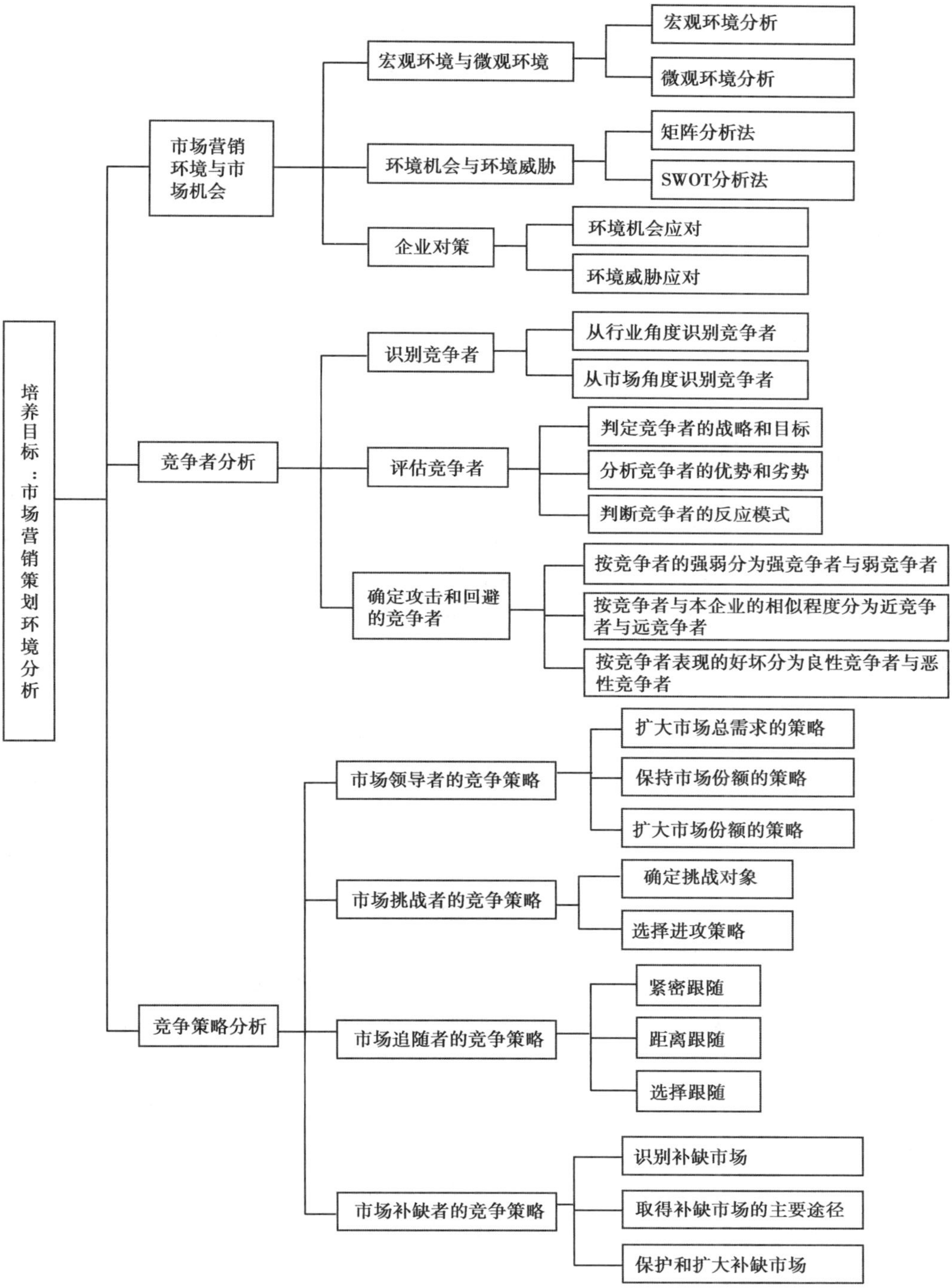

- 培养目标：市场营销策划环境分析
  - 市场营销环境与市场机会
    - 宏观环境与微观环境
      - 宏观环境分析
      - 微观环境分析
    - 环境机会与环境威胁
      - 矩阵分析法
      - SWOT分析法
    - 企业对策
      - 环境机会应对
      - 环境威胁应对
  - 竞争者分析
    - 识别竞争者
      - 从行业角度识别竞争者
      - 从市场角度识别竞争者
    - 评估竞争者
      - 判定竞争者的战略和目标
      - 分析竞争者的优势和劣势
      - 判断竞争者的反应模式
    - 确定攻击和回避的竞争者
      - 按竞争者的强弱分为强竞争者与弱竞争者
      - 按竞争者与本企业的相似程度分为近竞争者与远竞争者
      - 按竞争者表现的好坏分为良性竞争者与恶性竞争者
  - 竞争策略分析
    - 市场领导者的竞争策略
      - 扩大市场总需求的策略
      - 保持市场份额的策略
      - 扩大市场份额的策略
    - 市场挑战者的竞争策略
      - 确定挑战对象
      - 选择进攻策略
    - 市场追随者的竞争策略
      - 紧密跟随
      - 距离跟随
      - 选择跟随
    - 市场补缺者的竞争策略
      - 识别补缺市场
      - 取得补缺市场的主要途径
      - 保护和扩大补缺市场

【课后思考】

1.如何分析和评价企业所处的营销环境？

2.以某种具体的快速消费品为例说明价值观念的变化对消费有何影响。

3.结合某企业谈谈自然环境对其营销活动的影响。

4.如何正确认识良性竞争者与恶性竞争者？

5.如何正确识别竞争者及判定相互间的竞争程度？

【案例分析】

携程网卖的是什么？

携程网是一家吸纳海外风险投资组建的旅游服务公司，创立于1999年年初，是国内最大的旅游电子商务网站，最大的商务及度假旅游服务公司，提供酒店、机票、度假产品的预订服务，以及国内、国际旅游实用信息的查询。

携程网2000年11月收购国内最早、最大的传统订房中心——现代运通，成为中国最大的宾馆分销商；2002年4月收购了北京最大的散客票务公司——北京海岸航空服务有限责任公司，并建立了全国统一的机票预订服务中心，在十大商旅城市提供送票上门服务。携程网先从酒店订房开始，这是携程网的“初级版本”。只要顾客在网上拿到订房号，自己带着行李入住即可。所以第一年携程网集中全力打通酒店订房环节。目前，有800多个酒店为携程网协议保留一定数量的预留房。

2004年10月，携程网和携程翠明国旅正式对外宣布推出全新“360°度假超市”，超市产品涵盖海内外各大旅游风景点，旅游者可以根据自己的出游喜好自由选择搭配酒店、航班等组合套餐。面对国内发展迅猛的旅游市场，度假超市的推出对整个国内旅游业的发展起到了积极深远的影响。

携程网依托与酒店、航空公司以及中国香港地区、新加坡、马来西亚等当地旅游局的合作伙伴关系，通过强大的技术力量搭建了度假产品查询、预订界面的度假超市。整个超市包括香港、马尔代夫、普吉岛、巴厘岛、三亚、广西、云南等几十个自由行精品店，每个精品店内拥有不同产品组合线路5条以上。另外，度假超市为旅游者同时提供了景点门票等增值服务以及众多的可选项服务，旅游者可以根据时间、兴趣和经济情况自由选择希望游览的景点、入住的酒店以及出行的日期。目前携程网已把酒店、机票预订拓展到境外，可预订的海外酒店就超过500家。这比一般旅行社的数字都要大。由于携程网保持了电子商务公司的性质，在未来发展中，其酒店预订、机票预订以及旅游项目三块主业，无一不促使其和相应传统渠道存在特殊的关系，既竞争抢食，又合作发展。在美国纳斯达克成功上市后，携程网目前已经发展成为国内最大的旅游电子商务网站和最大的商务及休闲度假旅行服务公司。

思考题：

1.携程网卖的主要是什么产品？该企业取得成功的原因是什么？

2.携程网是如何发现客户的需要，并开发有针对性的产品的？

【实训项目】

企业现状分析表的设计

实训目标：

该项目帮助学生掌握企业营销策划环境分析的基本技能。

实训内容与要求：

实训内容：设计"××企业现状分析表"。

实训要求：

1.教师对企业现状分析表应涉及的调查分析项目进行阐释，帮助学生明确理解。

2.学生运用所学知识和掌握的方法，对企业现状和竞争状况进行分析，完成企业现状分析表的设计。

3.教师提供企业现状分析表的设计范例，并对学生设计的企业现状分析表进行点评。

实训效果与检测：

以学习小组为单位，每小组制作一份企业现状分析表，从企业现状调查的完整性、企业现状和竞争形势分析的正确性、企业现状分析表制作的规范性、企业现状分析方案的准确性等方面进行考核。

项目3　产品策划

【学习目标】

知识目标

- 了解产品概念、产品组合的相关概念。
- 掌握产品组合分析方法和策略。
- 理解产品整体概念。
- 了解新产品含义。
- 掌握新产品上市策划步骤和技巧。
- 理解新产品开发关键和策略。

能力目标

- 能进行产品组合分析与策划。
- 能进行新产品开发与上市推广。

任务1 产品组合策划

【导入案例】

茅台酒的产品策略

中国自1996年前后，多个行业逐步由“产品稀缺时代”进入“产能过剩时代”；中国白酒行业是一个高度市场化、充分竞争的行业，总计1.5万家以上的企业在争夺6 000亿元左右的市场份额，而规模以上企业也有1 500多家，这是一个典型的产能过剩的行业。因为“塑化剂事件”和中国共产党第十八次全国代表大会之后对“三公消费”的严格控制，整个白酒行业步入低谷，飞天茅台与五粮液价格大幅下跌……直到2015年行业触底反弹，主要企业的营收才再度开始正增长。

茅台酒的迅速反弹、异军突起，备受市场关注，这与茅台酒的产品策略密切相关。茅台的产品体系与那些被它超越的企业迥然不同：一般酒企都是一到三个价格相对较高的常规大单品带着一群价格较低的系列酒，而茅台则在此之上持续推出了大量高价格或超高价格的文化酒产品、大事件酒产品（部分产品价格高达每瓶数万元，甚至一套产品几十万元、百万元），构建了一个金字塔形的产品组合。这种产品组合暗合了消费升级的趋势，掀起一波营销传播的高潮，既活化了品牌，又形成了品牌氛围，形成了品牌势能，从而拉动了茅台销售的上扬。

1.茅台生肖纪念酒

茅台生肖纪念酒是茅台“文化酒”的典型之作，自2014年开始限量推出，截至2018年已经推出5款：甲午马年生肖纪念酒、乙未羊年生肖纪念酒、丙申猴年生肖纪念酒、丁酉鸡年生肖纪念酒、戊戌狗年生肖纪念酒。

茅台生肖纪念酒在原有瓶身的基础上导入了众多中国文化因素——生肖文化、国画艺术、五行文化，比如甲午马年生肖酒的主体元素是徐悲鸿关门弟子刘勃舒先生亲绘的国画《春风得意马蹄疾》，颜色也根据甲午马年的五行采用红色；而丁酉鸡年生肖酒则采用了国画大家陈永锵亲绘的《司晨》图，并由书法家胡秋萍题字……

正是这些文化元素的导入，把这款极为普通的产品卖出了高价，而且继续被市场推高，截至2018年年中，茅台马年、羊年、猴年、鸡年、狗年这几款生肖纪念酒市场价分别在17 000元左右、24 000元左右、7 300元左右、5 100元左右，均远远高于同期同酒体茅台产品的价格！

这些产品，除了满足普通酒水的“饮用需求”之外，还撬动了更高层次的“收藏需求、投资需求、馈赠需求”，从而引发了大量的社会关注和社会资本的注入，带动了茅台所有产品价格体系、销量和营收的上扬。

2.茅台金奖百年56个民族纪念版("民族情　中国梦")

2015年,为纪念茅台酒荣获巴拿马金奖一百周年,茅台推出了"民族情　中国梦——茅台金奖百年56个民族纪念版",全套产品共56瓶,分别融合了中国56个民族的元素,采用异型瓶盖,融合瓶身立体浮雕、镂空等陶瓷工艺,并特请《民族大团结》邮票设计者周秀青教授指导设计。

这套产品贴合"世界博览"主题,展现了中国丰富的民族文化,极具珍藏价值,再加上限量发售,使得市场给了这套产品极高的溢价,全套56瓶500毫升的产品,市场零售价高达30万元以上,平均每瓶售价5 000元以上,远远高于同等规格同类酒体的茅台产品!

这款典型的茅台"大事件酒",反映了茅台将"文化、事件、工艺"导入产品之中,打造塔尖产品的深厚功力,体现了"收藏需求、投资需求、馈赠需求、装饰需求"的意义,成功地提升了茅台品牌形象。

问题讨论:茅台酒是如何做到逆势增长的?

3.1.1 产品组合含义

一般来说,只是经营孤立的一款产品的企业并不多见,绝大多数企业都是通过向社会提供多种产品而进行生产经营活动的。因此,必须明确产品组合的概念,采用相应的产品组合策略,来获得市场的认可。

1)产品组合

产品组合是指一个企业经营的所有产品集合的总称,通常它由若干产品线和产品项目组成,即企业的业务经营范围。产品组合包括两个概念——产品线、产品项目,4个因素——产品组合的宽度、长度、深度和相关性。

2)产品组合的相关概念

(1)产品线

产品线又称产品系列、产品类别,指某企业生产技术密切相关的或能满足消费者类似需求的同类产品的总和,由若干产品项目组成,也是产品组合中的某一产品大类,是一组密切相关的产品。产品项目是指产品线中不同品种、规格、质量和价格的特定产品。如宝洁公司的洗发水系列就是其产品组合中的一条产品线,而200毫升海飞丝洗发水则是这条产品线中的一个产品项目。

(2)产品组合的宽度

产品组合的宽度是指一个企业所拥有的产品线的数量;较多的产品线,说明产品组合的宽度较宽。假如某公司拥有清洁剂、牙膏、条状肥皂、纸尿布、卫生纸产品线,那它的产品组合的宽度为5。

(3)产品组合的长度

产品组合的长度指企业所拥有的产品品种的平均数,如果一个公司具有多条产品线,公司可以将所有产品线的长度加起来,得到公司产品组合的总长度,除以宽度则可以得到公司平均产品线长度。

(4)产品组合的深度

产品组合的深度指每个品种的花色、规格有多少。如某品牌牙膏具有多种口味与香型，这些就构成了该牙膏的深度。

(5)产品组合的相关性

产品组合的相关性指各条产品线在最终用途、生产条件、分配渠道或其他方面相互关联的程度。如服装与鞋袜，食品与体育用品，前组的相关性就高于后组。

◎**典型案例**

宝洁公司在中国的产品组合如表3.1所示。

表3.1 宝洁公司在中国的产品组合

洗发护发	护肤美容	个人清洁	口腔护理	妇女保健婴儿护理	织物和家居护理	食品
飘柔 海飞丝 潘婷 沙宣 伊卡璐	玉兰油护肤系列 SK-Ⅱ 封面女郎	舒肤佳香皂 玉兰油香皂 激爽	佳洁士牙膏 佳洁士牙刷	护舒宝卫生巾 丹碧丝卫生棉条 帮宝适纸尿布	碧浪 汰渍 熊猫	品客

(1)宽度

宝洁公司有7个产品线，即洗发护发、护肤美容、个人清洁、口腔护理、妇女保健婴儿护理、织物和家居护理、食品，所以宽度为7。

(2)长度

该公司产品组合的长度是指它的产品组合中的产品品目总数。在表3.1中，产品品目总数是20个。

(3)深度

产品组合的深度是指产品线中每一产品有多少品种。例如，佳洁士牌牙膏有3种规格和2种配方(普通味和薄荷味)，佳洁士牌牙膏的深度就是6。

(4)关联度(产品组合的内在一致性)

产品组合的关联度即产品组合中各产品线之间在最终用途、生产技术、销售渠道以及其他方面的相关程度。在表3.1中，总的来讲，宝洁公司的产品关联度很强，除了食品行业的品客外，其他的产品几乎都是洗化护理行业的产品。

实时互动：请举例说明你熟悉的某公司的产品组合，分别说明其产品线、产品组合的宽度、长度、相关性等。

3.1.2 产品组合分析

1)现有产品分析

产品是指能满足购买者各种需要的物品及随同产品出售时所提供的各种服务。此处所指现有产品是指企业目前正为市场所提供的、能满足消费者需求和欲望的所有物品。通过对现有产品的分析，可以了解企业目前产品的竞争优势和盈利状况，以及未来发展的趋势和潜力，主要的分析方法是产品整体概念和产品生命周期理论。

(1) 产品整体概念

现代市场营销观念要求从产品的整体概念上来理解产品，包括实物、服务、思想、主意或计策等。产品的整体概念包括以下 4 个层次的含义。

①实质产品。实质产品是指产品提供给顾客的基本效用或利益，是顾客要真正购买的东西。例如，电风扇的基本效用是为人们带来凉爽和舒适；电冰箱的效用是制冷和保鲜；化妆品的效用是给人们带来美丽、漂亮。如果产品没有使用价值或效用，不能够给人们带来某种利益和满足，人们就会拒绝购买。实际上，实质产品是整体产品概念中最基本、最核心的部分，它是顾客购买的目的所在，是顾客追求的效用和利益。顾客购买一种产品，不仅是为了占有一件有形的、可触摸的物体，而且是为了满足自身特定的需要和欲望。

②形式产品。形式产品是指产品呈现在市场上的具体形态，也是产品的核心部分借以实现的形式，包括质量、式样、特点、品牌、包装等。任何产品的效用或利益都必须通过某种具体形式表现出来。例如，电冰箱、电风扇的效用或功能要通过一定质量、式样、品牌的机械形体表现出来。如果产品没有具体形态，产品核心部分就失去了载体，从而就不能够满足人们的某种需要和欲望。在产品策划中，对形式产品应进行精心的设计，在体现产品核心与实体的基础上展现产品具有个性魅力的物质形态。

③附加产品。附加产品是指顾客在购买产品时所获得的各种附加服务或利益的总和。它能满足顾客更多的需要。它包括提供产品说明书、产品保证、安装、维修、送货、技术培训、售前与售后服务等。如计算机生产者，不仅出售计算机，而且还提供工作指令、软件程序、规划系统、人员培训、安装维护、产品保证等一系列服务项目。未来市场竞争的关键，在于产品所提供的附加值，包括安装、服务、广告、用户咨询、购买信贷、及时交货和人们以价值来衡量的一切东西。因此，企业期望在激烈的市场竞争中获胜，必须极为重视服务，注重售前、售中和售后服务的策划。

④潜在产品。潜在产品是指最终可能实现的全部附加部分和新转换部分，或者说是指与现有产品相关的未来可发展的潜在性产品。潜在产品指出了产品可能的演变趋势和前景，如彩色电视机可发展为电脑终端机等。

通过运用产品整体概念，分析企业现有产品的竞争优势属于哪个层面，有利于企业不断巩固和延伸其产品优势，塑造企业产品的差异性，形成特有竞争力。现在，企业产品差异性的打造，不是停留在核心层上去寻找，而往往更多的是关注外层去构建，所以企业应该根据产品整体概念，分析现有产品，找到产品的优势，并持续巩固和发展。

实时互动：请说明分析产品整体概念对企业营销的意义。

(2) 产品生命周期

产品生命周期是指一种新产品从投入市场开始到被市场淘汰为止所经历的全部时间。它一般经历 4 个阶段，即介绍期(导入期)、成长期、成熟期和衰退期。对处在生命周期不同阶段的产品，其策划的基本思路也有所不同。

◎**资料链接**

判断产品所处生命周期阶段，可以用某种产品普及率来加以判断。

对不同的产品分别按下列两个口径计算普及率：

按人口普及率=（某种产品社会拥有量÷人口总数）×100%

按家庭普及率=（某种产品社会拥有量÷家庭户数）×100%

一般研究认为，用普及率判断产品生命周期的标准为：

0~5%时，处于引导期；

5%~50%时，处于成长前期；

50%~80%时，处于成长后期；

80%~90%时，处于成熟期；

90%以上时，处于衰退期。

①介绍期（导入期）的策划思路。该时期策划的基本思路是突出一个"快"字，即尽可能快地进入和占领市场，在尽可能短的时间内实现导入期向成长期的转轨。因此，在产品介绍期，企业营销策划的重点主要集中在促销与价格方面。一般有4种策略可供挑选。

A.快撇脂策略。这是一种先声夺人的策略，即以高价格和高促销水平的方式推出新产品。采用这一策略的条件是：第一，潜在市场的大部分人还没有意识到该产品；第二，知道它的人渴望得到该产品并有能力照价付款；第三，公司面临潜在的竞争，想建立自己的品牌。

B.慢撇脂策略。这是一种愿者上钩策略，即以高价格和低促销水平方式推出新产品。采用这一策略的条件是：第一，市场规模有限；第二，大多数的市场已知晓这种产品；第三，购买者愿出高价；第四，潜在竞争并不迫在眉睫。

C.快渗透策略。这是一种密集渗透策略，即以低价格和高促销水平的方式推出新产品。采用这一策略的条件是：第一，市场规模很大；第二，市场对该产品不知晓；第三，大多数购买者对价格敏感；第四，潜在竞争很激烈；第五，生产成本下降。

D.慢渗透策略。这是一种以廉取胜策略，即以低价格和低促销水平推出新产品。采用这一策略的条件是：第一，市场规模大；第二，市场上该产品的知名度较高；第三，市场对价格相当敏感；第四，有一些潜在的竞争。

②成长期的策划思路。成长期的特征是销售量急剧上升；消费者对产品已经熟悉，早期采用者也加入购买行列，销售量迅速增长；成本逐步降低，企业利润快速上升；有竞争者介入，竞争激烈。

进入成长期，营销策划主要强调一个"好"字，即不断提高产品质量，改进服务，树立良好的企业及品牌形象，抓住难得的市场机会，扩大市场占有率。这一时期可采取的策略有以下4种。

A.改进产品。集中力量提高产品质量，增加花色品种。

B.开辟新市场。不断细分市场，吸引更多的消费者，扩大市场份额。

C.密集分销。利用尽可能多的分销渠道销售商品，扩大商业网点。在扩大产品规模的基础上，适当降低价格。

D.建立品牌形象。在促销过程中向消费者介绍产品，并树立品牌形象，使消费者对本企业的产品建立品牌信赖度。

③成熟期的策划思路。成熟期是产品迅速普及的阶段。这一阶段表现为“两高一低”，即生产量和销售量很高，但销售量增长幅度变慢，利润开始下降，市场竞争异常激烈。因此，在这一时期策划人员应系统地考虑改进市场、产品和营销组合等主动进攻的策略。其策划思路突出一个“改”字，具体有以下3种方式。

A.改进市场。通过扩大顾客队伍和提高每个顾客使用率，来提高销售量。例如，轿车在我国一度成了官员们的用车，企业往往都把客户定位于机关、企业事业单位用户。然而，当企业把目光转向家庭用户后，轿车便扩大了用户范围，进入新的细分市场，开创了轿车进入普通家庭的新时代。

B.改进产品。通过改进现行产品的特性，以吸引新用户或增加现用户使用量。如小鸭圣吉奥洗衣机的滚动次数比一般洗衣机多得多，而且机体对衣服的磨损降到最低程度，强调了小鸭圣吉奥洗衣机的使用寿命和特征对用户的作用。

C.改进营销组合。通过改进营销组合中各产品要素的先后次序和轻重缓急，以达到保持市场占有率的目的。

④衰退期的策划思路。衰退期是产品销售情况每况愈下的阶段，企业利润很低，仅有落后的采用者继续购买产品，大部分消费者购买行为发生转移，竞争者大批退出市场。衰退期的策划体现一个“撤”字，可采取的策略有以下3种。

A.立即放弃策略。立即放弃衰退产品，经营可代替的新产品。

B.逐步放弃策略。按计划逐步压缩衰退产品的产量，将资金转入有利可图的项目。

C.自然淘汰策略。企业不主动放弃衰退产品，使之自然退出市场。

通过对现有产品生命周期的分析，可以及时了解企业现有产品所处阶段，并结合对市场的预测，掌握现有产品未来发展的趋势。

产品整体概念是从横向角度分析产品的优势，而产品生命周期的分析，则是从纵向角度分析企业现有产品未来发展的前景和趋势，这两种方法都可用于对企业现有产品现状的分析。

◎典型案例

延长产品生命周期的策略

1.工具更工具。大多数产品在初期只做到了在用户心中建立心智，但没有进行后续的地位巩固。作为工具产品，最重要的是在某个品类中做到全覆盖，而不是仅仅对靠抓住用户心理的单一功能进行纵向扩张。

如脸萌App，用户已将其定义为“个性头像制作软件”，且获得了极高的喜爱度。那么脸萌此时应顺应潮流，推出大量个性的头像制作素材，加深工具属性。这样一来，既弥补了产品初期功能单一的缺陷，又给产品提供了更多发展的空间。同理，魔漫手机也可以采取类似的产品迭代思路。

2.社交更社交。对于足迹这款更偏社交的软件，足迹团队应思考的问题是：如何将只在微博、微信社交平台分享的用户引流到App本身上来，这样作为社交产品的足迹才不会变成增加微信用户活跃度的炮灰。

3.扩展BD(电子商务拓展)活动,增大产品曝光率。产品积累了用户基数后,可尝试加强BD活动,增强品牌的好感度,再次升华用户对品牌的认知。

比如Uber策划了大量的BD活动,与各行业跨界合作:房地产界的万科、美食界的ENJOY、互联网界的Google、快餐界的麦当劳,不断地给用户制造惊喜,激发用户自发在社交平台进行推广。

脸萌App,可顺势为用户定制个性公仔、DIY物品等一系列周边产品。类似于MM豆原本只是一款食品,正是基于用户的喜爱,目前已成为文化产品代表物,在线下拥有大量的专卖店。品牌粉丝不远千里来一睹专卖店的风采,体验文化氛围,专属的公仔、T-shirt、纪念物再次为品牌吸引了大批的忠诚用户。足迹这类偏社交的现象级产品,可与旅行社等线下实体店合作,推出符合产品价值观的个性旅游路线,如“文青说走就走的旅行”,线下实施,线上制造专题分享互动,激发用户在“文青”社群里表达个性,增强用户对产品的黏性,逐步深化产品的品类定位。

实时互动:请阐述产品的生命周期变化规律并说明原因。

2)现有产品线的分析

产品线分析重要的是就产品线上每一个项目对总销售量与利润的贡献程度进行确定。一般可以通过计算每一个项目占产品线的销售额与利润额的百分比来分析。

比如,一企业某条产品线上项目A占产品线的总销售量的50%,占总利润的40%;项目B占总销售量的30%,占总利润的30%;项目C占总销售量与总利润的比重分别是10%与10%;项目D占总销售量与总利润的比重分别为5%和15%;项目E占总销售量与总利润的比重分别是5%和5%。对企业来说,要重点经营利润比重大的产品项目,对利润比重很小的产品项目可以不作为经营的重点。在上面这个例子中,项目A、项目B与项目D的利润要占到产品线的利润总额的85%,所以在其他环境因素允许的情况下,就可以将这3个项目列为企业经营的重点。

产品线的利润太集中在少数几个项目上,意味着这条产品线的弹性较差,遇到强有力的竞争对手的挑战,往往会受到很大的影响,因此,企业要尽可能地把利润均匀地分散到多个项目中去。

3)现有产品组合的分析

现有产品组合的分析,主要是通过对企业现在所有产品构成结构进行分析,分析其组成结构是否合理,不仅仅表现在产品组合的长度、宽度、相关性等方面,更多的则是从企业整体和长远的角度出发,分析其是否满足企业营销战略规划,可用波士顿矩阵进行分析。

对一个拥有复杂产品系列的企业来说,一般决定产品结构的基本因素有两个:市场引力与企业实力。

市场引力包括企业销售量(额)增长率、目标市场容量、竞争对手强弱及利润高低等。其中最主要的是反映市场引力的综合指标——销售增长率,这是决定企业产品结构是否合理的外在因素。

企业实力包括市场占有率、技术、设备、资金利用能力等。其中,市场占有率是决定企业产品结构的内在要素，它直接显示企业竞争实力。销售增长率与市场占有率既相互影响，又互为条件：市场引力大，销售增长率高，可以显示产品发展的良好前景，企业也具备相应的适应能力，实力较强；如果仅有市场引力大，而没有相应的高销售增长率，则说明企业尚无足够实力，则该种产品也无法顺利发展。相反，企业实力强，而市场引力小的产品也预示了该产品的市场前景不佳。

通过以上两个因素相互作用，会出现 4 种不同性质的产品类型，形成不同的产品发展前景。

①销售增长率和市场占有率"双高"的产品群(明星类产品)。

②销售增长率和市场占有率"双低"的产品群(瘦狗类产品)。

③销售增长率高、市场占有率低的产品群(问号类产品)。

④销售增长率低、市场占有率高的产品群(现金牛类产品)。

分析现有产品组合的目的是及时掌握企业产品组合结构，针对不合理的产品组合进行及时调整，使企业能同时具有问号类产品、明星类产品和现金牛类产品这三类产品，才有希望保持企业当前的利润和长远利润的稳定，形成合理的产品组合结构，维持企业资金平衡，保证企业良性发展。

◎典型案例

某企业是拥有以传统糕点为主导，集卤味制品、米制品、肉食品等为一体的系列产品群的国内著名品牌。其传统糕点在市场上有着较高的认可度，因此占据了较高的市场份额，而且传统糕点每年都可以为企业带来大量的现金流入。卤味制品是企业近年来新的发展重点，根据企业的调查发现，虽然市面上的卤味制品较多，但品牌杂乱，并不能受到消费者认可；企业凭借着自己的品牌，其生产质量、食品安全都十分有保障，一经推出，该产品就快速占有大部分市场份额。因此，企业将该产品作为重点发展对象，投入了大量资金以维持现有市场地位。米制品和肉制品都是企业最新推出的产品，市场占有率均比较低。但由于肉制品市场已经是发展比较成熟的市场，市场中的竞争者非常多，企业的产品进入后并没有突显出任何优势，增长速度也比较低。随着人们对食物多样性的要求越来越多，米制品的增长速度非常快，达到了 20% 的增速，但由于企业对此的投入也较高，因此尚不能为企业带来正的现金流。

要求：

(1)根据波士顿矩阵，判断企业各种产品的种类，并说明理由。

(2)针对各种产品，给出具体的发展建议。

3.1.3 产品组合策略

1)产品组合的方法

对一个企业来说，企业的产品管理或产品决策是一项具有层次性的工作。企业在进行产品组合时，涉及 3 个层次的问题需要做出抉择。

①是否增加、修改或剔除产品项目。

②是否扩展、填充和删除产品线。

③哪些产品线需要增设、加强、简化或淘汰,以此来确定最佳的产品组合。

企业在制定产品组合策略时应该遵循3个基本原则:有利于促进销售、有利于竞争、有利于增加企业的总利润。

产品组合的4个因素与促进销售、有利于竞争、增加利润都有密切的关系。一般来说,拓宽、增加产品线有利于发挥企业的潜力、开拓新的市场;延长或加深产品线可以适合更多的特殊需要;加强产品线之间的一致性,可以增强企业的市场地位,发挥和提高企业在有关专业上的能力。

优化产品组合的过程,通常是分析、评价和调整现行产品组合的过程。企业分析和评价现行产品组合通常会对产品线目前的销售额、利润以及市场地位进行分析和评价。

2)**产品组合的策略选择**

根据以上产品线分析,针对市场的变化,调整现有产品结构,从而寻求和保持产品结构最优化,这就是产品组合策略。产品组合策略具体包括以下3个策略。

①扩大产品组合,包括拓展产品组合的宽度和加强产品组合的深度。如美国吉列公司为了在竞争中保持优势,瞄准了男性剃须美容市场的动向,策划了多品种系列化产品开发策略,即以喷射式剃须膏为基础,开发了须后冷霜、香水以及烫发机、电吹风等美容美发品,这些产品给吉列公司带来了丰厚的利润和很高的知名度。

②缩减产品组合,当市场繁荣时,较长、较宽的产品组合会为许多企业带来较多的赢利机会,但当市场不景气或原料、能源供应紧张时,缩减产品反而可能使总利润上升。

③产品线延伸策略。产品线延伸策略指全部或部分地改变原有产品的市场定位,具体有3种实现方式,如表3.2所示。

表3.2 产品组合策略

实现方式	含 义	适用条件
向下延伸	企业把原来定位于高档市场的产品线向下延伸,在高档产品线中增加低档产品项目	利用高档名牌产品的声誉,吸引购买力水平较低的顾客慕名购买此产品线中的廉价产品;高档产品销售增长缓慢,企业的市场范围有限,资源设备没有得到充分利用,为赢得更多的顾客,企业将产品线向下伸展;企业最初进入高档产品市场的目的是建立品牌信誉,然后再进入中、低档市场,以扩大市场占有率和销售增长率;补充企业的产品线空白
向上延伸	原来定位于低档产品市场的企业,在原有的产品线内增加高档产品项目	高档产品市场具有较大的潜在成长率和较高利润率;企业的技术设备和营销能力已具备加入高档产品市场的条件;企业要重新进行产品线定位
双向延伸	原定位于中档产品市场的企业掌握了市场优势以后,向产品线的上下两个方向延伸	企业规模发展到一定阶段,已具备加入各档产品市场的条件;补充企业的产品线空白

由于市场需求和竞争形势的变化，产品组合中的每个项目，必然会在变化的市场环境下发生分化，一部分产品获得较快的成长，一部分产品继续取得较高的利润，另有一部分产品则趋于衰落。企业如果不重视新产品的开发和衰退产品的剔除，则必将逐渐出现不健全的、不平衡的产品组合。为此，企业需要经常分析产品组合中各个产品项目或产品线的销售成长率、利润率和市场占有率，判断各产品项目或产品线销售成长上的潜力或发展趋势，以确定企业资金的运用方向，做出开发新产品和剔除衰退产品的决策，以调整其产品组合。所以，所谓产品组合的动态平衡是指企业根据市场环境和资源条件变动的前景，适时增加应开发的新产品和淘汰应退出的衰退产品，随着时间的推移，企业仍能维持住最大利润的产品组合。可见，及时调整产品组合是保持产品组合动态平衡的条件。动态平衡的产品组合亦称最佳产品组合。

产品组合的动态平衡，实际上是产品组合动态优化的问题，只能通过不断开发新产品和淘汰衰退产品来实现。产品组合动态平衡的形成需要综合性地研究企业资源和市场环境可能发生的变化，各产品项目或产品线的成长率、利润率、市场占有率将会发生的变化，以及这些变化对企业总利润率所起的影响。对一个产品项目或产品线众多的企业来说这是一个非常复杂的问题，目前系统分析方法和电子计算机的应用，已为解决产品组合最佳化问题提供了良好的前景。

【任务演练】

分析华为企业产品组合

演练内容：请以华为企业产品组合为例，进行分析，并提出产品组合策略的建议，说明理由。

演练要求：

1.通过网络收集华为企业的相关信息，并列出华为企业的产品组合图，分别说出华为企业的产品线，产品组合的宽度、长度和相关性。

2.基于当前我国通信市场发展状况，对华为企业现有产品组合进行分析，提出你认为的产品组合策略，并说明理由。

任务 2　新产品开发策划

【导入案例】

小度智能音箱 Play

新生代们爱吃喝玩乐，他们生活的年代正是人工智能大爆发的时代，科技对于他们来说早已融入生活，成为不可分割的一部分。许多“00后”的家里都已经进入“智能家居时代”，智能空调、智能电灯、智能热水器等设备一应俱全，而作为智能家居场景的钥匙，智能音箱则是最受“00后”喜爱的产品之一。

2019年百度就发布了全新产品——小度智能音箱Play和小度智能音箱Play青春版。除了高颜值的设计和强劲的性能外，小度的这两款新品还从营销方式上贴近了“00后”群体，主动和他们打成一片。

在产品定位方面，小度利用AI(人工智能)技术，实现了独家黑话技能，成为最懂“00后”的黑科技产品。闲暇时间可以一起玩“语C”或“24小时连睡”；有烦心事时会教我们如何用“290”怼人；还能让我们享受“太子/公主”的贵族式叫醒服务；还会用“挽尊”“大触”这样的“00后”专属黑话和你对答如流；独特的“怼人”功能，还可能会开个玩笑怼你一下，有个性有态度。这小家伙简直就是智能音箱界的“00后”嘛！

同时小度智能音箱Play发布的同一天还预售“青春版”，专为“00后”量身定制，将拒绝同化、突出个性的真我表达发挥到了极致。“高低曲面数码打印”技术带来的全新“脸蛋”，抽象色块、接头涂鸦艺术、坎普风小清新……“00后”的专属个性，小度智能音箱Play青春版都能满足。并且，小度智能音箱Play青春版还内置了宋祖儿、邓超元、王博文等属于“00后”的偶像声线，全方位满足“00后”的精神需求。

由此可见，小度智能音箱Play和青春版不但在设计理念上完美符合了人们对于“年轻”的理解，还联合了“00后”最熟悉的黑话、爱豆进行跨界营销，向年轻人传递勇敢、青春、不平凡、不保守的智能生活理念，也折射出“00后”这代人特有的时代气质。

问题讨论：请问小度智能音箱开发重点考虑了哪些因素？

3.2.1 新产品的含义

1）新产品的含义

从市场营销角度看，新产品是一个相对广泛的概念，既指绝对的新产品，又指相对的新产品；既可以对市场而言，又可以对企业而言。也就是说，只要是产品整体概念中任何一个要素的创新、变革或改造，都可以被理解为新产品。所以，这里所谓的新产品是指在企业经营活动中一切新开创的产品，包括全新新产品，还包括现有产品的改进、竞争产品的仿制和产品线的增设等。它大体可分为4种。

①全新新产品，是指采用新原理、新结构、新技术、新材料等制成的新产品。例如，1867—1960年世界公认的新产品有电子计算机、真空管、打字机等。

②换代新产品，是指在原有产品基础上，部分采用新技术、新材料制成的，性能有显著提高的新产品，也称部分新产品。例如，从普通电熨斗到蒸汽电熨斗，从普通电话机到可视电话机等。

③改良新产品，是指采用各种改良技术，对现有产品的性能进行改进，提高其质量，以求得规格型号的多样和款式花色的翻新。比如潜水手表、药物牙膏等。

④仿制新产品，是指市场上已有同类产品，本企业仿制竞争者的产品，也称本企业的新产品。比如20世纪90年代上海某品牌饮用水推出之后深受广大消费者的喜爱，于是，各种

品牌的饮用水纷纷登台亮相。

2）新产品开发趋向

①高性能化。采用高新科技开发有时代超前特征的新产品，实现产品的高性能化，引导消费新潮，是现代产品开发的一大趋势。2000 年美国通用汽车公司推出的一种"网络汽车"，就是一种高性能化的超前产品。人们可以在汽车中上网收发电子邮件，查询股市行情，了解天气情况，或收听新闻。这种汽车能声控上网，人们只要发出口令，无须动手或转向，即可实施上述功能。

②多功能化。所谓多功能化就是增加产品功能，由单一功能产品发展成为多用途、多功能的产品。如电视机改进，增加了收、录、看、唱等功能。

③微型化、转型化。产品微型化是指利用新技术、新材料、新工艺，简化产品结构，缩小产品体积，达到高性能、紧结构、小体积、轻重量。

④方便化、简便化。现在人们更重视产品使用的方便性。如数码照相机、手机、模糊洗衣机等的发展正说明了这一点。

⑤节能化。由于能源紧张，因此节电、节煤、节油、节水、节气的节约性产品是产品开发的重要方向。

⑥多样化、系列化。以某一特征为主线，推出系列产品，是新产品开发的一种常用方法。这一方法对于培养消费群体、扩大销售具有积极的意义。例如，采用多样化的加工技术，开发多样化、系列化的蔬菜新品。除速冻蔬菜、罐头蔬菜、脱水蔬菜外，还有粉末蔬菜、汁液蔬菜、辣味蔬菜、美容蔬菜等。

⑦知识化、智慧化。所谓"知识和智慧的价值"是日本学者堺屋太一在其著作《知识价值革命》一书中提出的概念。他认为，产品包含着两部分价值，一部分是由人的体力劳动创造的原材料价值和产品的加工费；另一部分是由人的脑力劳动创造的包含在产品中的技术、样式和格调的价值，这后一部分价值就是"知识与智慧的价值"。例如许多传统产品采用高新技术后，成本提高了 10%~25%，售价却提高了 70%~150%。新开发出的高技术产品价格还要高。

⑧人性化、情感化。现在许多产品的开发十分重视个性化，以情动人，以情感人。例如，美国宝洁公司在中国市场推出的洗发香波的诸品牌都被赋予了鲜明的个性：飘柔——使头发光滑柔顺；潘婷——为头发提供营养保健；海飞丝——头屑去无踪，秀发更出众；等等。诸品牌同时包含了一个东方女性的共性——自信。

实时互动：产品创新到底是技术问题还是营销问题？

◎资料链接

过去很多企业的成功依靠的是机会和市场发展潜力好，很多时候并不是企业自身能力强带来的增长，而是依靠市场的整体带动。随着我国的经济进入新常态，各行业陷入严重过剩，原来的方法、技巧、逻辑行不通了。很多企业都幻想通过研发新的产品来获得新的救命稻草。但是，没有能力的产品是不太可能获得未来的持续增长，昙花一现不能决定企业的可持续性。

尼尔森的一组数据显示：2014 年，尼尔森跟踪了 15 000 个上市新品，到了 2015 年，市场上只找到了 50 个。据尼尔森的统计:2017 年中国消费品市场上市新品个数达 25 473 个,比 2015 年增长 15%,但这些新品大多成了短周期产品,70% 的新品存活周期不足 18 个月。即便是很多存活下来的新品,也都只是“昙花一现”,生命力极度脆弱。

面对移动互联网极致爆品的逻辑,许多企业把研发新品特别是所谓的极致爆品作为产品战略的核心。但是市场上真正出现的优质并且具有品牌力的新产品成功率却很低。新产品上市的存活率平均不足 30%。大多数的新产品存在生命周期短、市场营销乏力、品牌影响微弱、销售业绩不佳、市场发展无望的尴尬局面。

3.2.2 新产品开发的程序

新产品开发是一项复杂又极具风险的工作,它直接关系到企业经营的成功与失败。据统计,开发新产品从构思到投入市场,成功率只有 1%~2%。因此,为了提高新产品开发的经济效益,必须按照一定的科学程序来进行。新产品开发的主要流程是:产品新构思—筛选构思方案—建立产品概念—商业分析—开发研制—市场试销—正式上市。

1)产品新构思

产品新构思是指企业对准备向市场推出的可能产品加以研究、发展。新产品的开发工作始于产品构思,即寻求一种能够满足某种需要或欲望的产品。构思过程不是一种偶然的发现,而是有计划探索的结果。

2)筛选构思方案

新产品构思的好坏,对新产品开发能否成功影响很大。因此,征求到创新的构思以后,还要进行抉择和取舍,即组织构思的筛选。

3)建立产品概念

这是开发新产品过程中最关键的阶段,目的在于把产品构思转变为使用时安全、能增进消费者利益、制造上经济、具有为顾客乐于接受的物质特征的实际产品。

4)商业分析

一旦生产者决定了产品概念,接着进行的是评价该产品在商业上的吸引力。商业分析是指对预计的销售额、成本和利润进行审视,判断其是否与生产者的目标相符合。如果确能令生产者满意,则进行下一阶段的开发研制工作。

5)开发研制

经过市场分析以后,产品由概念进入实际研制过程。这一阶段企业要试制出新产品样品或实体模型。一般来说,样品生产要经过设计和实验、再设计和再实验的反复过程,还要进行品牌和包装设计,一直到符合生产和市场营销的要求为止。若是实体模型,既要具备产品概念中所描述的特征,又要以经济的成本和可行的技术制造出来。

6)市场试销

产品样品经过实验室试验以后,还要经过消费者或用户的试用,以帮助企业进一步修改产品设计,确定新产品是否值得投入市场。

7)正式上市

试销成功后的新产品,即可以批量生产,正式推向市场。

新产品开发这一典型流程提示我们,新产品开发的创意与策划过程应该从产品构思开始,经评价筛选变成初步的方案,再经过不断的检测,最后变成正式的优秀方案。至于是否成功,企业还需在上市时间、上市地点、上市目标等方面做出精心的营销策划。

实时互动:新产品开发流程的关键步骤有哪些,为什么?

3.2.3 新产品开发成功的关键要素

1)开发出独特的优秀产品

独特、优秀的产品,即那些向客户提供独特的利益和超值的产品,这是新产品成功和获利的第一动因。这些具有独特的客户或用户利益的优秀产品的共性包括:性价比突出,减少客户的总成本(高利用价值);从客户的角度来看,提供比竞争对手更高的产品质量;更好地满足了客户需求,提供了竞争对手的产品所不具备的独特的性能,或解决了竞争对手的产品存在的问题;提供容易被觉察的、对客户有益的产品利益或属性。

◎典型案例

康泰实业公司是中国按摩椅产业的开山鼻祖,是国家"863 计划"重点项目"中医按摩机器人"实施单位。公司一路发展而来,始终以"匠人精神"打造产品,其以最新技术结合传统文化精华,使产品在同类产品中独树一帜、别具一格。

公司以中医穴脉按摩为理论依据,创造性地将中医按摩技法融于按摩器具之中,完美呈现东方手感按摩,在国外健康按摩器具行业中表现亮眼。随着技术的不断发展,公司产品创新从未止步,其最新产品在中医按摩手法的基础上,融合了机器人技术,同时利用互联网平台为消费者提供多样化的服务。

随着客户满意度的攀升和产品技术的不断提升,2017 年,公司"雲·康泰"智能按摩机器人系列产品,先后荣获国际机器人展金手指奖、国际服务机器人行业金萝卜奖,开创了智能按摩新时代。

2)市场导向意识

对客户的需求和欲望、竞争状况和市场的了解是产品成功的一个基本因素。强烈地以客户为中心的意识不仅会提高产品的成功率和盈利能力,而且还会缩短产品的上市时间。

◎典型案例

百草味通过调研,了解到消费者对坚果的需求,于 2017 年推出新产品"90 日鲜",并设计了新的包装,小包中间分开,果干和坚果分开储存,食用时拉开"拉链"混合使用,这样在极大缩小坚果的新鲜周期,保证营养价值不流失的同时,进一步保证产品的"新鲜度",满足了消费者对坚果新鲜度和食用便捷的需要。

3)做好开发前期准备工作

预备性工作对新产品的成功开发起关键作用。前期工作包括对项目进行初始筛选,是否开展合格项目的最初决策;最初的、快速的市场研究,进行市场预评估;最初的、快速的项目技术评价;详细的市场研究、市场调查和客户意见调查,在决定是否进入下一阶段之前一定要进行经营和财务分析。前期工作的时间可以通过缩短开发周期和提高成功率来补偿。如果省略了前期工作,会犯两个错误:一是导致项目成功率下降;二是今天的节省会使你明天耗费更多的时间,是典型的“小处聪明,大处愚蠢”的节省时间的做法。

4)清晰稳定的产品定义

新产品开发项目中的“项目范围蔓延”和“不稳定的规格”会导致进度延期。项目范围变化意味着项目定义总在变化;不稳定的规格是指产品定义,即产品需求和规格,在整个产品开发阶段都在变化。因此,必须在开发的前期给出清晰、早期、稳定和现实的产品定义,这也是项目和产品成功的关键因素。在项目的初期,要清晰定义项目范围,是面向国内还是面向国际,是一款新产品开发还是平台开发等;确定产品的目标市场,明确谁是预期的用户;描述产品配置战略,包括目标价格、产品特征、属性、需求以及规格清单。

5)制订开发计划和组织资源

不要假设好的产品会自己卖出去,也不要在新产品发布之后追悔。发布是整个流程的最后一步,绝不要低估它的重要性。然而一个好的、目标适当的产品发布并不是偶然发生的,它是一个精心规划市场、适当地给予资源支持、专业化地执行的结果。制订发布计划和组织资源,可以确保在发布工作的设计中考虑到有价值的信息和预测,确保需求时资源的可获得性,这些因素对于成功的发布是非常关键的。

6)保证关键工作的质量

在新产品开发流程中有必要进一步强调执行流程的完整性、一致性和质量。某些关键的活动,即执行的好坏和是否全部完成,与新产品的盈利能力和缩短上市时间密切关联。特别关键的活动包括前期预备工作和市场相关的活动。然而,产品创新存在质量危机,典型错误是活动的缺失和执行的质量差。

7)效率和品质并重

速度是一个竞争武器,速度产生竞争优势。在市场上成为第一,意味着市场或竞争状况变化的可能性最小,这将有利于利润得到更快的实现。项目团队为了缩短上市时间要遵循的原则是:事先做好前期工作,并且要基于事实,而不是根据传闻和想象得出一个早期和稳定的产品与项目定义。这样会节省后面工作的时间。节省时间的最好方法就是尽可能避免返工;有效的跨职能项目团队是按时完成任务的基础;采用并行工程;与并行工程结合,采用螺旋式开发方法;分清主次,并集中精力做少量但价值大的项目。

3.2.4 新产品开发策略

企业的新产品开发策略主要有以下4种。

1)抢先策略

抢先策略是指抢在其他企业之前,将新产品开发出来并投入市场,从而使企业处于领先地位。采用抢先策略的企业,必须要有较强的研究与开发能力,要有一定的试制与生产能力,还要有足够的人力、物力和资金,要有勇于承担风险的决心。

2)紧跟策略

紧跟策略是指企业发现市场上的畅销产品,就不失时机地进行仿制进而投放市场。采用紧跟策略的企业,必须随时对市场信息进行收集、处理,而且要具有较强的、高效率的研究与开发能力。大多数中小型企业都可以采取这一策略。

◎**典型案例**

康师傅在方便面口味开发方面紧跟统一,如统一分别推出了香菇炖鸡、泡椒牛肉、老坛酸菜,康师傅也相继推出对应口味的方便面,并且后发制人,在某些区域的销售超过统一,对统一构成严重威胁。

3)引进策略

引进策略是指把专利和技术买过来,组织力量消化、吸收和创新,变成自己的技术,并迅速转变为生产力。它可分为3种情况:将小企业整个买下;购买现成的技术;引进掌握专利技术和关键技术的人才。

4)产品线广度策略

产品线广度是指一个企业拥有的产品系列的数目。产品线广度策略按选择宽窄程度,分为宽产品系列策略和窄产品系列策略。宽产品系列是指企业生产多个产品系列,每个系列又有多个品种,它是一种多样化经营策略,许多大型跨国公司和企业集团一般采用这一策略。窄产品系列策略指企业只生产一两个产品系列,每个产品系列也只有一两种产品。市场补缺者往往采用这一策略。宽产品系列策略是一种多样化经营策略。

◎**资料链接**

新产品开发的5个要点

任何产品都有生命周期,客户的需求在发生变化,市场的竞争环境也在发生变化,因此,企业的新产品开发战略不仅直接决定着企业的战略执行,企业的新产品战略也关系到企业的生死存亡。

但是,很多企业的新产品开发却存在很多问题,因此,要想制定规范化的新产品开发体系,保证公司战略可持续发展,不是件容易的事情。需要从以下5点入手。

第一,新产品开发是全公司的事情,不是某个部门的事情。

很多公司的新产品开发既不是市场部门负责,也不是研发部门负责,最后的结果是,当新产品开发进度延迟,新产品不能满足市场需要的时候,大家开始相互推卸责任。

在新产品开发过程中,需要各个部门的有机配合,市场、研发、销售、采购、生产等部门都要参与。因为在新产品开发过程中,前前后后都需要这些部门的配合,如果没有这些部门的配合,新产品开发成功是很困难的。

第二,新产品开发要以市场需求为导向。

这句话虽然可能是一句废话,但是,在很多企业的新产品研发团队内,特别是研发人员的思维中,这个观点还是缺乏的。

很多企业还是以技术导向性为主,企业有什么样的技术,就推出什么样的产品。而以市场为导向就需要企业对客户群体进行定位,对客户群体的需求进行分析,客户需要什么样的产品,就推出什么样的产品,这样,产品的成功率会更高。

第三,新产品开发要采用跨部门的项目经理制。

在新产品开发运作模式上,建议采用项目经理制下的项目团队运作机制。

新产品开发项目经理负责整个项目的计划、资源分配、进度监控、预算等,并协调相关的资源对新产品开发过程中的评审点进行评审,确保项目质量。

第四,新产品开发采用“端到端”的全流程。

新产品的开发流程,很多企业有不同的做法,我们强调的是“端到端”。所谓“端到端”就是指从客户需求开始,到最终交付给客户的全流程。

很多企业在新产品开发流程中,每个部门负责一小块,没有人对整个项目的成功负责,出现问题相互推卸责任,在项目执行过程中,各个部门对项目目标的理解不一致,导致项目执行困难。

因此,我们采用的跨部门的运作团队,和“端到端”的全流程运作,是确保新产品开发项目能力顺利完成的有力保证。

第五,新产品开发要有绩效考核与激励。

由于每个人都会有惰性,每个人都需要激励,因此,合理的考核与激励体系可以帮助员工提高工作积极性,提高员工的效率。

绩效考核也是一种价值观和工作目标的引导,作为一般的员工来讲,公司考核什么,他们就重点关注什么。合理的考核与激励体系可以更加有效地引导员工的价值取向。

绩效考核的重点是以结果为导向,过程考核与结果相结合的方式进行,因为,好的过程是好的结果的重要保障。

【任务演练】

开发大学生专用手机

演练内容:通过了解大学生对手机需求的偏好,为某手机制造企业开发一款针对大学生的手机产品。

演练要求:

1.通过对大学生手机需求调研,分析大学生对手机需求的偏好、使用习惯、期望功能和款式等,形成调查报告。

2.再根据调查分析的情况,为某手机制造企业开发一款满足当前大学生主流需求的产品,并规划完整的新手机开发流程。

任务 3 新产品上市推广策划

【导入案例】

华润雪花啤酒勇闯天涯 superX 新品上市

2018 年 3 月 18 日,华润雪花啤酒品牌推出核心产品——“勇闯天涯 superX”,首次启用明星代言人借势营销。勇闯天涯 superX 从产品本身的年轻化出发,目标瞄准年轻消费群体,整合热门 IP 综艺节目、体育热点事件、代言人活动等,引导消费者购买并联动一物一码平台,将明星粉丝、IP 粉丝转换为品牌粉丝,充分调动粉丝经济为产品导流,实现从流量到销量的转化。

雪花啤酒深入市场,以潮流文化打通年轻群体,强势冠名《明日之子第二季》与《热血街舞团》,深耕年轻群体;借势年度热点世界杯事件;利用品牌代言人王嘉尔人气流量。强品牌、强 IP、强流量,三强联合;一物一码、粉丝带货、三粉合一、流量变现,是勇闯天涯 superX 一战成功的关键。

雪花联手《热血街舞团》和旗下实力选手 X-crew 组合,并冠名热播音乐偶像养成节目《明日之子》,发布会直播同期观看人数达到 7 200 万+,让勇闯天涯 superX 一上市便成爆品。

勇闯天涯 superX 通过一物一码的方式,打通产品与用户之间的关系,带动品牌与年轻消费群体的娱乐互动,并以网易世界杯顶级战略合作伙伴身份,全程覆盖占据网易平台世界杯赛事浏览关注路径,利用平台最大流量,达成营销闭环,打造紧贴比赛热点大型 UGC(用户原创内容)全新内容营销模式。

问题讨论:你认为新产品要成功上市,需要注意哪些方面的问题?

3.3.1 新品上市推广策划

1)新产品上市应考虑的问题

对营销人员而言,新产品管理中一个比较现实的问题是在什么时候推出新产品。这个问题之所以比较重要,是因为新产品与老产品常常存在竞争关系。如果新产品过早推出,则可能使得老产品在潜力尚未充分发挥的时候就过早退出市场。如果新产品过晚推出并进而导致新老产品之间的衔接出现问题,则消费者可能转向竞争性产品。

无论是理论研究还是实际观察都表明:新产品开发成功与新产品推出是两个不同的问题。新产品开发本身更多地偏重于技术层面,而新产品推出却是和市场竞争格局高度相关的工作。一般来说,企业应当尽早完成新产品的储备,但新产品的推出则应当视市场情况而定。

何时推出新产品并无定论,但是,在新产品推出时机的决策上,存在一些共性的问题,这些问题包括以下 3 个方面。

①老产品在产品生命周期中所处的阶段。

②企业在老产品市场上的竞争地位。

③竞争对手新产品开发的动向。

2)新产品的上市策略

(1)新产品的上市时机

企业必须分析何时是新产品推出的最佳时机。假如企业即将完成其新产品开发工作,而此时竞争者的产品开发工作也将完成,那么企业面临 3 种选择:首先进入、平行进入和后期进入,企业应权衡利弊,择一而为。

◎**典型案例**

2017 年 7 月 29 日，为庆祝建军 90 周年，人民日报策划推出一款换脸“军装照”H5。用户扫描二维码，上传自己的照片，就可以生成帅气的军装照。这款 H5 一经推出，浏览量呈井喷式增长。截至 8 月 2 日 17 时，“军装照”H5 的浏览次数累计达 8.2 亿，独立访客累计 1.27 亿，一分钟访问人数峰值高达 41 万。

H5 将 1929—2017 年 11 个阶段 22 套军装全部呈现出来，用户上传照片选择年限即可制作自己专属的军装照，强大的图像处理技术——国内首创“人脸融合”既能突出用户的五官特点，还自带美颜滤镜，呈现出非常自然的图片效果。

该活动使用户产生一种对军旅梦的向往和在朋友圈展现自我的欲望，满足了受众炫耀的需求。在建军节这个爱国氛围日益浓烈的时间段，该活动让大家以一个崇敬的心态参与、分享，沿着每个人的社交链相互传染，在移动社交平台实现裂变式传播。

(2)新产品的上市地点

除了对新产品上市时机进行周密计划以外，企业还需要决定向哪里投放新产品，尤其是要决定新产品由哪个地方首选推出。企业在进行有计划的市场扩展，特别是中小型企业在选择投放地区时，往往选择吸引力较强的城市或地区，一次只进入一个，然后再扩展。但这也只是通常的做法，对具体产品而言，未必适用。如波导在进行市场营销运作时，首先开发的市场区域是新疆，而且取得了非常好的营销效果。因此，在市场扩展中，企业必须对不同市场的吸引力做出评价。其主要评价标准是：市场潜力、企业的当地信誉、渠道建设的成本、该地区研究数据的质量、该地区对其他地区的影响、竞争渗透方式以及竞争对手实力等。只有对这些因素进行全面评估之后，才能最终确定投放区域。但要注意的是：无论选择哪一个区域，企业在此的资源应该是最有效的，最起码也是可以保证新产品推广正常进行的，只有这样，新产品的推广才可能获得成功。

(3)新产品的目标市场

新上市的产品，最佳的促销对象应该是最有希望购买的一个群体，由这些创新使用者带来其他群体。新产品最理想的潜在顾客，一般具有下列特征：喜欢创新、喜欢冒险、大量使用、对新产品颇有好感、某一方面的意见领袖、有宣传影响力、对价格不敏感等，即市场细分消费群体中的先锋型消费者。

(4)新产品的营销策略

新产品开发过程自始至终要有营销活动参与，企业必须制订把新产品引入扩展市场的实施计划，新产品的营销预算也要合理分配到各营销组合因素中，时机不同，地域不同，营销重点也不同。新产品营销策略总体上应该服从公司已经制定的总体营销规划，除非新产品对公司的市场营销有决定性的意义，否则不宜改变原有的营销结构；而且除非新产品的利润非常可观，否则不宜对老产品的销售带来过大的冲击。但由于市场情况千变万化，各种产品本身的条件也不相同，因而这些内容只是一些原则上的概括而已，真要进行这样的策划，还必须对具体情况做深入细致的研究工作。

◎**典型案例**

广汽 2018 年款的传祺上市

2018 年款的传祺上市,一方面要发掘新增长的潜力,保持细分市场领域地位;另一方面要输送品牌资产,使品牌价值不断提升。小米在线上、线下有着丰富的营销资源,同时米粉又是一个高黏性的群体,这些资源有助于传祺打造全新的影响力。

这次营销的第一炮在线下打响:传祺 GS4+小米之家"智能出行生活艺术馆"亮相上海东方明珠。这间超级门店位于上海东方明珠脚下核心商圈。馆内分为几个不同的专区,通过体感互动加深用户对品牌及车型的印象,通过趣味语音操控体验祺云 AI 语音系统吸引围观,利用静态艺术展示吸引驻足拍照,利用超大屏跟随互动及光影效果引发用户兴趣度……一系列的设计,一方面体现了车的科技感,另一方面也充分让用户参与其中。

线下展示的同时,也利用线上手段传播、放大线下活动。比如"智能出行生活艺术馆"的展出,发动用户转发朋友圈和微博。这样的活动设置,实现了将线下的效果在线上放大。

除了线下,小米线上资源矩阵也全面配合。比如在预热阶段,采用系统级跨 App 开屏广告联投和信息流广告,针对高价值潜在车主人群进行投放,覆盖 MIUI 生态多个优质 App(小米视频/小米音乐/小米主题/小米生活/小说之王/多看阅读),迎合用户不同的 App 的使用场景进行投放优化。在高潮期,则通过开屏、信息流、OTT 这些重磅资源,引流官网查看车型亮点,并吸引米粉留资享福利,全面曝光活动及品牌信息,激活线下参与度。

实时互动:请列举你认为非常成功的新品上市案例,并分析其成功的原因。

3.3.2 新品上市推广策划方案

1)新品上市推广步骤

(1)上市前基础工作

市场调研内容包括以下 10 个方面。

①地理位置、人口状况、经济状况、当地政府政策、人均消费水平、消费习惯。

②人文环境:市场购买力、消费习惯、市场规模、目标消费群的文化素养等。

③经销商的基本情况:公司概况、营销理念、资金实力、人员结构、网络分布、主销品牌及销售情况、经销商对它的满意度、经销商的个人资料等。

④导入市场渠道方式:特殊渠道、商超、餐饮、小店、窗口渠道。

⑤导入时间及重点渠道的确定。

⑥地方媒体选择:目标消费群最关注的媒体及播出费用、时间、广告刊播次数等。

⑦促销员薪酬:主要竞品公司的促销员的薪酬。

⑧重要竞争对手:了解重要竞争对手的价格体系、操作方法、奖励政策、促销手段及与合作伙伴的关系。

⑨费用调查:目标市场的终端进场费、促销费等。

⑩其他:当地市场个性化的情况(特别是最省费用且有效的促销形式和促销活动方案)。

(2)确定销售费用和销售目标

①销售费用预测。

A.公关策划活动计划及所需费用。

B.确定选择的主要宣传媒体及投入频率和由此产生的费用。

C.预备进行的渠道、终端的数量和由此将产生的费用。

D.促销人员的费用。

E.预计进行的促销活动及所需费用。

F.其他费用。

②销售目标计划。

A.品种计划。根据目标市场调研报告及与经销商协调、沟通,确定首批订单进货品种、规格。

B.销售渠道划分。a.特供渠道:政府、部队、其他社会团体组织等。b.商超渠道:卖场的选择、网点建设、促销活动。c.餐饮渠道:网点数、促销人员设定、促销手段。d.其他渠道:流通环节、专卖店。

(3)制订目标市场销售额计划

营销部将公司全年销售计划(任务)细分,年度细分到月度。每月销售任务细分到每个渠道、卖场、网点,落实到每个人头,并制订相应的市场管理办法。

(4)进店、进场与铺货

这包含渠道建设策略和进度,各渠道目标。

①确定进店、进场的数量。

②根据市场调研结果,并且结合经销商的实际情况,然后依据自身的谈判力量做一个评判,拟订谈判计划,对不同的卖场要给予不同的谈判周期。

③注意事项:a.卖场级别;b.行业影响力;c.社会背景;d.费用;e.账期;f.相关管理人员的性格特征。

④铺货。根据产品特质,主要是价格参考和适销通路,对卖场进行铺货。

⑤其他通路安排,如专卖、团购特区等。

(5)促销声势与氛围的营造

①相匹配广告宣传活动支持。包含广告目标、目标群品牌知名度、大众知名度、品牌偏好度广告策略。a.广告阶段投放计划。b.广告活动具体计划,包含电视、电台、楼宇液晶、报纸、户外媒体。

②促销安排。包含年度、季度、月度各阶段、各层面、各渠道促销系列活动安排。促销其本质在于信息的传递和说服,根据现代人新品的整体运作策略,要做好一个很棒的前期营业推广,声势与氛围的营造就显得非常重要。除公司要做的统一促销活动,各地市场的促销活动无论采用什么方式(如人员促销、公共关系、活动促销或其他方式),其原则包括以下3个方面。

A.优化配置资源:尽量整合公司以外的各种资源。

B.成本领导:掂量自己的筹码,有多大能力办多大事,不可妄想臆断,以免造成不必要的损失。

C.信息传递:信息传递实际上就是一个告知过程,促销的形式就那么几种,运用哪一种都行,都没有对错之分。但是实施的过程和技术的变化却很大,所以,营销人员在做的时候应考虑以下因素:a.在清楚自身资源的情况下,明确信息传递的速度和范围;b.消费者感兴趣的程度和理解程度;c.对品牌建设有无负面影响(包括对品牌形象的影响、对产品价格的影响、对通路利益的影响以及对后续销售的影响);d.说服。

③公关活动安排。

④终端物料及宣传物料。

(6)整体各项工作安排推进表

根据新产品上市推广工作所涉及的各流程和环节,明确时间节点和工作进度,设计新产品上市推广工作进度表(最好以表格的形式呈现出来)。

(7)团队建设

新产品上市推广工作涉及面较广,包括上市前的宣传、新产品发布、新产品渠道建设、产品铺货等,必须组建相应的团队共同完成,或由相关营销部门抽调部分人员组成临时机构,完成新产品上市推广工作。

(8)整体费用预算

新产品上市推广需要组建团队完成相应工作,要开展新产品上市推广活动,也需要有必要的经费预算,从新产品上市宣传,到新产品发布会,再到新产品渠道建设,前期都需要投入一定的资金,以保证新产品上市工作的顺利开展,所以必须进行费用预算,根据具体工作内容预算相关费用。

2)新产品上市推广策划方案的撰写格式

(1)前言(上市目的)

(2)市场背景分析

①品类市场的总体趋势分析。

②消费者分析。

③竞争品类及该品类的区隔市场占比分析。

④得出结论:

A.基于市场趋势的新品定位。

B.产品选项迎合了某些市场机会。

(3)企业现有产品SWOT分析

(4)新品描述及核心利益分析

①新品的口味、包装、规格、箱容、价格、目标消费群等要素的详细描述。

②各要素相对竞争产品的优势。

③新品相对竞争产品的诸多好处之中有什么特别优势。

④最后得出结论:我们有充足的理由(优势)会赢。

(5)新品上市进度规划

(6)铺货进度计划

(7)渠道和消费者促销

有什么样的促销活动?具体的时间、地点、方式等细节的落实。

(8)宣传活动

企业投入广告的具体播放时间、频率,各种广告宣传品、陈列物的样品的投放区域、方式及投放数字。

(9)其他

新品销量预估、营销费用预算、产品损益评估等。

实时互动:你认为一个完整的新品上市推广方案应该包括哪些部分?

3.3.3 新品上市推广策划技巧

新产品经过寻求创意、甄别创意、形成产品概念、制定营销策略、营业分析、产品开发、市场试销、批量上市8个阶段被开发研制出来后,企业就应立即策划其新产品的推广策略。新产品的推广是指企业采取一定的措施,使新产品被越来越多的消费者所接受。

1)新产品上市推广成功的关键

(1)确定新产品推广的目标受众

在新产品的推广过程中,由于消费者受其性格、收入、文化背景、受教育程度等因素的影响,在接受新产品时表现出来的接收程度和快慢是有区别的。为此,企业应对消费者接受新产品的类型进行分析,从而确定新产品推广的目标受众。

(2)建立独特的产品形象

新产品能否推广成功的关键因素是该产品能否给消费者带来专属的利益和超值的享受。这要求厂家通过差异化策略给消费者一个购买你产品的理由。

(3)选择最佳的推广时机

推广时机的选择对新产品来说至关重要。上市时"点"抢得好,不仅可以使产品易于被消费者接受,而且能让企业以较少的投入获得较大的回报。

◎典型案例

台湾某大酒店研制出的一种套餐在选取推广时机上非常高明。他们在人类登月成功后马上推出该套餐,并命名为"登月套餐"。同时,餐饮佳肴的名称均使用登月术语,立刻引得消费者争相前往就餐。选择最佳的上市时机其实就是我们常说的"抢点"。

(4)进行强大的宣传造势

新产品推广上市前,厂家可以通过各种媒体进行产品宣传,旨在制造神秘感,造成一种"犹抱琵琶半遮面"的感觉。例如,曲美减肥药上市前3个月就大力宣传,造成市场饥渴感,引起了轰动效应。对大多数新产品来说,在进入市场以后,其知名度、品牌忠实度、消费者认知度都很低,该产品处于产品生命周期的引入期,需要厂家大力进行产品宣传。

(5)运用有效的促销手段

当消费者已经习惯了某个产品时,要改变其消费习惯是很困难的。这就需要厂家采取一些让利促销手段,先给消费者一些甜头让他们去尝试你的产品。

◎典型案例

圣泉集团首先推出情趣卡,每月一期不同版别的情趣卡除具有可读性,还标注“收集此卡有意外惊喜”的字样。圣泉集团针对此卡,设计了两期奖品为空调、制作精美的蓝色零点时尚手表等的寄卡抽奖促销活动。由于广告传播到位,中奖率较高,极大地促进了产品销售。不仅如此,针对中秋节、国庆节两个中国的传统节日,圣泉集团还连续组织了两次促销活动。“摘月花零点”——中秋送金戒活动中秋节前一周在安徽全省展开,815 枚金戒在万家团圆之时悉数送出,加强了与消费者的情感沟通。国庆节期间,圣泉集团“零点缤纷世界游”活动更是满足了部分消费者假日出游的实际需要。一波高过一波的促销活动的连续推出,不断地带动和提高了人们购买零点啤酒的热情。

(6)建立顺畅的产品通路

产品通路指的是产品由生产厂家到最终消费者这一流动过程中所涉及的所有环节。顺畅的通路来源于两个方面:一是销售渠道是否通畅,二是终端理货是否科学。销售渠道的通畅主要涉及销售渠道的合理选择,而终端理货工作主要包括产品上架、布置焦点广告、营业人员培训、及时补货、帮助终端促销、及时退换不合格产品等。渠道和终端工作是否扎实、完善,对销售有很大的影响,特别是在广告打出之后。消费者采取购买行动时,由于通路的不顺畅造成产品流动受阻或消费者购买不方便,将会大大影响销售额,甚至抹杀掉在大量广告和促销手段作用下在消费者中产生的产品好感和购买热情。

◎典型案例

“零点啤酒通路”的网络模式,通过“压缩层次”和界定区域,该销售渠道的布局趋于合理,从而充分调动起分销商的积极性,这对稳定市场起到了积极作用。此外,通过强化服务协助管理终端,提高了终端的销售力,为零点啤酒的成功推广提供了坚实的保障。

(7)进行科学的计划和管理

新产品推出上市的整个过程一定要有周密的计划,包括销售计划、广告计划、费用预算、铺货量预算、回款计划、促销计划、公共关系计划、市场拓展计划和服务计划等,然后根据目标管理的原则,对每一计划的实施、监督、评估进行严格科学的管理。以销售计划和管理为例,目前许多企业在新产品上市时缺乏计划,产品一上市反应热烈,马上大面积推广,无计划地销售,从而使好产品过早成熟,不久就在市场中消失了。

◎典型案例

零点啤酒随着产品销量的扩大,其边际消费群体也随之扩大。虽然这有助于短时间内提高销量,但如不限制,将会对“零点”的主要目标消费群体形成概念冲击,使消费群体的个性化与产品个性化脱节,最终将失去主要目标消费群体,这对品牌的长期发展极为不利。于是,“零点”采取收放适度策略,放弃了一部分利润。同时,进行策略性限量,带动经销商进货和消费者品尝,实现了科学计划和有效管理的完美结合。

(8)采取科学的推广策略

新产品推广要求公司具备组织、策划、控制促销宣传活动的能力与水平,以最小的投入形成最大的宣传推广效果。另外,在超市或学校地区做促销,需要企业大量的人力、物力投入,而公司的人力、物力有限。因此,公司除自行做一些宣传推广活动外,必须鼓动客户共同参与宣传推广活动。宣传推广与目标消费群体接触面越广越大,终端的"拉动"效果也就越好。另外,做新品宣传推广活动时,尽量利用条幅、遮阳伞、帐篷等工具,确保营造好终端热销氛围。

实时互动:在新品上市推广活动中,应该如何运用4P策略?

2)注重新产品营销组合策划

(1)新产品上市价格策划

根据新产品在投放市场时定价水平的高低,可以有3种类型的定价策略:撇脂定价、满意定价与渗透定价。

在营销实践中,很多企业对新产品定价缺乏深入的调研和科学的规划,要么贪心不足把价位拉高,要么凭感觉定价无策略可言。这就要求,新产品定价要根据目标市场特点、渠道对象、消费者心理以及竞争对手定价精心策划而定。

(2)新产品营销渠道策划

从试验市场到整个目标市场,渠道强度对新产品市场的扩散起着决定性作用。

①选择渠道模式。新产品性质不同,选择的分销渠道的模式也不相同。特别是全新产品或那些需要高度认知学习的复杂产品,新产品投放市场初期,应该采用短渠道与窄渠道。一般情况下,新产品适合采用独家代理或独家经销的方式,而产品进入成熟期后,则采用多家代理或多家经销的方式。

②激励中间商。在新产品投放市场初期,中间商的采购决策常常比消费者还要慎重。所以,在此阶段,需要通过举办培训班向中间商介绍新产品的使用方法与销售服务技巧;同时,还要制定比较优厚和灵活的激励政策鼓励中间商经销或代理企业的新产品。

(3)新产品促销策划

对新产品的促销策划,主要应从以下两方面开展工作。

①设定促销目标。消费者接受新产品的阶段不同,对新产品的促销目标与促销方式也不同。广告在消费者认知新产品阶段应当作为促销组合的重点选择;在消费者兴趣阶段主要选择广告、公共关系和人员推销方式;在消费者评价和试用阶段,人员推销是重点;在采用阶段应主要选择人员推销和营业广告,并配合广告与公共关系。

②促销总策略。促销总策略根据促销合力形成的总体方向划分为:推式促销与拉式促销两种。

A.推式促销。推式促销主要指客户企业直接针对中间商开展促销活动。活动过程主要是运用人员推销、营业推广等手段,把产品从制造商推向批发商,由批发商推向零售商,再由零售商将产品推向最终消费者。运用这一策略的企业,通常有完善的促销队伍,或者产品质量可靠、声誉较高。

B.拉式促销。拉式促销主要是指企业直接针对最终消费者施加促销影响,以扩大产品或品牌的知名度,刺激消费者的购买欲望,并产生购买行为。拉式促销策略一般以广告促销为主要手段，通过创意新、投入高、大规模的广告轰炸，直接诱发消费者的购买欲望，使顾客向零售商、零售商向批发商、批发商向制造商求购，由下游至上游，层层拉动以实现产品销售。运用这种策略的企业一般具有较强的经济实力，能够花费昂贵的广告和公关费用。

(4)新产品销售系统

建立新产品销售系统是形成新产品市场推广“执行力”的有力保障。对全新产品，客户企业建立的销售系统应该包括以下3部分内容。

①建立新产品营销队伍。应组建一支业务技能精湛，又熟悉新产品和目标市场的得力的销售人员队伍。针对新产品的促销特点，策划人员应该协助客户企业设立专门的促销机构或专职的促销人员，全面负责新产品的促销工作。策划人员应该对企业经理、品牌经理、区域市场经理等关键职位人员的来源以及任职资格提出自己的意见，例如，销售经理需要通过招聘的形式引进，其学历、能力、经验等有何要求都要详细说明，供决策者参考。

②建立服务网络。只有建立一支反应迅速、解决问题及时、应变灵活的销售服务队伍，消费者才能获得良好的使用保证，对今后服务的承诺才感到放心。

③建立物流系统。只有建立一套完备的物流系统，才能保证中间商及顾客购买的产品及时交付，减少新产品的物流成本。

策划人员常常需要通过市场调查，进行客户基本资料的收集。例如，收集所有目标客户(经销商或零售商)的资料，建立客户档案，档案内容包括店名、负责人、地址、电话等，编制客户地图；根据调查资料，绘制中间商销售网点布局图、促销人员行动路线图等；然后根据这些资料合理划分客户等级(如A,B,C级别)，以确定开发目标，并予以区别对待。

【任务演练】

小米手机如何利用社交媒体进行营销造势

演练内容：通过收集相关资料，认真分析小米手机在上市之前是如何利用社交媒体进行上市前的营销造势。

演练要求：

1.通过多种途径，收集小米手机快速占领手机市场的原因有哪些，其成功的秘诀是什么。

2.重点分析小米手机在上市之前，是如何利用社交媒体等新媒体进行上市前的营销造势，从而实现了以小搏大的宣传效果。

3.分析总结小米手机营销造势成功的策略，指出对哪类企业或产品可以使用。

【重点概括】

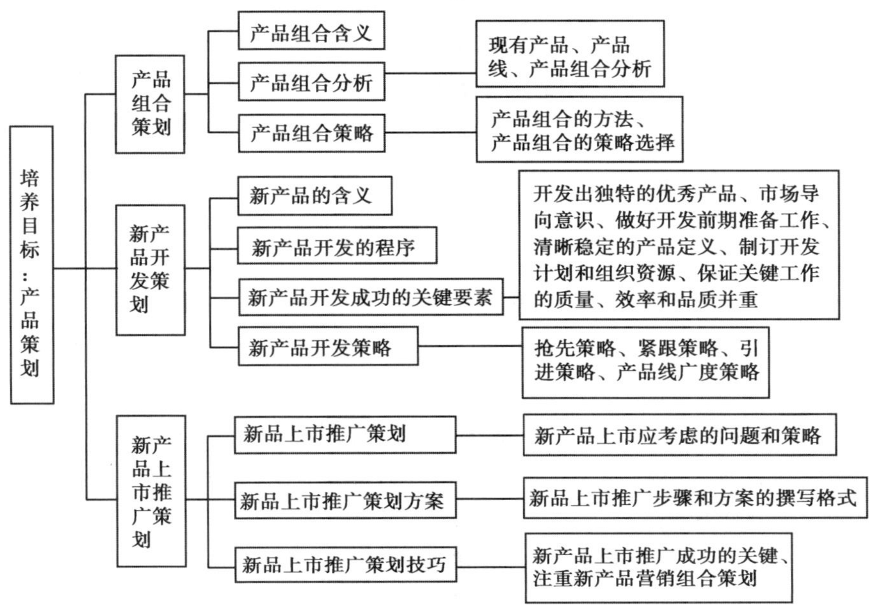

【课后思考】

1.如何运用产品整体概念进行新产品开发创意？

2.运用哪些知识可以对产品组合进行分析？

3.新产品上市策划需注意哪些方面？

【案例分析】

××品牌中草药牙膏上市推广策划

一、产品上市背景（略）

二、市场分析

1.市场机会

随着人们对牙齿健康问题的关注，中草药牙膏也越来越被人们重视，中草药牙膏的市场需求在相当长的一段时间内仍将十分巨大。

2.市场潜力

中草药牙膏占据着40%~50%的国内市场份额，而且比例每年还在不断增长。

3.竞争环境

(1)国外品牌的进入

①外资品牌随着不断的资本运作及市场开拓，占据了较大的市场份额，如×××。

②随着牙膏“中草药热”的出现，外资品牌也开始重视中草药牙膏的研发，如×××、×××

都在××××年推出中草药牙膏。

(2)本土品牌的迅速崛起

①以×××为代表的传统中草药牙膏品牌借着“中草药热”的东风,迅速建立起行业的领导地位。

②以×××为代表的新兴牙膏品牌也初露端倪。

4.产品上市优劣势分析

(1)有利条件

①中草药牙膏市场潜力大。

②消费者已接受产品,无开发风险。

(2)不利条件

主力竞争品的历史久、市场强、财力足、市场占有率高,有一定的忠诚顾客。

三、企业战略选择

目标说明企业欲向何处发展;战略则说明如何达到目标。每个企业必须制定达到目标的恰当战略,包括技术战略和资源战略。对于可以提出的许多战略,归纳为3种类型:全面成本领先、差别化及集中化。

根据对企业整体的优势、劣势、机会和威胁分析,差别化战略应该成为企业长期发展的主方向。

四、产品定位

1.产品用途

(1)主要用途

清洁口腔、牙齿保健、消除口臭等。

(2)特殊功能

具有护龈固齿,防治牙龈炎、牙周炎、牙过敏、抗菌斑等作用。

2.产品名称

产品的名称应该能够表示产品独特的优点与用途,并且易读、易懂、易记,还要与众不同。

3.目标消费群

关注牙齿健康或存在牙龈炎、牙过敏等牙齿问题的消费者群体。

4.颜色

白色。

5.容量

针对不同的消费需求,推出不同的产品系列:90克小包装与210克大包装。

6.价格

90克小包装市场定价为3.90元;210克大包装市场定价为9.00元。

五、新产品上市安排

1.上市时间

20××年5月1日。

2.上市区域

浙江。

3.媒体宣传支持

(1)广告策略

入市初期以理性诉求为主强调其功能,后期主要以产品新的功能、创新理念来引导客户的消费需求。

(2)广告语

“中草药让您的牙齿更健康!”

(3)宣传形式及费用

根据预定的销售目标,按其目标的15%作为广告费用。

4.销售地域

①以经济发达的地区为主力,应重点经营。

②对商业比较活跃、人口较多的地区,也应特别重视。

5.销售渠道

①以各省会城市为中心,建立销售中心。

②在地级市设立代理商,开展经营活动。

六、业绩目标与效益分析(略)

问题讨论:

1.根据案例及查阅的有关资料,设计该款产品的名称。

2.根据该款牙膏的定位,设计该牙膏的卖点。

3.结合案例,谈谈卖场推广设计中应该注意哪些事项。

【实训项目】

产品上市推广策划

实训目标:

小组成员在充分交流、合理分工、全面分析的基础上,探索完成产品上市推广策划,并撰写一份产品上市推广策划方案,使学生初步掌握产品上市推广策划的内容、程序步骤、方法和撰写产品上市推广策划文案的技巧,提高学生的实际操作运用能力。

实训内容与要求:

任务活动:根据具体项目或产品,要求学生在市场调研的基础上,进行全面的市场分析,让学生阐述创意、策划产品上市推广的具体策略、步骤,并撰写推广策划方案。

实训组织:

①全班学生划分为若干个项目团队小组,每组4~8人,并选出组长。

②子项目任务负责人牵头并执笔,团队成员共同参与、讨论并协作完成,团队组长负责团队及项目的管理、协调,并对指导老师负责。

实训要求：

①明确组内分工。

②了解、熟悉产品上市推广策划的内容、步骤、程序、方法，并掌握撰写策划方案的格式内容及技巧。

③小组内在讨论分析的基础上进行策划、整合思路。

④归纳总结。

⑤形成框架内容，并撰写产品上市推广策划方案。

⑥每个团队选 1 名代表面对全班同学陈述本团队策划的思路内容及感受（每组 5~8 分钟）。

⑦每个团队提交一份产品上市推广策划文案（3 500 字以上）。

实训效果与检测：

①小组自评。

②小组成果展示介绍（包括组内成员的工作态度、组内合作程度、工作流程、成果质量的评价）。

③组间互评。

④教师团队总评。

⑤个人子项目任务教师评价（打分）。

根据各组成果的优缺点，有针对性地点评，启发学生的创新思维；对各组普遍存在的问题进行重点分析；针对各团队具体项目的策划提出重点要注意的问题。

项目 4　品牌策划

【学习目标】

知识目标

- 理解品牌的含义及特点。
- 了解品牌策划的要素及流程。
- 掌握品牌定位的内容及策略。
- 掌握品牌设计的识别要素。
- 了解品牌设计的技巧。
- 理解品牌推广的时机。
- 掌握品牌推广的手段。

能力目标

- 认知品牌策划。
- 学会对品牌定位与品牌设计做简单的分析评价。
- 学会识别品牌推广的不同时机。
- 学会撰写品牌推广的策划方案。

任务1　认识品牌策划

【导入案例】

Prada(普拉达)品牌故事

Prada 于 1913 年创办首家精品店。1978 年,这个历史悠久的著名品牌被赋予了新的发展元素与活力。Miuccia(穆西娅,马里奥·普拉达的孙女)与当时具有丰富奢华产品生产经验的 Bertelli(贝尔泰利)建立了商业合作伙伴关系。20 世纪 70 年代,时尚圈环境变迁,Prada 几近破产。

1978 年,Miuccia 与其夫婿 Bertelli 共同接管 Prada 并带领 Prada 迈向全新的里程碑。Miuccia 担任 Prada 总设计师,通过她的时尚才华天赋不断地演绎着挑战与创新的传奇。而 Bertelli,一位充满创造力的企业家,不仅建立了 Prada 全世界范围的产品分销渠道以及批量生产系统,同时还巧妙地将 Prada 传统的品牌理念和现代化的先进技术进行了完美结合。

在 Miuccia 接手之际,Prada 仍是流传于欧洲的小牌子。这种代代相传的家族若没有一番创新与突破,很容易没落。Miuccia 寻找和传统皮料不同的新颖材质,历经多方尝试,从空军降落伞使用的材质中找到尼龙布料,以质轻、耐用为根基,于是,"黑色尼龙包"一炮而红。

20 世纪 90 年代,打着"Less is More"口号的极简主义应运而生,而 Prada 简约且带有一股制服美学般的设计正好与潮流不谋而合。1993 年,Prada 推出秋冬男装与男鞋系列,一时之间旗下男女装、配件成为追求流行简约与现代摩登的最佳风范。

20 世纪 90 年代末期,休闲运动风潮发烧,Prada 推出 Prada Sport 系列,兼具机能与流行的设计,造成一股旋风。通过 Miuccia 与 Bertelli 的默契合作,Prada 已经从一个小型的家族事业发展成为世界顶级的奢华品牌。共有 166 家直接经营的 Prada 和 Miu Miu(缪缪)精品店分布于全球的主要城市和旅游景点。

坐落于香港中环历山大厦的店铺是 Prada 的第 170 家精品店。这些"淡绿色精品店"以其独特的设计结合了功能性与优雅的气质,完美地衬托出 Prada 优秀的产品。Prada Epicenters 旗舰店相继成立,它们风格独树一帜,是将购物与文化进行融合的全新尝试。Prada 集团已经拥有 Prada,Jil Sander,Church's,Helmut Lang,Genny 和 Car Shoe 等极具声望的国际品牌,还拥有 Miu Miu 品牌的独家许可权。

所有 Prada 集团麾下的产品的加工生产都是由意大利 Tuscany 地区的 Prada Spa 管辖,该地区被公认为拥有最高端的皮具和鞋类生产工艺和技术。对批量生产,Prada 对产品高质量的要求丝毫没有松懈,对品质永不妥协的观点已成为 Prada 的企业理念。2011 年 6 月 24 日,普拉达在港交所挂牌上市。

问题讨论:什么是品牌?一个新的品牌如何才能让目标消费者认识和接受它?

4.1.1 品牌

21世纪是品牌竞争的时代,品牌已经成为企业进行市场竞争的有力武器。品牌(Brand)一词源于希腊语,意思是在马、牛身上烙下印记,以便区分财产的归属。我国与商品交换相联系的商品标记,在距今2 000年前就已经出现了。

1)品牌的含义

虽然品牌实践很早以前就已经开始,但是关于什么是品牌,一直以来国内外都没有一个标准的、统一的界定。第一次给出较为科学的品牌定义的是20世纪50年代的广告大师大卫·奥格威(David Ogilvy)。他提出:“品牌是一种最错综复杂的象征,它是品牌属性、名称、包装、价格、历史、声誉、广告方式的无形总和。品牌同时也是因为消费者对其使用者的印象以及自身的经验而有所界定。”此外,美国市场营销协会(American Marketing Association,AMA)、菲利普·科特勒(Philip Kotler)、大卫·艾克(David Aaker)等以及国内不少学者都从不同角度对品牌进行了界定。归纳起来,品牌具有以下3种含义。

(1)品牌是一种标榜个性、具有区别功能的符号集

任何品牌都需要一组标识自身个性的特殊符号与其他竞争者的产品或服务区别开来。根据美国市场营销协会编辑的《营销术语词典》与菲利普·科特勒的解释,品牌就是一个名字、称谓、符号或设计,或是上述的总和,其目的是使自己的产品或服务有别于其他竞争者。从本质上说,销售者或制造者对品牌拥有专用权,通过品牌可以辨别出销售者或制造者。众多品牌如可口可乐、耐克、福特、联想等标识,长期以来给购买者带来最直观的视觉冲击,已经潜移默化地成为这些品牌产品密不可分的一个组成部分。

(2)品牌是一种关系,代表着对消费者的承诺和保证

企业通过品牌给予消费者品质、服务、价格和便利性等方面的承诺和保证,这些承诺体现在组织日常经营管理活动之中。消费者购买海尔洗衣机、格力空调,通常都不用担心自己的选择可能存在很大风险,因为这些得到消费者认可的知名品牌会传递一种强有力的稳定的有关产品特色、利益和服务质量的承诺与保证。品牌的价值就体现在品牌与消费者之间的这种关系中,它能够给双方创造价值、带来利益,达到共生双赢。

(3)品牌是一种重要的资产和资源

随着企业间的竞争日益加剧,产品越来越趋于同质化,品牌已成为比企业产品更为重要和长久的无形资产与核心竞争力。日本东京大学教授片平秀贵就提出“品牌是继人力、物力、财力、信息之后的第五大经营资源”。可口可乐总裁曾假设:即使一夜之间,全世界可口可乐的工厂全部被烧掉,但只要拥有“可口可乐”品牌,公司就可以东山再起。可见,好的品牌具有很高的价值,作为一种无形资产能给企业带来丰厚的财富和利润,在一定程度上能够脱离产品而存在,可以买卖,具有一种获利能力。

◎典型案例

2019年全球最具价值品牌百强排行榜,中国有15个品牌登上榜单。其中“阿里巴巴”品牌以其1 312.46亿美元排名第7位,成为亚洲最具价值品牌。表4.1列举了全球排名前十的品牌。

表 4.1　2019 年全球最具价值品牌十强排行榜

2019 年排名	品　牌	类　别	2019 年品牌价值/亿美元	品牌价值变化/%
1	亚马逊	零售	3 155.05	52
2	苹果	科技	3 095.27	3
3	谷歌	科技	3 090	2
4	微软	科技	2 512.44	25
5	Visa	支付	1 779.18	22
6	Facebook	科技	1 589.68	-2
7	阿里巴巴	零售	1 312.46	16
8	腾讯	科技	1 308.62	-27
9	麦当劳	快餐	1 303.68	3
10	AT&T	电信	1 083.75	2

（资料来源：搜狐网）

2）品牌的构成要素

品牌不仅仅是一个名称，它还含有许多信息。品牌主要由显性要素和隐性要素两方面构成。

（1）显性要素

这是品牌外在的、可见的，能够直接对消费者感官形成刺激的要素，如品牌名、标志、包装等。

①品牌名称。品牌名称是形成品牌基本而重要的构成要素，它像人的名字一样，是由一个字或是一组文字组成的。品牌名称是品牌传播和消费者品牌记忆的主要依据之一，同时也是品牌内容的概括和体现。良好的品牌名称既可以直接传达品牌的功能属性，又可以引发消费者的心理联想，如冷酸灵牙膏、飘柔洗发水、宝马汽车等。

②视觉标识。这是激发品牌视觉感知的一种识别体系，通过给人以更具体、更可感的形象记忆，帮助消费者更好地识别记忆品牌。视觉标志包括以下组成部分：a.标志物，是指品牌中可以被识别但不能用言语表达的部分，是品牌的图形符号；b.标志字，是指品牌中可以读出来的文字部分，常常是品牌的名称或企业的经营口号、广告语等；c.标志色，是指用来体现自我个性以区别其他产品的色彩体系；d.标志包装，是指具有产品个性的包装。

（2）隐性要素

这是品牌内含的因素，不能被直接感知，它存在于品牌的整个形成过程中，是品牌的核心。隐性要素包括品牌承诺、品牌个性和品牌体验。

①品牌承诺。承诺方是品牌拥有者，接受方是消费者。一个品牌对于消费者而言，意味

着品质保证和质量承诺。品牌的承诺,就是把产品和服务的定位、利益、个性传达给消费者,一个好品牌的承诺会使消费者增强购买信心,继而产生品牌忠诚。

实时互动:你认为什么样的品牌能够让消费者保持较高的忠诚度?

②品牌个性。每个品牌都有它自己的"风格",即品牌个性。企业创造了品牌的个性,这种个性带来的相关情感暗示,满足了不同人的需求,从而更好地使品牌与消费者建立良好的关系。

③品牌体验。品牌是消费者体验的综合,是企业与顾客互动关系的体现。消费者对品牌的信任、满意、肯定等正面情感归属,能够使品牌经久不衰,而他们对品牌的厌恶、怀疑和拒绝等负面感知,必然使品牌受挫甚至夭折。

3)品牌的特点

(1)品牌的专有性和排他性

品牌是企业为它的产品和服务打上的烙印,用以识别生产或销售者的产品或服务。品牌拥有者经过法律程序的认定,享有品牌的专有权,有权要求其他企业或个人不能仿冒、伪造。因此,品牌在市场上表现出明显的专有性和排他性。

(2)品牌价值的无形性

因为品牌拥有者可以凭借品牌的优势不断获取利益,可以利用品牌的市场开拓力形成扩张力,所以说品牌具有价值。同时品牌因其自身具有的知名度和美誉度等社会因素,又可以作为独立于产品或服务之外的存在,在市场上进行交易。品牌的这种价值是我们看不见、摸不着的,在企业的资产负债表上难以体现出来,但却直接为企业创造着大量的超额利润,是企业的一种无形资产。

◎资料链接

卖产品和卖品牌的差异就在于,卖产品仅仅是卖低价劳动力价值转移,而卖品牌则是卖专利、创意、策划、文化及品牌的附加值。

(3)品牌的风险性和不确定性

品牌创立后,在其成长的过程中,由于市场的不断变化,需求的不断提高,品牌潜在价值可能壮大,也可能缩小,甚至在竞争中退出市场。品牌的成长因此存在一定风险和不确定性。另外,对品牌风险的评估也存在难度,品牌的风险有时产生于企业的产品质量出现意外,有时由于服务不过关,等等。企业在其品牌发展中要注意避免风险性和不确定性带来的市场危机和品牌危机。

(4)品牌的表象性

品牌是一种无形资产,不具有独立的实体,但它最原始的目的就是让人们通过一个比较容易记忆的形式来记住某一产品或企业。因此,品牌必须要通过一系列的物质载体来体现,使品牌有形式化。品牌的直接载体比如文字、图案和符号,间接载体包括产品的质量、产品服务、知名度、美誉度等。没有物质载体,品牌就无法表现出来,更不可能达到品牌的整体传播效果。

(5)品牌的扩张性

品牌具有识别功能,代表一种产品、一个企业。不少企业都利用这一优点施展品牌对市场的开拓能力，利用品牌资本实现扩张。

◎**典型案例**

青岛海尔集团作为我国著名的名牌企业，其“海尔”品牌具有极高的价值。在20世纪80年代中期，海尔最先推出“海尔”系列冰箱，取得成功后，又进行品牌扩张，不失时机地推出了海尔洗衣机、海尔电视、海尔空调，直到海尔电脑和海尔手机。海尔的品牌扩张使其获得了巨大成功。

4.1.2 品牌策划

品牌策划是一个把人们对品牌的模糊认识清晰化的过程。品牌策划能让企业在还未进入市场之前就对市场需求做出正确的判断，有效阻止企业因不正确的操作投入造成巨大的经济损失。品牌策划为品牌投入市场提供成功的基础保障。

1）品牌策划的含义

品牌策划是企业为提高自身的市场竞争力，在科学调查研究的基础上，运用掌握的策划技能、新颖的创意和跨越性思维，对现有资源优化整合，围绕企业或产品的品牌所制定的一系列长期性的、带有根本性的总体发展规划和行动方案。对品牌策划的含义，可以从以下两个方面理解。

（1）品牌策划以消费者为中心

品牌策划不是一个无中生有的过程，而是把消费者的个人需求从模糊转化为清晰的品牌认知过程。品牌策划需要对消费者心理市场进行规划、引导和激发，从而使企业品牌或产品品牌在消费者脑海中形成一种个性化的区隔，并使消费者与品牌之间形成统一的价值观，经历时间的考验，最终建立起自己独特的品牌形象。

（2）品牌策划的核心在于传播

如何把企业品牌形象传播出去，打造优良的品牌形象，从而可以方便消费者进行产品选择，是品牌策划最关键的地方。这里的传播应该包括所有与消费者沟通的环节，如产品设计、包装设计、定价策略、销售推广、广告创意、公共关系、新闻报道、人员直销、展会营销等。通过这些传播活动，一方面，可以加强目标消费者对品牌的全面认知，快速提升品牌知名度；另一方面，这些传播的费用可以转化在品牌形象的营造之中，从而形成品牌的一部分资产。

2）品牌策划的要素

在进行品牌策划时，需要将品牌结合一些必不可少的要素才能产生理想的效果。这些要素包括以下3方面内容。

（1）用途与消费者

品牌策划是一个持续性的工作，它的目标不在当前，也不在短期，而是中长期甚至长期规划。消费者始终是品牌关注的核心要素，当消费者在需要某类商品时，就会直接联想到心目中熟悉的这个品牌。如消费者要买豆浆机，通常就会想到九阳。

将品牌和商品使用者相结合，这是强势品牌认同的有效途径。其中最为著名的是太太口服液，从产品名称到企业名称（健康元药业的前身是太太药业）都直指产品使用者，既强势区隔于同类品牌，又突出了产品的专业化特点。

(2)属性与类别

产品属性是指产品本身所固有的性质,是产品不同于其他产品的性质的集合,是产品差异性的集合。一个品牌的产品属性,往往是激发消费者购买和使用意愿的一个重要条件,而这些产品属性通常也能为消费者带来实质性的需求满足,同时让消费者对这一产品产生感情,让消费者觉得买的不只是产品,而是产品的独特利益点。如当年的"怕上火,喝王老吉"使红罐王老吉在市场上站稳了脚跟。

品牌认同的基本要素之一,往往是产品的种类。也就是说,当我们向消费者提到一个品牌时,他们首先会联想到是什么样的产品。例如,当提到格兰仕,首先会想到微波炉。但是,品牌策划并不是为了让消费者联想这个品牌所代表的产品,比如消费者在提到金嗓子时联想到嗓子药,这并不是企业或品牌所希望的,重要的是要让消费者在嗓子疼时想到金嗓子。

(3)产品价值

当某一产品的某一项属性显得特别突出时,这项属性也就是形成品质的基本因素。例如海飞丝,人们自然而然地就会想到去屑。

3)品牌策划的原则

(1)品牌策划要有全局性

品牌策划不是孤立存在的,它涉及多方面因素,是一项系统工程。它必须依存于企业形象,为企业生产、创造、扩大品牌资产,提高品牌价值。它所解决的不是局部的、个别的问题,而是从整体出发,掌握全局的发展平衡,合理利用人、财、物、时间、信息、荣誉等各种资源,并对各种资源优化组合,进而进行总体的控制和协调,最终整合出最有利于品牌发展方向的方案。

(2)品牌策划需要全员化

品牌形象要向市场发出一个声音,就是要求企业所有员工都有使命感,这种使命感又来自荣誉感,它能够对员工产生强大的凝聚力。一盘散沙或牢骚满腹的员工不可能向公众展示良好的品牌形象。企业要使所有的员工都理解品牌的含义,使所有的员工都能认识、理解、表达自己的品牌形象,这对实施品牌战略的企业,尤其是实施品牌国际化的企业来说是一个非常重要的问题。只有众多员工达成共识,才能使不同领域的角色融为一个整体,使不同部门的成员向着一个方向努力。企业应把内部品牌的公关传播工作放在优先考虑的地位,即在得到外部认同之前,首先在内部推行,达到内部认同,因为内部认知的差异可能误导策略的实施。

(3)品牌策划要保持特色性

品牌策划特色性是指品牌形象的差异化或个性化。品牌的特色性可以表现为质量特色、服务特色、技术特色、文化特色或经营特色等。品牌形象只有独具个性和特色,才能通过鲜明的对比,在众多品牌中脱颖而出。抄袭模仿的品牌形象不可能有好的效果,也不可能有什么魅力。特色性原则中还有一点也很重要,就是品牌形象的民族化。民族化的东西总是富有特色的。"只有民族的,才是世界的。"

(4)品牌策划要塑造情感属性

品牌策划如果能在品牌和客户之间创造出强大的归属性、友好性和信任感,使品牌具有情感魅力，以情动人，缩小其与公众的距离，实现和公众的良好交流，那么企业就拥有了强大的品牌资产。例如星巴克，虽然在经营上出现过不少问题，但是由于它之前在客户友好性上做了许多工作，使得星巴克这一品牌超越单纯的产品关系。对于许多人而言，他们和星巴克的早晨约会就像是拜访一位信任的老朋友，彼此熟悉，而又让人身心舒适。可见，品牌与强大、恒久的情感联系在一起，塑造了“情感品牌”，情感品牌使人们认识到产品的部分价值是情感上的而非物质上的，从而拓展了产品和服务的平台。

◎资料链接

品牌资产(Brand Equity)是与品牌、品牌名称和标识相联系，能够增加或减少企业所销售产品或服务的价值的一系列资产与负债。它主要包括5个方面，即品牌忠诚度、品牌认知度、品牌知名度、品牌联想、其他专有资产(如商标、专利、渠道关系等)，这些资产通过多种方式向消费者和企业提供价值。

4)品牌策划的流程

品牌策划的流程主要包括以下5个环节。

(1)市场分析及品牌调研

企业的任何一项营销活动都以市场分析为基础，品牌策划也从市场分析开始。市场分析包括对企业宏观环境、微观环境的分析，涉及行业市场环境分析、目标市场分析、竞品及其广告分析、消费者分析、自身品牌现状分析等内容。品牌的推出要以市场调研为基础，只有根据调研的结果才能给品牌更加准确的定位和切实可行的操作方式。市场调研是基础，是品牌策划的重中之重，市场分析错误，品牌的设计、推广就会满盘皆输。

(2)品牌定位

品牌定位就是依据品牌策划的目标为品牌确立适当的位置。品牌定位和市场定位密切相关，品牌定位是市场定位的核心，是市场定位的扩展和延伸，是实现市场定位的手段，因而品牌定位的过程也就是市场定位的过程。成功的品牌都会以一种始终如一的形式将品牌的功能与消费者的心理需求联系起来，通过这种方式将品牌定位信息准确地传达给消费者。因此，适当的品牌定位是品牌成功的首要条件。

(3)品牌设计

品牌定位后接着就是对品牌进行具体的设计。策划人员在综合考虑企业现状、竞争对手、社会公众等各种条件后设计品牌。广义的品牌设计的主要内容包括战略设计、产品设计、形象设计；狭义的品牌设计主要是指品牌名称、商标、商号、包装装潢等方面的设计。品牌设计是艺术和商业的高度结合，应该明快、醒目，富于个性，便于宣传，能充分体现产品特质，还要与目标市场的消费者心理和社会文化环境保持协调一致，并符合国家法律的规定。

(4)品牌推广

品牌目标确立，设计完毕之后，就要对品牌加以推广。品牌推广需要综合运用广告、公关、媒介、名人、营销人员、品牌质量等多种要素，结合目标市场进行综合推广传播，以树立品牌形象。当前国内的大部分企业把品牌的推广集中在广告策划、促销策划、公关活动策划上，这些都是极其片面的做法。品牌是一个复杂的因素，品牌的推广是一个全面性的工作，应该从品牌的各个相关因素上着手进行推广。

实时互动:品牌策划就是广告策划吗?

(5)策划效果评估

品牌策划效果的评估与品牌调研这两个阶段的工作有相同之处,都要利用市场调研来搜集资料、获取信息,并且这两个阶段的工作首尾相接。品牌策划效果评估的主要工作内容是了解品牌策划工作是否按时、保质地完成,是否达到预期的效果。进行评估工作,还要确定工作中的问题,是否需要对品牌进行二次策划,是否开展二期工作。

【任务演练】

认识品牌及品牌策划

演练内容:

收集一个品牌案例,从品牌的构成要素上分析该品牌。

演练要求:

1.以小组为单位,收集一个品牌案例,最好是你所熟悉的,最好不是名牌。

2.从品牌的构成要素(隐性要素和显性要素)上,深入剖析该品牌,并做出评价。

3.以书面形式提交,并口头汇报与分享。

任务2 品牌定位策划与品牌设计

【导入案例】

农夫山泉品牌成长轨迹

第一战:农夫山泉有点儿甜

1997年4月,浙江千岛湖养生堂第一个工厂开机生产农夫山泉瓶装水。亮相之初,就在中央电视台推出了"农夫山泉有点儿甜"的纯净水广告。当时,这句广告语引起了消费者的普遍关注,短时间内使农夫山泉的品牌知名度从一个区域新品牌一下子跃升为全国的知名品牌,达到大街小巷几乎妇孺皆知的程度。

为什么这个广告火了?"农夫山泉有点儿甜"并不要求水一定得有点儿甜,甜水是好水的代名词,正如咖啡味道本来很苦,但雀巢咖啡却说味道好极了,说明雀巢苦味咖啡才是好咖啡。中文有"甘泉"一词,解释就是甜美的水。"甜"不仅传递了良好的产品品质信息,还直接让人联想到了甘甜爽口的泉水,喝起来自然感觉"有点儿甜"。

试问,当我们听到"农夫山泉有点儿甜"这样的广告时,难道不想尝试一下吗?

从纯净水到天然水

2000年4月,养生堂公司突然宣布全部生产天然水,停止生产纯净水。这是对公司品牌定位、产品定位的颠覆式的改变!

在中央电视台的"水仙花生长对比实验"广告上,公司宣布:停止生产纯净水,全部生产天然水,引领消费者回归自然。

当时市面上的竞争对手都是纯净水企业,这一举动无疑引起了轩然大波。市面上69家纯净水企业发布"联合声明":要求"养生堂公司必须立即停止诋毁纯净水的广告宣传活动,并向全国消费者以及全国生产、销售纯净水的企业公开赔礼道歉,消除不良影响"。结果,对于娃哈哈、乐百氏等纯净水企业来说,这一切都为时已晚,农夫山泉在国家没有出台"天然水标准"的情况下,其天然水的品牌定位已经赢得了广大消费者的认同。

在这场养生堂主导的天然水与纯净水之争中,以农夫山泉的全面胜出为终结,农夫山泉新提出的"天然水"品牌定位对这一役的胜利功不可没。

持续宣扬天然水的价值

2008年,农夫山泉的广告语也悄然换成了"我们不生产水,我们只是大自然的搬运工"。将农夫山泉塑造成为一位"搬运大自然优质天然水的搬运工"的拟人化品牌形象,更加鲜活,更深入人心。这个广告语继续着农夫山泉品牌定位的神奇,紧紧扣住健康的理念,告诉消费者:我们的水不是生产加工来的,也不是后续添加矿物质生产出来的。

"大自然的搬运工","水源地建厂,水源地罐装"把自然的精华——天然水呈现在消费者的面前。

2016年,通过对农夫山泉配送员、水源资源调配员和千岛湖水源地员工的记录短片,还原农夫山泉生产模式和员工日常工作场景,非常打动人心,在情感上更加强化了"大自然搬运工"的概念。

从单纯的产品广告,到水源地形象片的讲述,这一步步的推进,向消费者传达农夫山泉是销售天然水的品牌,是搬运天然水的企业。更多年轻化、符合消费趋势的系列也在不断推出。

农夫山泉诞生至今,仅仅做了一件事:让消费者喝健康好水

品牌价值的建立是一个循序渐进的过程,只有坚持对一个诉求不断进行宣传教育,有了足够的深度,品牌的诉求才能被消费者广泛认可和接受。

从1999年向市场宣布不再生产纯净水转而生产天然水,到引导消费者喝天然弱碱性水,再到现在消费者得喝"含天然矿物元素"的水。农夫山泉每一步都超前,都教育消费者喝健康好水。而这段历程,正是农夫山泉扎实稳健地塑造"天然水搬运工"品牌价值的过程。这也告诉我们,品牌定位,就是做对的事情,然后在后续漫长的传播过程中,慢慢地让消费者感知到我们是对的。

问题讨论:什么是品牌定位?品牌定位有什么意义?

4.2.1 品牌定位策划

品牌定位策划是品牌营销的前提,对企业开发、拓展市场起着导航的作用。成功的品牌定位,能够在消费者心中树立鲜明的、独特的品牌个性形象,为品牌在市场上建立竞争优势打下坚实的基础。

1）品牌定位的含义

品牌定位是指企业在市场调研和市场细分的基础上，寻找和发现自身品牌的独特的差异点，并与目标消费者心智模式中的空白点进行匹配择优，从而确定出一个独特的位置，然后借助整合传播手段在消费者心智中打上深深的烙印，建立起强有力的联想和独特印象的策略性行为。简言之，品牌定位就是企业向目标消费者展示品牌商品的独特个性的过程。

◎资料链接

心智模式是MIT（美国麻省理工学院）心理学家彼得·圣吉博士在《人生的五项修炼》这本著作中提出来的心理概念，它是指一种深植于人们心中的对周围及世界的看法及其采取的行动。

特劳特与瑞维金在《新定位》一书中列出了消费者的五大心智模式：一是消费者只能接受有限的信息；二是消费者喜欢简单，讨厌复杂；三是消费者因缺乏安全感而跟随；四是消费者对品牌的印象不会轻易改变；五是消费者的想法容易因品牌延伸或修改定位失去焦点。

2）品牌定位的目的

（1）将产品转化为品牌，以利于潜在消费者的正确认识

成功的品牌都有一个特征，就是以一种始终如一的形式将品牌的功能与消费者的心理需求连接起来，通过这种方式将品牌定位信息准确传达给消费者。因此，企业最初可能有多种品牌定位，但最终的是要建立对目标人群最有吸引力的竞争优势，并通过一定的手段将这种竞争的优势传达给消费者，转化为消费者的心理认识。

实时互动：品牌与产品二者间有什么关系？

（2）确立明确的、有别于竞争对手的、符合消费者需求的品牌个性

做品牌必须挖掘消费者感兴趣的某一点，当消费者产生这一方面的需求时，首先就会想到它的品牌定位。科学技术的飞速发展使同类产品的质量和性能十分接近，同质化现象越来越严重，已无法满足消费者在情感和自我表达上的需求。而品牌定位就是要突显品牌个性，确立品牌的情感诉求。品牌定位清晰，品牌个性就鲜明，品牌定位不明确，品牌个性就模糊。

（3）为企业开拓市场及品牌传播打下基础

良好的品牌定位是品牌经营成功的前提，为企业进占市场、拓展市场起到导航作用。如若不能有效地对品牌进行定位，以树立独特的消费者可认同的品牌个性与形象，必然会使产品淹没在众多产品质量、性能及服务雷同的商品中。品牌定位是品牌传播的客观基础，品牌传播依赖于品牌定位，没有品牌整体形象的预先设计（即品牌定位），那么，品牌传播就难免盲从而缺乏一致性。总之，经过多种品牌运营手段的整合运用，品牌定位所确定的品牌整体形象即会驻留在消费者心中，这是品牌经营的直接结果，也是品牌经营的直接目的。

3）品牌定位的内容

品牌定位是综合的、立体的概念，主要在消费者、竞争者和品牌自身等3个方面去寻找和开发品牌的定位点。对品牌进行完整定位常见的有5种方式。

（1）目标群体定位

目标群体也可以称为目标消费人群或目标市场，目标群体定位主要是直接以特定的消

费群体为诉求对象，突出产品为此类消费群体服务，以获得目标消费群体的认可，满足消费者的心理需求。

(2)经营理念定位

企业把具有鲜明个性的经营理念作为自己品牌的定位诉求，以精彩的文字语言体现其良好的精神面貌和哲学，在公众尤其是消费者心中塑造良好的企业形象，尤其是品牌形象。例如，“IBM 就是服务”是美国 IBM 公司响彻全球的经营理念的精髓所在。事实证明，正是这种理念才使 IBM 在全世界的品牌形象经久不衰。

但品牌的经营理念定位绝不只是一句绝妙的广告语创作与宣传，这需要产品性能(功能)、包装、价格、分销等与品牌的经营理念定位一致，才能让消费者建立其良好的品牌形象。

(3)形象定位

品牌形象就是指品牌个性，它是由许多因素混合在一起而构成的，其中包括品牌名称、品牌视觉识别系统设计、产品包装等。例如“麦当劳”代表了美国甚至整个西方国家快餐业产品的风格形象。

(4)质量和价格定位

根据企业市场占有率和消费者收入需求等情况相互结合起来综合考虑，划分产品和服务并进行“高质高价”或“物美价廉”相对立的定位，以实现利益最大化。如格力空调“好空调，格力造”。

(5)档次定位

根据不同品牌在消费者心中的价值高低，品牌可分为不同的档次，如高档、中档、低档。不同档次的产品代表了除产品质量以外的附加值，蕴含了产品的精神价值，能给消费者带来不同的心理感受和情感体验。如劳斯莱斯豪华轿车，几乎等同于英国王室的权力——尊贵与繁华，体现的是一种英国式的富豪生活方式。

4)品牌定位的策略

(1)引领策略

引领策略是不管市场变化，坚持自己的特色，永远走在行业前列。这类品牌看上去似乎从来不问消费者想要什么，由于其高高在上的地位似乎怎样都会有一批忠实的追随型消费者和一大群企业来模仿，如 Chanel(香奈儿)、Dior(迪奥)、Gucci(古驰)、Louis Vuitton(路易威登)等世界顶级品牌都采取此策略。如果说其他的企业或品牌更多是“满足或迎合需求”的话，他们则属于“创造需求”。

(2)比附策略

这是通过与竞争品牌的比较来确定自身市场地位的一种定位策略。其实质是一种借势定位或反应式定位，借竞争者之势，衬托自身的品牌形象。在比附定位中，参照对象的选择是一个重要问题。一般来说，只有与知名度、美誉度高的品牌做比较，才能借势抬高自己的身价。例如，蒙牛公司在刚启动市场时，只有区区 1 300 多万元的资金，名列中国乳业的第 1 116位，与乳业“老大”伊利根本不可同日而语。但蒙牛却提出了“为民族争气、向伊利学习”“争创内蒙乳业第二品牌”“千里草原腾起伊利集团、蒙牛乳业——我们为内蒙古喝彩”

等广告口号,并将这些口号印在产品包装之上。这些广告看似是对伊利的赞赏,同时也把蒙牛和伊利放在了并驾齐驱的位置,在消费者心里留下了深刻印象。

(3)空位策略

任何产品都不可能占据同类产品的全部市场,也不可能占据全部优势,总会留下一定的空位。因此,产品进入市场晚不要紧,重要的是发现空位、创造空位、抓住空位。这个空位不一定能使企业成为市场的“领先者”,但至少可以保证有自己一定的发展空间。企业一般可以从性别、年龄、时间、价格等角度分析寻找市场空白。与有形商品相比,城市品牌定位更适合空位策略。

◎典型案例

深圳最初定位时想从文化名城市场切入,但北京、西安、南京等城市已将这一有限的市场瓜分殆尽。通过对市场进一步分析后,深圳发现北京、西安占据的都是“历史文化名城”的空间,而唯有“现代文化名城”却王位虚悬,于是深圳顺利地将自己定位为现代文化名城。

(4)对立策略

对立策略是站在市场领导者的对立面,向顾客提供不同甚至是相反的东西,而不是期望做得更好。典型的如百事可乐与世界上最出名的产品可口可乐相竞争时,将自己定位为“新一代的选择”,重新定义可口可乐为“老一辈”的可乐,从此走上了腾达之路。

(5)加强策略

这是在消费者心目中强化自身形象的定位策略。当企业无法从正面打败对手,或在竞争中处于劣势时,可以有意识地突出品牌某一方面的优势,给消费者留下深刻印象,从而获得竞争的胜利。七喜汽水告诉消费者“不是可乐”;亚都恒温换气机告诉消费者“我不是空调”。

4.2.2 品牌设计

品牌设计是品牌运营的基础。蕴含美感、富有感召力的品牌是品牌运营获得理想效果的必要前提。品牌设计得好,容易在消费者心中留下深刻印象,也就容易打开市场,增强品牌的市场竞争能力。正因为如此,有的企业不惜重金设计品牌。世界上最昂贵的品牌名称美国埃克森(Exxon)标准石油公司历时 6 年,耗资 1.2 亿美元,最终确定了“Exxon”这一品牌名称及其标志。

1)品牌设计的基本含义

品牌设计是在企业自身正确定位的基础之上,基于正确品牌定义下的符号沟通,它是一个协助企业发展的形象实体,不仅协助企业正确地把握品牌方向,而且能够使人们正确、快速地对企业形象进行有效深刻的记忆。

有人做过统计,企业每投在品牌形象设计上 1 美元,所获得的收益是 227 美元。可见品牌设计对企业既是重要的,也是极具吸引力的。

实时互动:品牌形象与企业形象是等同的吗?

2)品牌设计识别要素

品牌识别要素是品牌设计的核心,是创造品牌唯一性和形象统一性的基本构件。根据

美国著名品牌管理专家大卫·艾克的观点,品牌识别是品牌战略者们希望创造和保持的能引起人们对品牌美好印象的联想物。关于品牌中哪些要素是能够引起人们对品牌美好印象的联想物,中外专家有不同的看法。但是仅从设计的角度来看,品牌识别要素主要包括视觉识别基本要素、视觉识别辅助形态及其他识别要素。

(1)视觉识别基本要素

视觉识别基本要素是标识系统的核心,包括品牌标识、品牌标准字与品牌名称、品牌标准色等。

①品牌标识。品牌标识是指品牌中可以被认出但不能用言语称呼的部分,如符号(记号)、设计、与众不同的颜色或印字。常见的品牌标识一般分为 3 种不同形式。

A.字体型。以文字符号或以品牌名称的字母符号作为标识图形,构成设计元素。所采用的字体符号可以是汉字、拉丁字母、数字以及它们的组合形式。这种方法的优点是识别力强,便于口碑传播,容易为消费者理解。如李宁体育用品的"L"标识、7-11 便利店的标识、新东方教育的标识,如图 4.1 所示。

图 4.1 字体型品牌标识

B.抽象型。摒弃了客观物体的形式和内容,归纳和提取出事物现象的本质规律与基本特征,将复杂的事情简单化,运用抽象的几何图形,如三角形、圆形、方形等,或在此基础上加以组合,画龙点睛地向目标受众传达出品牌商品的核心价值和意义。如中国银行的标识,以"中"字代表中国,以古钱币代表银行业,中线象征联系,外圆象征全球发展,如图 4.2(a)所示。

C.具象型。具象型是以形象的自然形态为构图原型,在此基础上进行概括、提炼、取舍、变通、组合,最后形成品牌标识设计所需要的视觉图形。自然界的一切元素,包括人物造型、动物造型、植物造型、山水、风景等都可以作为具象型标识的设计素材。如中国南方航空公司以天蓝色垂直尾翼镶红色木棉花为公司标志,如图 4.2(b)所示。

(a)抽象型

(b)具象型

图 4.2 品牌标识

当然,不少品牌是以上几种形式的整合。此外,在技术和创意理念的促进下,标识设计不再局限于二维空间,而向三维或多维空间扩展,突破标识单一、静态、固定的外形与色彩,最终使标识设计往多元化方向发展。

实时互动:你能列举其他形式的品牌标识吗?

②品牌标准字体与品牌名称。品牌标准字体亦可称为专用字体、个性字体等,它是对品

牌所涉及的主要文字和数字等进行统一的设计,通过个性化的字体来表达品牌的内涵。品牌标准字体应用广泛,常与标识联系在一起,具有明确的说明性,可直接将品牌传达给观众,与视觉、听觉同步传递信息,强化品牌的诉求力。

品牌名称就像人的名字一样,由一个字或是一组文字组成,它是品牌中可以用言语称呼的部分。品牌名称的类型可以分为:有含义的——品牌名称有助于品牌联想;没含义的——品牌名称更有延展力和可塑性。进一步划分,常见的品牌名称有以下 5 种类型。

A.说明型。明确品牌出处或者品牌对象。包括地名品牌名称,如青岛啤酒、肯德基;品牌创始人名称,如劳斯莱斯、丰田、香奈尔;动植物品牌名称,如椰树椰汁、大白兔奶糖;交代品牌所针对的目标市场,如太太口服液。

B.描述型。较直接地暗示某种功能、效果或价值。如立白、冷酸灵 、珍视明、舒肤佳、美加净等品牌名称。

C.文化型。品牌名称源于人们熟知的传统文化语言。如红豆品牌。

D.假借型。品牌名称背后阐释出让人印象深刻的故事。如苹果、阿里巴巴。

E.臆造型。新造的一般是无意义的词语、字母或数字的组合。如 Exxon(埃克森)、Hisense。

◎典型案例

随着越来越多的中国企业加快融入国际市场,为品牌(企业)选择对应的英文名称掀起高潮。联想集团 2003 年更新英文名称就是如此。2003 年 4 月 28 日,联想集团更新了品牌,创新(Lenovo)传承联想(Legend)。与其说联想集团借"Lenovo"挺进国际市场,还不如说联想想让国外消费者予以识别,国外消费者不认识"联想"这两个中文汉字(或者说让目标消费者认识这两个汉字的成本太高),而原有的"Legend"被别人注册了而无法使用(购买成本亦太高)。"Lenovo"的横空出世就是国际化联想迈出国际品牌的第一步:创造了一个好的英文品牌名称。联想集团在国内继续使用"英文+中文"的标识,在海外则单独使用英文标识。

③品牌标准色。品牌标准色是用来象征品牌特性的指定颜色,是标识、标准字体及宣传媒体的专用色彩。在品牌信息传递的整体色彩计划中,具有明确的视觉识别效应,能够表现出品牌主体的经营理念以及载体的特质,体现出品牌特定的内涵和情感。

(2)视觉识别辅助形态

视觉识别辅助形态主要是将传统的、相互分离的各种信息(如语言、文字、图像、影像等)有机地融合在一起,强化在品牌传播过程中的视觉特征。这主要包括以下 3 方面。

①辅助图形。也称为辅助图案,是品牌视觉识别系统中不可缺少的一部分,它是区别于标识的"第二标识",可以增加标识等视觉设计中其他要素的实际应用范围,尤其在传播媒介中可以丰富整体内容、强化品牌形象。辅助图形来源于标识中某一核心元素的构成样式或从意义出发重新提炼、变化出的几何造型,其独特性不能超过标识。

②辅助色彩。这是为了配合标识色彩应用而开发的一系列色彩或色彩组合,可灵活应用于标识以外的其他设计元素,以达到丰富品牌视觉形象表现的作用。

③辅助角色形象。这是指由企业自行设计出来的,具有独特个性形象并被赋予生命的、拟人化的形象,反映品牌的特征与文化。

(3)其他识别要素

其他识别要素包括听觉、嗅觉、触觉等识别要素。这些识别要素同样能够加强消费者对品牌的印象,组合搭配可以迅速提高品牌记忆。例如,每天19点电视里准时响起的新闻联播的声音等;英国航空公司头等舱及头等舱候机室的独特气味,这是英航定期喷洒的一种叫牧草的芳香剂,以加深公司在其最有价值顾客群中的品牌印象。

◎**资料链接**

表4.2列举了中外专家对品牌识别内容的不同看法。

表4.2 品牌识别的内容

大卫·艾克	科普菲尔	翁向东
• 产品:产品类别、产品属性、品质/价值、用途、用户和原产地 • 组织:组织特性、本地化还是全球化 • 人:个性、品牌/消费者关系 • 符号:视觉形象/标识和品牌历史	• 产品 • 名称的力量 • 品牌特征与象征 • 商标与标识 • 地理性与历史性的根源 • 广告的内容与形式	• 产品:类别、特色、质量、用途、使用者、档次 • 企业:领导者、理念与文化、人力资源、品质理念及其制度与行为、对消费者需求与利益的关注 • 气质:品牌性格 • 地位:市场占有率、财力与资产规模、管理的先进性、技术的领先性 • 责任 • 成长性 • 创新能力 • 品牌/消费者关系 • 符号

3)品牌设计技巧

品牌设计尤为重要。一个品牌要想吸引消费者,必须有很强的识别性和统一性,能够有效传达品牌特色,增强品牌印象,进而推动产品的销售。品牌设计主要涉及品牌命名,品牌图案色彩等的构建,它强调设计的新颖别致,富蕴内涵。在进行品牌设计时要注意满足以下5点要求。

(1)简洁明了,便于记忆

根据心理学家的调查分析,在人们接收到的外界信息中,83%的印象通过眼睛,11%借助听觉,3.5%依赖触觉,其余的是源于味觉和嗅觉。因此,若要消费者能够很好地认知、记住自己企业的产品,在品牌设计时就不宜把冗长、复杂、令人难以理解、不易记忆的字符作为品牌名称;同时也不能将呆板、缺乏特色感的符号、颜色、图案用作品牌标识,只有简洁醒目,才便于消费者识别和记忆。

(2)构思新颖,显示属性

一个与众不同、充满感召力的品牌,还应该在构思上新颖独特,并充分体现出品牌标识下产品的优点，显示产品的优良属性。典型的例子如“克宁”奶粉，用“KLIM”作为品牌，这个单词实际上就是英文单词牛奶的倒写形式，可谓构思新颖而巧妙，并且也显示了产品本身的特色。

(3)美观大方，富有个性

在品牌设计时，所涉及的字、图、色彩等要尽可能保证设计的美观大方，彰显品牌个性。通常，色彩、图案是一种视觉感受，同时又会使人产生无穷的联想。不同的颜色与图案使人产生的联想和感觉是有差异的。因此，了解其中的差异，是设计既具有美感与个性，又符合时代审美的品牌的必要前提。

实时互动：什么是品牌个性？

(4)品牌名称与标识协调互映

品牌名称与标识协调、交相辉映，易加深消费者对产品品牌的认知与记忆。例如，“Nestle”是广大消费者非常熟悉的品牌，其英文含义是“舒适地居住、依偎”等意思，与英文Nest(巢、窝)是同一个词根，所以，在中文中将此品牌译为“雀巢”；同时，“雀巢”品牌的标识也是鸟巢图案。这样“雀巢”名称与图案紧密结合、互相映衬，使人们视名称即知图形，视图形即知名称，有较强的感召力。

(5)尊重习俗，符合法律

世界各国、各地区的消费者因其历史文化传统、语言文字、风俗习惯、价值观念、审美情趣等方面存在着很大差异，因此不同国家和地区的消费者对同一品牌的认知与联想也会有很大差异。企业若想扩大销售区域、开拓国际市场，使品牌具有广泛的适应性，就必须要认真分析和研究各个国家、各个地区相应的目标消费地的风土人情、忌讳偏好等，尽可能地投其所好。同时，在品牌设计时还应重视目标市场所在地的相关法律法规，要在符合法律要求的前提下销售产品。

【任务演练】

为企业设计一个品牌

演练内容：

根据你的理解，将上一任务中你所介绍的品牌进行重新设计。

演练要求：

1.以小组为单位，对任务一中你所介绍的品牌进行重新定位，重新设计品牌名称与标识。

2.解释说明这一新品牌。

3.小组间互相评价与建议。

任务3　品牌推广

【导入案例】

网易云音乐

广告圈有这么一句黑话——网易就是一家广告公司。最显眼的例子就是网易云音乐，凭借一个个营销性的事件，网易云音乐赢得了大量文艺青年的好感，使其能够在如今的音乐市场脱颖而出。

而网易云音乐做得最成功的一点当然是“共鸣”。它的内容不是品牌推广的单向信息传递，而是能够引发用户共鸣的互动内容。最容易打动人的是故事，特别是真实的故事。因为一切“真实”的故事，往往会让我们不自觉地把自己代入进去。

网易云的音乐推荐栏目精准到让用户感受到“这个音乐播放器懂我”是它不能被其他播放器取代的一大原因。而每首歌对应的评论区让用户在“听”别人的故事的同时也能联想到自己的故事，这种共鸣让用户对这个品牌产生了极大的好感，品牌推广因此获得巨大的成功。

问题讨论：什么是品牌推广？品牌推广有哪些形式？

4.3.1　品牌推广计划

品牌推广，又称为品牌传播，是指在消费者心中建立预期的品牌知识结构和激发消费者反应的一系列品牌与消费者之间的沟通活动。品牌推广有两个重要任务：一是树立良好的企业和产品形象，提高品牌知名度、美誉度，建立品牌忠诚度；二是最终要将有相应品牌名称的产品销售出去。因此，品牌推广是品牌建设的重要环节之一，对于成功塑造品牌具有重要意义。

实时互动：品牌推广与产品推广有何异同？

1）品牌推广时机

常言说机不可失，时不再来。识别与把握时机在品牌推广中是极为重要的，恰当的推广时机的选择，是有效发挥传播效果的关键因素。联想集团CEO杨元庆曾表示，只要有人关注，都是推广品牌的好机会。综合企业自身产品、品牌情况、社会政治、经济、文化、消费群体、消费环境等，品牌推广在面对几类较为典型的时机时尤其需要重视。

（1）根据产品生命周期实施不同的品牌推广

①产品导入期，离不开“独特销售卖点”。对于一个产品，如何才能做到一入市场就让消费者耳目一新、刮目相看呢？一般来说，此阶段若想做好产品，其推广的重点主要放在宣传

产品卖点的独特之处，让消费者容易记忆，容易接受，开辟属于自己的独特消费群体；同时辅以品牌的告知性运作，让消费者在选择产品时也对品牌开始认知。

②产品成长期，狠抓品牌概念。产品生命周期进入成长期的时候，市场占有率已具一定规模，企业需要在已经购买或者已经认知品牌的群体中提高和巩固品牌形象、树立品牌的威信，让这部分人产生对品牌的好感。因此，这时的推广需要传达品牌的概念，让消费者在意识中形成该品牌是什么产品的代表，或者该品牌是产品在某方面的代表的印象。

◎**资料链接**

品牌概念是指能够吸引消费者，并且建立品牌忠诚度，进而为客户创造品牌(与市场)优势地位的观念。品牌概念的主体是品牌。品牌概念是品牌的核心组成部分，是品牌传播中的一个亮点。品牌概念既来自品牌产品的品质，又对其产品进行约束。品牌因为具有概念而使其与其他品牌有了本质的区别。

③产品成熟期，强化品牌个性。产品进入成熟期，品牌的个性开始强化，目的是使产品规模不断扩大。竞争越来越激烈，各个产品之间都进行了品牌的认知，而在同质化的产品基础上，这时也会出现同质化的品牌现象。所以，强调品牌的个性更容易被识别。同时随着产品市场的成熟，消费群体开始细分，对品牌的偏好也产生了细分化的行为，强化品牌个性能够让目标消费群体对品牌保持持续的忠诚。

(2)在产品的不同销售季节，品牌推广也各有侧重

在产品销售淡季转到旺季的时间并进入需求增长阶段，进行品牌推广最为适宜。这时品牌推广的目的是拉高市场对品牌的需求指数，等到旺季来临时，市场对企业的产品需求点将会提高。

另外，在产品销售旺季，推广主要针对零售终端或消费者展开，形式主要表现为销售竞赛以及在销售现场展开各种促销活动，如签名销售、买赠、折让等；在产品销售旺季结束之后，可以针对消费者通过媒体广告进行宣传或炒作，目的是让消费者感受品牌的影响力。

(3)在重塑品牌形象或改变品牌认知时刻更离不开品牌推广

当一款产品的渠道销量下降、消费者接纳度不高时，品牌推广的重点就是要重新定位目标消费者，并了解其需求，进而重塑品牌形象。以玉兰油为例，据调查发现，一直以来消费者对玉兰油的适用年龄认知竟然是“模糊”的。于是，2011年宝洁公司推出玉兰油25岁装单品，并全方位推广玉兰油的全新理念“Hold住25岁”，成功地把握了目标受众的真实想法，成为玉兰油最畅销的人气单品。

当消费者对某一品牌的内涵、产品信息等有了较充分的了解后，将带来积极、正面的情感共鸣；当某一品牌在市场中存在着负面或产品认知混淆，就需要改变品牌或产品在消费者心中的印象。例如，百度从“百科”和“知道”等平台获取有效信息，为可口可乐量身定制“知识大爆炸”等系列推广活动，以消减其负面资产。

2)品牌推广手段

品牌推广的手段形式多样，有传统的形式，如广告、公共关系等，这些是在商战实践中用得最多的，也是最有效的手段。此外，随着科技进步，品牌推广向双向的、多变的和开放的推广形式转变，这些方式适应了物质产品极为丰富的新消费时代，逐步为企业、消费者所接受。

目前,常见的品牌推广手段有如下 6 种。

(1)广告

从广告出现以来,一直被认为是塑造品牌的重要工具。如果说品牌识别要素、营销组合要素的作用是显示品牌符号意义,则广告充当的是品牌符号意义的解释者的角色,是让受众对品牌做出直观、清楚理解的重要诠释手段。品牌的意义并非是从天而降等消费者接受,强行灌输也起不到效果,而是透过受众的认知而存在。消费者就是在广告的作用之下,将自己的认知与品牌符号意义联系起来,从而使品牌实现其推广目的。

◎典型案例

邦迪创可贴是个老品牌,之前的广告宣传主要侧重于功能诉求。而后来在社会层面重新界定了"伤口",各种创伤,包括国家之间、政党之间、生活中遇到的心灵创伤,从而推出了系列广告。2000 年夏季,朝韩峰会这个震动了世界的话题引起了全面关注,半个世纪的对峙终于握手言和。邦迪广告"朝韩峰会篇"敏感地抓住这个时机,在朝韩领导人金正日与金大中进行历史性碰杯时,邦迪创可贴推出自己的全新广告,广告语是"邦迪坚信,没有愈合不了的伤口"。通过这个广告,把人们对和平的期盼融入其中,引起消费者共鸣,邦迪的形象得到很好的提升。邦迪创可贴将"愈合伤口"这个简单的功效扩展为"再深、再久的创伤也终会愈合"的理念,开阔了广告发挥的空间,极大地提升了品牌形象。

(2)互动营销活动

互动营销活动是近几年较为流行的品牌推广方式,注重的是与消费者的互动。现代科技发展,渠道更新,网络、手机的出现使互动活动的实现更加方便。现代的互动活动分为线上活动和线下活动两类。线上活动是通过网络、电话、手机等媒介,以微博、微信等空中方式实现的互动,例如现在很多品牌会在网上建立专区,登录即可获得奖品,吸引人们登录留言。线下活动即在地面开展的活动,比如搭台演出,通过面对面直观地展现来吸引消费者。通常情况下,线上和线下活动也可以结合开展。

在实践中,通常一个品牌会制订一个长期的推广计划,以互动活动跟广告相结合的方式进行。

(3)公共关系

公共关系是指组织为改善与社会公众的关系,促进公众对组织的认识、理解及支持,达到树立良好组织形象、促进商品销售的目的的一系列公共活动。公共关系在品牌推广中的作用除了可以传播、沟通信息,协调关系,建立良好的外部环境外,还可以塑造企业品牌形象,分析并消除问题。典型的公共关系推广形式,如耐克、李宁等品牌赞助奥运会。

(4)代言人

代言人分为企业形象代言人、品牌代言人、广告代言人。企业一般聘用社会名流做代言人,因为他们具有很高的知名度,在公众心中具有某种独特的形象,具有名人效应。请他们做代言人,能够拉近消费者与品牌间的距离,突出品牌个性,能够利用代言人自身的形象来传达品牌形象,从而达到塑造品牌形象、促进销售的目的。

(5)服务

顾客服务质量是构成品牌附加值的重要方面。一个企业服务的好坏直接影响消费者。

对一个品牌的态度,特别是服务性品牌,例如常用的顾客咨询热线,其接待时的服务态度、时间的长短、处理问题的效率都会影响人们对品牌的认知。此外,服务人员的形象也会被顾客用来作为判断品牌品质的重要佐证。

(6)其他手段

通过产品包装也能实现品牌推广。从视觉形象上看,包装代表着品牌概念。一个产品如果包装设计出众,就能为其品牌添加高附加值,价格自然也会随之上涨。化妆品的包装往往具有一种梦幻般的感觉。

店内陈列与售点广告也是品牌推广手段之一。在货架上有个好位置,自然对品牌有利。看到摆在中央的品牌,人们自然会对它产生一种信任感。

需要说明的是,以上各种手段并不是各自孤立的,而是相互联系、互为补充的。成功的品牌推广必然要结合品牌战略,结合时间、地点差异,进行多种手段的有效组合才能达到好的效果。

3)品牌推广方案

品牌推广是长期性、全局性的工作。在品牌战略的指引下,需要一系列阶段性的推广活动来支撑。因此,品牌推广针对周期的长短(如年度、月度推广),是策划类还是执行类等的不同,方案也会有区别。

(1)品牌推广方案的要点

一般来说,品牌推广方案主要包括以下4个方面的内容,其中,采取何种方式进行推广是方案的重点。

首先,是品牌的详情介绍。包括品牌的名称、公司名称、商标的来源及意义、品牌的建立时间和品牌的目标。除了基本介绍,还要通过市场调查,得出品牌的市场潜力有多大。

其次,分析品牌的定位和理念。品牌的定位包括是什么类型的品牌,适合什么年龄段人群,价格定位等。品牌理念包括企业使命、经营思想、行为准则。

再次,确定采取何种方式进行推广。在品牌发展的不同阶段,如建立初期、深度推广时期等,品牌推广的侧重点、推广的方式手段等也会有所不同。

最后,推广方案的精彩总结也是必不可少的,可以为整个推广方案增色不少,推广方案的总结要简洁有力,高度概括自己的内容,一般来说总结在300~500字最为适宜。

(2)品牌推广方案范本

成都市场××漆推广方案

一、市场分析

1.市场状况(内容略)

2.主要品牌情况(内容略)

3.××漆现况(内容略)

二、通路开拓

从目前的网点看,分销商质量不高,大都为非专业经营涂料的沿街路边店,缺乏涂料产品的基本知识和一定的经营能力,因此,必须要努力培养专业化的经销商,为网络树立标榜。

在府河市场、东泰建材市场内分别培养一到两家忠诚度高、销量好、专业化程度高的经销商,另外,想尽办法进入东方家园以及好来屋超市(目的是树立品牌的网络形象,并不强求能有较大的销售额),总体上为分销网络增加强劲的生命力,从而一定程度上能稳定网络。

在人员上需增加3名业务人员,进行必要的工程开拓,甚至可以考虑重点开拓样板工程,并进行一定的资源投入。

继续抓好油工网络的培育,通过多种多样的方式,加强其对××漆品牌和产品的进一步认识。

继续做好门招的推广,促进××漆对商家的诱导。

三、传播策略

专业市场户外广告

电视标版广告

门招制作

横幅冲击

终端展示

小区推广

环保公益事业赞助

四、具体实施

1.专业市场户外广告

目的:(内容略)

具体运作:①府河市场投放一块户外广告(140平方米);②红牌楼(东泰市场)投放一块户外广告(120平方米);③八一市场投放一块户外广告(70平方米)。

2.电视标版广告

目的:(内容略)

具体运作:①制作5秒标版广告,具体选择四川电视台《天天房产精品版》以及成都电视台经济资讯服务频道作为广告依托载体。②其中,《天天房产精品版》每天播放12次,分别在CDTV-5,SCTV-4,SCTV-7,SCTV-6重复播放,此节目均在《中国体育报道》或《新闻现场》之后,计划连续播放两个月。成都电视台CDTV-2播放时间为20:00—20:30和20:30—23:00电视剧特约广告时段,计划播放30天。

3.门招制作

目的:(内容略)

具体运作:①在专业市场内和建材集散地的门店范围内物色地理位置较好的门店进行门招申请制作;②凡是经销××漆的商家都需制作门招,报市场部设计,由当地广告公司制作安装;③鼓励未经销××漆的商家制作××漆门招。

4.横幅冲击

目的:(内容略)

具体运作:①制作3米、5米、10米等规格的横幅,发布内容可形式多样,做到既不枯燥乏味又不繁杂冗长,数量在150条左右;②在主要的专业市场内以及小区内悬挂或者跨街悬挂;③在销售终端门头或店内空余的地方悬挂××漆条幅。

另外,根据成都市场的特点,计划制作500件马甲用于专业市场的运输工人和营业人员着装。

5.终端展示

目的:(内容略)

具体运作:①充分利用公司现有资源,进行立体式的终端组合包装;②对货架、灯箱、资料架、样板、样板架、样板册、样品罐、海报、一次性的单页、横幅、说明书、POP(卖点广告)等进行有针对性的整合包装;③力求在市场内做到终端的差异化包装。

6.小区推广

目的:(内容略)

具体运作:①选择中高档住宅小区进行重点推广;②充分组合海报、单页、DM、横幅、样板架、样板册、太阳伞、小气球,甚至拱门以及广告碟,达到整体的宣传效果;③一般采用导购员进行现场讲解和现场销售方式;④每次推广活动均要求一个较为突出的主题进行宣传(如服务、促销手段、产品质量、价格等诸多方面的诉求特点);⑤与成都分公司人员共同参与,并考虑××漆与××管捆绑推广。

本项活动要求较高,对资源以及人员要求充备,可以考虑在以后成熟阶段进行。

7.环保公益事业赞助

目的:(内容略)

具体运作:选择较有影响力的环保事业项目进行赞助投入,并且与传媒保持良好的合作关系,努力进行品牌的美誉传播。

此项活动需要结合社会热点以及大众关注的事业来进行,所以不宜操之过急,有待抓住机会而深入。

五、费用预算

户外广告:(略)

电视标版广告:制作、发布费(内容略)

CDTV-2电视台轮播费用:(内容略)

门招制作:(内容略)

横幅冲击:(内容略)

马甲制作:(内容略)

终端展示资源费用:(内容略)

费用总计:(内容略)

六、效果预测

(内容略)

4.3.2 品牌推广实施

品牌推广实施其实就是将品牌推广计划付诸实践。企业要实施品牌推广,不仅要有坚实的质量基础,同时也要提高服务质量、加强宣传,只有这样才能更好地发挥品牌营销的功效。

1)品牌推广实施的步骤

成功的品牌推广一般要经历以下8个步骤。

(1)确定目标受众

营销信息的传播通常试图影响某一具体受众的特定行为。为达到此目标,必须正确地识别、了解和选择目标受众。受众可能是潜在购买者、正在使用者、购买决策者或影响者,可能是个人、小组、特殊公众或一般公众。信息传播者的决策会受到目标受众的极大影响,因为面对不同的目标受众,选择的传播内容、时间、地点、传播方式等都会有所差别。

(2)确定推广目标

品牌推广目标的确定应当建立在对当前市场营销情况透彻分析的基础上。品牌推广目标是为销售目标服务的。企业希望通过推广活动传达什么样的信息?总有一个特定的目标。这个目标不能要求太多,要切合实际。

(3)设计信息

在已确定受众、推广目标的基础上,信息传播者就该进而设计制订有效的信息。制订信息需要解决4个问题:说什么(信息内容)、如何合乎逻辑地叙述(信息结构)、以什么符号进行叙述(信息格式)、谁来说(信息源)。最理想的状态下,信息应能引起注意,提起兴趣,唤起欲望,导致行动。

(4)选择推广渠道

推广品牌的渠道承载的是关于品牌的信息——品牌的价值、功能、定位等。品牌通过推广渠道走进目标受众的心里。品牌推广应该怎样去选择渠道呢?这需要根据产品自身特色和企业现有条件,目标消费群体惯有习性等,综合对比各个传播渠道的优缺点,做出合适的选择。

(5)编制经费预算

一般企业都非常重视品牌的推广活动,品牌推广手段多样,而品牌推广费用也成为企业主要的销售费用。以广告费用为例,据《销售与市场》杂志的统计调查,各行业平均广告费(含各种业务宣传费用)占销售收入的11%。因此,合理编制品牌推广的经费预算,量入为出,对企业的正常运转起着重要作用。

◎典型案例

广告圈流传着一句著名的天问:"我知道我的广告费一半都浪费了,但我不知道浪费的是哪一半。"

"小饿小困,喝点香飘飘。"在这个家喻户晓的品牌背后,少不了《两生花》《老九门》等爆款影视剧的推动,也少不了各种综艺冠名的硬广和明星代言。

对于香飘飘而言,2014—2016年,3年花了近10亿元广告费,似乎带来的效果也并不十分明显。从市场份额上来看,2014年市场份额为57%,2016年市场份额为59.5%,3年间仅仅增长了2.5%。况且,巨额的广告费正在稀释上市公司的利润。香飘飘2017年一年的利润才2.7亿元,但广告费就花了3.6亿元。

(6)决定推广组合

每一种推广手段都有各自独有的特性和成本。企业在选择它们时需要了解这些特性，并且根据行业特色、预算经费、推广目标等进行组合，把预算经费分摊到广告、互动营销、公共关系等活动中。

(7)衡量推广效果

在品牌推广方案得到贯彻执行后，信息传播者必须衡量它对目标受众的影响。如统计销售额，这是衡量受众行为最直观的方式。但是仅仅统计销售额不一定能准确、全面地反映推广的效果。例如受众态度的改变也可能成为品牌推广的成果。

实时互动：你认为用什么方法可以了解到受众态度的改变？

(8)管理和协调品牌推广过程

在品牌推广过程中，企业还需要对推广执行的每一个环节、每一种推广手段都进行跟踪，以确保品牌利益相关者得到完整的品牌信息。

◎资料链接

利益相关者可能是客户内部的(如雇员)，也可能是客户外部的(如供应商)。大多数情况下，企业利益相关者主要包括股东、企业员工、债权人、供应商、零售商、消费者、竞争者、中央政府或地方政府以及社会活动团体、媒体等。

2)品牌推广实施的注意事项

(1)消费者对产品的认知是品牌推广的前提

许多企业在产品还未被消费者接受的情况下，就一味进行品牌的大肆推广，不仅浪费大量的资源，而且使品牌无立足之本。该现象一般发生在产品导入期。在产品上市初期，没有进行产品的有效宣传，还不了解产品在消费者心中的认知程度，过早地以品牌宣传为主，盲目宣传，这会导致产品启动速度减缓，给企业造成沉重的负担。

(2)准确的品牌定位是品牌推广的有效保证

企业在进行品牌推广时容易发生的问题是，产品品牌与企业品牌混淆，定位不清楚。一般而言，应该首先推广产品品牌。另外，不同类型的企业，如服务型企业与生产型企业，单一产品的企业与多产品线结构的企业，产品品牌与企业品牌共用一个品牌的企业等，对企业品牌的要求是不一样的。因此，企业在进行品牌推广前只有分清企业品牌与产品品牌，清晰品牌定位，明确不同类型品牌诉求，才有可能使品牌推广达到预期效果。

【任务演练】

品牌推广准备

演练内容：

做好(上一任务中设计好的)品牌推广前的准备工作。

演练要求：

1.以小组为单位，确定该品牌推广的时机和手段。

2.确定该品牌推广的具体活动形式。

3.小组间互相点评与建议。

【重点概括】

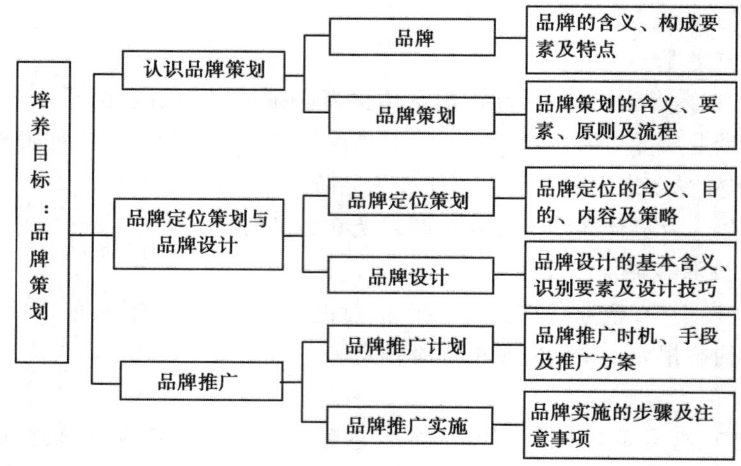

【课后思考】

1.什么是品牌？

2.如何进行品牌定位？

3.品牌设计有哪些识别要素？

4.品牌推广计划有哪些工作？

【案例分析】

200 元预算的 3 亿+品牌传播：请给我一面国旗@微信官方

2019 年 9 月 24 日，“请给我一面国旗@微信官方”迅速刷屏朋友圈，截至当日 17 时 20 分，已有 2.912 4 亿人次参与，成为 2019 年度又一经典营销案例。

下文分别从此次营销事件的来龙去脉、成功原因、启发收获 3 个方面探讨。

1）来龙去脉

此营销是由腾讯新闻极速版社群运营团队历时两个月策划的表达爱国情绪及爱国之心的朋友圈刷屏事件，该话题于 9 月 24 日上午 8 时上线，预期规模不超过千万级，然而仅隔 10 个小时后，活动参与人员便暴涨至 3 亿规模，更让人惊叹的是此次营销事件广告投放金额仅为 200 元社群红包。

随后，很多品牌及自媒体人都进行了二次创作去跟进热点，甚至有公司直接注册“给我一面国旗吧”公号及小程序……

回顾该事件，我们发现其本质就是换头像，且该创意在 2017 年圣诞节便已经出现，为什么此次腾讯新闻极速版社群团队就可以老瓶装新酒，将此创意炒得如此火爆呢？

2）成功原因

关于刷屏营销事件的成因，众说纷纭，尚无定论。本文作者认为，凡是刷屏事件都有以下5个特征，即：事件足够简单、与核心群体相关性高、有态度价值、有比较好的延展性和有获得感。现结合“请给我一面国旗@微信官方”营销事件分析如下。

（1）事件足够简单

要求事件表达不涉及复杂元素，容易理解，事件参与无须复杂流程，最好10～20秒能够搞定，此次营销事件在这两方面可谓是下足功夫。

首先说事件表达不涉及复杂元素，容易理解。

我们可以通过拆解“请给我一面国旗@微信官方”12字中包含的核心元素来体会，这12字除了修饰词之外，包含的核心元素有4个，分别是一个动作（请给我……）、3个名词（国旗、微信、官方）。针对这4个元素，我们结合70周年大庆和日常生活用语思考，是否在理解方面存在突兀感觉？为便于体会这12字的简洁清晰，在此列举9月17日下午2时3个微博热搜话题做对比分析，“双胞胎两次受阅位置一样”“娜扎全糖女孩”“具惠善新歌——是否只能死去”，发现针对“请给我一面国旗@微信官方”这一话题，10小时换头像参与人数达3亿，品牌曝光量更大。

其次，我们再谈谈事件操作流程的简单性。

此次事件，按照普通网民参与的流程大概可以分为4步，分别是：①看到好友发布“请给我一面国旗@微信官方”的朋友圈；②搜索（朋友圈遇到分享）获得国旗教程；③打开H5链接（此时品牌首次曝光），上传头像获得国旗头像；④换了两张，发现不够，想要第三张，于是下载腾讯新闻极速版获取第三张（品牌转化）。

通过上述4步，我们可以发现，用户助力此次营销事件传播，仅需12秒发布一条朋友圈即可参与进来，至于后面3步是否参加完全由网络氛围带动，这种操作与动辄“需要你下载一张海报，然后复制文案再转发朋友圈”，甚至“请你直接下载软件，注册成为用户，然后再……”相比，是否简单到让人没有拒绝的理由？

有趣有料+操作简单，如果仍不能促使你行动起来参与传播，那么你还会考虑什么问题呢？是否会考虑：“这件事情和我现在的身份有关系吗？参与传播是否会有利于我的个人形象塑造？我该如何更好地参与呢？我如此做可以有哪些好处？”

如果是，那么请继续分析此次营销事件如何巧妙解决上述几个问题。

（2）与核心群体相关性高

与核心群体相关性高，指的是话题营销的核心元素及其传递的价值是核心用户群体最为关注的，甚至就是核心用户群体的口头语/代名词等，在心智中占有显著位置。

腾讯新闻极速版，一款传播新闻资讯的App，全民适用，其传播目标人群应该是普通网民。那么什么样的事件和普通网民的相关性高，让普通网民都关注呢？下面看此次营销策划团队如何解决这个问题。

上文提到，此次营销事件有两个核心元素，即“国旗”及“微信”。

国旗属于时势名词，70周年庆的大背景以及共青团中央发起主持的话题“我和国旗合个影”(阅读量高达9亿,讨论次数96.4万,原创人数8.4万)都给国旗二字带来了前所未有的关注度,再加上日益增强的民族自信及国家认同,“国旗”二字寄托了民众前所未有的感情。

另外,“微信”属于影响力无处不在的常用词,它的影响力有多大,我们可通过两组数据来加强理解。第一,我们看微信的月活跃账户数量。腾讯2019年第一季度公布的数据显示,2019年第一季度微信及WeChat的合并月活跃账户数达11.12亿,这个数字的概念大家可以对比2018年互联网即时通信用户规模为8.29亿进行理解体会。第二,我们看百度指数,我们将微信的百度指数和中国的传统节日元素“中秋”和“月饼”进行对比,大家可以发现“微信”二字的百度平均指数高于“中秋”二字的最高指数。

造势不如借势,借势就要借大势。

(3)有态度价值

有态度价值指的是事件要有清晰的价值导向,能够引起“喜怒哀乐恨”等情感共鸣。2016年度“后真相”(post-truth)被《牛津词典》评为年度热词,解释是“诉诸情感与个人信仰比陈述客观事实更能影响民意的种种状况”。

此次营销事件诉诸的“爱国主义”情感价值不仅非常明确,而且是前所未有的强烈。更关键的是“爱国作为当代中国人的最大公约数”,传播这种价值不仅不会有任何的社交压力,而且会非常有助于塑造个人良好的形象,获得更多认同。

(4)有比较好的延展性

话题之所以称为话题,就在于它具有非常好的延展性,雅俗共赏,人人可参与。目前很多品牌在进行话题传播时,或者过多追求创新,或者过多追求转化,对于话题是否能够雅俗共赏,人人可参与重视程度不够。分析此次营销事件,我们发现要想在传播时更契合自己的身份,或者传播得更有趣,实现起来都非常简单。

比如可以继续沿着许愿+调侃微信官方的路线创作一些诸如“请给我一个亿@微信官方”“请给我一份吃不胖的午餐@微信官方”的内容,也可以略加修改结合自己的身份或者要表达的某个价值进行传播,如“请给我一个立马付款的客户@微信官方”“请给我一个闪瞎眼睛的创意@微信官方”,希望借此机会蹭热点引流的从业者,更是在第一时间发布“请给我一面国旗”的教程,更有甚者有人快速注册了公众号、小程序……

许愿话题+教程话题+调侃话题+蹭热点话题,是不是觉得总有一个方向适合你去参与?

俗话说没有对比就没有伤害,也体现不出优秀,同样的,我们再次将此话题的延展性与上文提到的微博热搜话题的延展性做对比,看看是否有完善之处?

(5)有获得感

“无利不起早”作为人性重要特征之一,好的营销事件都离不开它的驱动。本文认为此处的利不仅指金钱,更包含乐趣、名誉,总之要让用户从心理上有一种获得感。

3)启发收获

①找不到成功的充分条件,那么我们就将必要条件做到极致。经典的营销事件往往都是天时地利人和等各种因素的巧妙融合,我们无法找到成功复制此类事件的充分条件,但是

将此类事件详细拆解,找到每一个必要条件则可以无限接近成功策划此类营销事件。例如今后大家在策划此类事件时,可以结合上文的成功因素逐一对比,自我检查是否都做到了极致。

②好的策划从“克制”,从战胜自己做起。腾讯新闻极速版社群策划团队何凡先生在聊天截图中提及,此次策划成功的关键在于“克制”。通过前文分析,我们可以发现无论是第一个成功因素“足够简单”,抑或是后面对其他因素的精益求精,都需要我们不断地克制欲望,战胜自己,这是品牌方及成为营销顾问必练的内家功夫。

③将经典嚼碎嚼烂,吸收到骨子里,终有一天你会灵光乍现。类似营销创意在此之前已经反复验证,如最早的“今天是马化腾生日,转发,即可获得会员或者手机充值”,再到2017年的“请给我一个圣诞帽@微信官方”,我们可以发现创意是具有周期性的,关键看你是否能够结合时势巧妙嫁接,然后严谨执行。

思考题:

1.案例中微信是如何进行品牌推广的?

2.通过案例中的品牌推广,你是怎么认识微信品牌的?

【实训项目】

撰写品牌推广策划方案

实训目标:

通过撰写品牌推广策划方案,加深对品牌策划相关知识的理解,提高品牌策划动手能力。

实训内容与要求:

结合本项目的3个任务演练内容,以小组为单位,形成书面的品牌推广策划方案。策划方案要求格式规范、要素齐备,内容具有合理性和一定的可操作性。

实训效果与检测:

1.分组展示策划方案,根据实训要求,小组间相互点评,并打分。

2.各组派代表对此次实训进行总结。

项目 5　广告策划

【学习目标】

知识目标

- 了解广告策划的含义与特点。
- 掌握广告策划的基本策略。
- 掌握广告预算的方法。
- 理解广告诉求的方式。
- 了解广告定位的方法。
- 掌握广告创意的理论。
- 掌握广告媒体选择的影响因素。

能力目标

- 认知广告策划的基本流程。
- 学会编制广告预算。
- 学会撰写广告策划方案。

任务1 认识广告策划

【导入案例】

新华社为国庆拍了个走心广告!

喜逢新中国成立70周年之际,新华社在朋友圈重磅推出一支致敬与祝福的广告短片《祝你生日快乐》。

火箭工程师刘争,他全力以赴,只想让零件再薄一层A4纸的厚度;C919试飞员,他一次次起飞,只想让国产大飞机飞得更远;短道速滑运动员范可新,她拼上一切,只想在赛道上再快哪怕0.1秒;塞罕坝护林员邹建明,他和父辈接力青春,只想守护好林场里的每一棵树;消防指战员季刚,他一次次和战友们历险,只想守护你的挚爱和家园;"雷龙2"号船长赵炎平,他一次次告别家人,只想探索更广阔的世界;抗战老兵郑国芳,他已是92岁高龄,只想再多去看看曾经的战友;"打拐"民警蒋晓玲,她对比过上万张孩子的照片,却很久没想到为自己的孩子拍下笑脸。

许个愿吧!今天我希望,我希望每一颗种子都能长成参天大树;我希望每一盏灯火后面都是家的团圆;我希望每一次逆行都能换回你的安宁;我希望我们的五星红旗更多升起在国际赛场;我希望在对未知的探索中留下更多中国人的身影;我希望蓝天白云间飞翔着更多中国造大飞机;我希望中国航天器飞向更辽远的浩瀚星空;我希望孩子们不忘记过去,更珍惜和平幸福的今天。

14亿个平凡的愿望汇聚成我们的中国梦,这个梦想70年从未改变,愿每个愿望都能成真。

祝祖国,生日快乐!

问题讨论:请从广告策划的角度,谈谈这则广告的成功之处。

5.1.1 广告策划的含义与特点

1)广告策划的含义

广告策划就是广告整体战略与策略的运筹规划,是根据广告主的营销计划和广告目标,在对市场、产品、消费者、竞争者的状况和广告环境进行市场调查的基础上,加以评估、实施和检验,为广告主的整体经营提供科学的广告活动规划方案的决策活动过程。因而,广告策划是一项综合性的系统工程。

广告策划一般有两种:一种是为一个或几个单一性的广告活动进行的单项广告活动策划,即单独性策划;另一种是为系统性的,具有较大规模的,为同一目标对一连串的各种不同的广告活动进行策划，即系统性策划。随着市场经济的发展，广告竞争日趋激烈，尽管单独性的广告策划可以很有说服力，但要强化消费者对企业及其产品的印象，往往需要一个系统的广告活动作为支撑，整体广告策划已被许多大型企业和大型广告公司所采用。

2）广告策划的特点

广告策划是企业经营管理的一个重要组成部分。对于企业管理决策而言，广告策划是一个子系统，但就自身来看，又是一个有着特殊规律的系统工程。具体来说，广告策划具有以下不同于一般计划的特殊性。

（1）目标的明确性

广告策划有着明确的目标性，必须要达成一定的广告目标才会予以进行。这一目标也可以将所有广告活动都衔接在一起，并为衡量广告策划的效果提供一个参照。

（2）谋划的全局性

广告策划是一个有机的整体，各个方面、环节都是互相关联、互相依存的，牵一发而动全身，所以，在进行策划的时候就要考虑到方方面面。

（3）策划的可行性

广告策划需要达到广告主所设定的目标，就必须要有其可行性，能够在现实运作中推进。

（4）内容的创造性

在进行广告策划的过程中，同样也需要具有创意。要能够根据市场情况与策划目标加入创造性元素，这样才能够更加吸引受众的目光，取得良好的广告效果。

（5）计划的调适性

广告策划活动是一个十分复杂的动态过程，在这个过程中，可能会遇到各种问题，因此，要在广告策划的计划中留有一定的余地，根据出现的变化进行相应的调整。

◎经典案例

参差咖啡馆是一家独具特色的咖啡店，以经营咖啡为主，提供免费阅读图书、各类杂志及无线上网等服务。从一个默默无名的小店到开办咖啡学校，独具特色的广告策划成就了参差咖啡馆与众不同、极富个性的品牌形象。

店主王森是一位工程师，因此，改造一间旧的机床厂房自然不在话下。他说："生活，因为参差，所以幸福。"王森从 2017 年 5 月开始想到开一间小咖啡馆，直到 2018 年 8 月，他实现了自己的梦想。

为了宣传自己的咖啡馆，王森写了一本名为《就想开间小小咖啡馆》的书，开篇即表明自己写作这本书的目的，即宣传参差咖啡馆，让更多的消费者了解、喜欢、热爱参差咖啡馆。在书中，王森介绍了自己开办咖啡馆的经历及收获，并随书附赠咖啡馆的优惠券及小包装的咖啡袋。这样一来，读者可以一边阅读着他介绍参差咖啡馆的书籍，一边品尝着来自参差咖啡馆的咖啡，成功地激发了消费者们拿着优惠券前来光顾参差咖啡馆的欲望。

为了提升书籍的知名度，王森在豆瓣网上推荐了自己的书，通过其他作者与读者的推荐及评论，迅速地提升了书籍的知名度与销量，并且通过本书的宣传，更多消费者因为看了他的书而光顾参差咖啡馆，参差咖啡馆生意越来越好，开设了多家分店。王森为了感谢消费者们的支持,又写了第二本书《因为有你,所以参差》,销量同样好得惊人。

与此同时,豆瓣网开始邀请王森做讲座,讲述他成功利用社交媒体对参差咖啡馆进行品牌建设与传播的案例。为了满足更多人了解如何经营一家小型咖啡馆的愿望,王森开设了相关课程,众多对此感兴趣的读者纷纷踊跃报名参加。

5.1.2 广告策划的内容

广告策划大体上包括基本战略、表现战略和媒介战略三大部分。基本战略即商品行销战略,表现战略即怎样针对广告对象展开广告内容的诉求,媒介战略即选用何种媒介组合进行传播。由此可以看出,广告战略的基本架构是为什么、对谁、将何种事物、在何时、在何地、用什么来进行广告活动的问题。因此广告策划的基本内容包括广告目标、广告对象、广告诉求、广告战略和广告预算 5 个方面。

1)确定广告目标

企业在制定广告策略时,必须首先明确其广告目标,也就是企业通过广告手段在特定时期内,对特定目标顾客所要完成的产品推广、信息沟通的任务。当然,广告目标是由企业全局的整体营销目标所决定的,它要与企业目标市场选择、产品市场定位的市场经营组合等其他策略相适应。

由于企业的营销目标不同,具体的广告目标也不同。综合而言,企业广告目标可归纳为以下 3 类。

(1)告知性广告

这种类型的广告主要用于产品即将进入市场的开拓阶段,目的在于树立品牌,推出新产品。××香波打入市场的广告语就是:“还有半个月,一种全新型洗发水将与大家见面。”然后依次递减天数,“还有十天……”“还有一周……”“还有一天……”然后在预定的那天再打出全面介绍该种品牌香波的广告。

这种类型的广告目标主要包括以下 8 方面内容。

①向市场告知有关新产品的情况。

②提出某种产品的新用途。

③通知有关市场价格的变化情况。

④说明新产品如何使用。

⑤描述所提供的各项服务。

⑥纠正错误的印象。

⑦减少消费者的恐惧。

⑧树立公司的形象。

◎资料链接

广告目标通常与企业及产品(品牌)的发展目标相一致,和产品的生命周期紧密配合。广告目标是企业目标和产品生命周期的外在表现。

(2)劝说式广告

劝说式广告是以劝说为中心,以说服为目标的广告。这种“劝说”主要体现在广告语言上。鼓励人们购买本企业品牌的产品，改变他们对本品牌的认知，激发他们试用，鼓励他们重复购买，最终建立品牌忠诚度。这种类型的广告主要用于产品进入市场后的竞争阶段，目的在于暗示消费者建立对某一特定品牌的选择性需求，鼓励消费者认牌购买，加深顾客对自身产品属性的认知。例如，在面对中国联通和中国电信咄咄逼人的攻势下，中国移动再也无法保持沉默，推出其历史以来最大胆的一系列以"便宜有什么用"为说服主题的广告，以突出它的"网络好"。

对比性广告也是劝说性广告的一种形式。这类广告通过对同类产品或服务的一个或几个特点的比较，刺激消费者的选择性需求。

◎典型案例

最经典的案例莫过于"两乐之争"，百事可乐正是运用比较性广告，成为可口可乐的直接竞争对手。百事可乐曾有一则这样的广告：一个小男孩向自动售货机投币，但他的身高不足以碰到百事可乐的按钮，于是他先投币取到两瓶可口可乐，将其踩在脚下，又投币拿到一听百事可乐，然后高兴地离开。针锋相对，妙不可言，既在情理之中，又在游戏规则之内。

在使用比较广告时，公司应确信它能证明其处于优势的宣传，并且不会遭到更强大的其他品牌产品的反击。比较广告在引出认知和同时影响动机时，效果更佳。

(3)提醒式广告

这类广告在产品的成熟期十分重要，目的在于保持客户对该产品的认知与记忆。如在炎热的夏天，如果看雪糕广告的小孩马上去购买雪糕，那么这是一则典型的提醒广告。这种类型的广告目标主要包括以下内容。

①提醒购买者仍需要这种产品。

②提醒购买者何处可以购买到这种产品。

③促使购买者在销售淡季也熟悉所宣传产品的功用及品牌。

④长期保持本产品的知名度。

有了明确的广告目标之后，厂家就可以据此制定企业在各个阶段的广告策略，从而发起相应的广告宣传活动。

以上 3 种广告目标的具体运用如表 5.1 所示。

表 5.1　不同广告目标的诉求目的

类　型	诉求目的
告知性广告	◇介绍有关新产品信息 ◇推介产品的新用途 ◇价格变动的信息 ◇宣传产品的制造过程 ◇描述可提供的服务 ◇改正错误的印象 ◇减少目标受众的顾虑 ◇树立企业的形象

续表

类　型	诉求目的
劝说式广告	◇培养品牌偏好 ◇鼓励顾客使用本企业的品牌 ◇改变顾客对产品特性的感知 ◇说服顾客及时购买
提醒式广告	◇维持最高的知晓度 ◇提醒人们在何处购买 ◇提醒顾客近期可能需要此产品 ◇淡季时保持产品在人们心目中的印象

广告虽有其共同的、最终的目标，但是不同企业在不同的时期、不同的产品和不同的营销策略要求下，广告的目标是有所不同的。选择恰当的广告目标对营销广告策划来说至关重要。

2）明确广告对象

广告对象是指广告信息的传播对象，即信息接收者。因为不同商品要推销给不同类型的消费者，所以不同商品广告的诉求点也不一样。因此，企业在做广告前，必须对广告对象做出明确的规定，了解目标消费者的基本情况，如性别、年龄、收入、文化程度、家庭状况、生活习惯、价值观念等，从中确定此次广告活动的诉求对象是谁，只有针对目标受众进行有的放矢的广告宣传，才可能达到预期效果。

3）突出广告诉求

广告诉求方式是指广告采用什么样的劝说方式来表现广告主题。按照诉求方式，可把广告划分为理性诉求和感性诉求两大类。

（1）理性诉求

通常采用摆事实、讲道理的方式，通过向广告受众提供信息，展示或介绍有关的广告物，有理有据地论证接受该广告信息能带给他们的好处，使受众理性思考、权衡利弊后能被说服而最终采取行动。家庭耐用品广告、房地产广告等较多采用理性诉求方式。

例如，格力电器官网上宣传，旗下的格力空调是中国空调业的“世界名牌”产品，业务遍及全球100多个国家和地区。家用空调年产能6 000万台（套），商用空调年产能550万台（套）。尤其是“自2005年，格力空调产销量连续6年全球第一”。这就是典型的理性诉求广告。

（2）感性诉求

随着产品同质化的严重，消费者对产品的需求从功能性满足上升到情感满足和个人价值的实现上，因此相对于理性诉求的广告，感性诉求广告更能迎合消费者、吸引消费者。感性诉求广告，是指在广告中融入亲情、爱情、友情等情感，通过赋予商品生命力和人性化的特点，激起消费者怀旧或向往的情感共鸣，从而能诱发消费者对商品的购买动机的广告。

◎**典型案例**

一天傍晚，一对老夫妇正在进餐，这时电话铃声响起，老太太去另一间房接电话，回到餐桌后，老先生问他："是谁来的电话？"老太太回答："是女儿打来的。"老先生又问："有什么事吗？"老太太说："没有。"老先生惊讶地问："没事？几十里地打来电话？"老太太呜咽道："她说她爱我们！"两位老人相对无言，激动不已。这时，旁白道出："用电话传递你的爱吧！"这是美国贝尔公司一则经典的亲情广告。整个广告给人的感觉就是很安宁、很和谐的一个平常的生活场景，却带给人澎湃的关于爱的思潮。

4)制定广告战略

(1)分析广告创意

广告设计创意是广告策划的灵魂。没有创意，广告方案及表达的内容很可能平淡无奇，广告信息难以引起受众的关注和兴趣。广告创意是在广告策划过程中要确定和表达广告主题的创造性思维活动，所以应对广告商品或服务和广告目标进行全面考虑，并通过一定的方法，提炼出广告主题。

广告创意的主要特征有：构想单纯、表现方式新颖、广告形象构想确切、情感效应表现自然。广告创意的这几方面特征一般是并存的，对具体的某一广告创意过程来说，可能有某些特征比较突出而另一些特征则比较隐蔽的情形，但从广告创意和普遍规律性意义上来说，它们是相互联系、有机配合的，不能把它们孤立分割开来。

广告创意是一个寻求"最佳理由"和"最佳方式"，从而说服消费者购买的过程。这必须以企业营销策略、广告策略为依据，以产品定位为导向，对消费者进行有效诉求，而非凭空创造，胡乱编造。

◎**典型案例**

汉堡王的薯条在几家快餐品牌竞争中独树一帜，其配薯条的辣酱也比较有特色。汉堡王的一则平面广告中，在薯条一端沾上辣酱就像是一根火柴，将其称为"火热的薯条"。消费者对火柴都非常熟悉，也能很容易明了其指代的意义，而用薯条辣酱做成的火柴还是让人耳目一新。

(2)进行广告表现

广告表现就是根据广告媒体的传播特点，充分运用语言、文字、音乐、画面、图片等多种表现形式，将广告的主题、创意直观、生动地加以体现的过程。

广告的单项说服要转化为互动式的沟通，需要有艺术的表现手法。运用广告表现手法的重要前提是广告所要表达的内容真实。常用的表现手法有陈述、证据表现法、比较对照法、权威、示范、夸张、归纳、联想、借喻、象征、幽默等。

实时互动：阅读材料，分析下面一则广告采用了哪些表现方法？

海飞丝广告为说明其去头屑的功能，设计了这样的情节：天真无邪的孩子在大庭广众之下揭了母亲的心痛："妈妈，你的肩膀上有一粒粒的白点。"头皮屑使年轻的母亲十分难堪。画外音响起了母亲的内心独白："还好，我看到了海飞丝的广告。"然后在用图像进行比较的同时继续介绍："四个星期后，用普通洗发水这边还有头皮屑，用海飞丝这边就完全没有了。"

于是告诉你:"用海飞丝洗发水加护发素,护发去头屑,更胜一筹。"

(3)媒体选择

媒体选择是指选择什么样的媒体及根据媒体设计制作广告,同时安排媒体广告发布结构、发布频率、发布时间等。做广告必须要选择媒体,选择媒体的好坏,直接关系到广告传播效果的优劣、传播范围的大小和成本的高低等。广告传播的媒体很多,既有大众传播媒体,又有自办媒体。在选择时应充分调查、了解各类媒体的具体情况,结合企业的营销目标、广告目标、企业实力等方面确定。

5)确定广告预算

明确了广告目标并制定了广告策略后,企业就需要估算多少钱才能实施这些策略、达成这些目标,这就是广告预算的问题。合理的广告预算,可确保广告活动有计划地顺利实施,以实现预期的广告目标。

(1)广告预算的内容

一般可列入广告经费的项目有以下4种。

①广告媒体费。主要指购买媒体的时间和空间的费用,如购买报纸、杂志版面及购买广播电视的时间的费用。用来购买户外广告媒体的费用,占广告费用总额的80%~85%。

②广告设计制作费。主要包括广告设计人员的报酬、广告设计制作的材料费用、工艺费用、运输费用等,占广告费用总额的5%~15%。

③广告调查研究费。包括广告调研、咨询费用,购买统计部门和调研机构的资料所支付的费用,广告效果检测费用,等等。这部分经费约占广告费用总额的5%。

④广告部门行政费用。包括广告部门工作人员的工资及办公费、广告活动业务费、公关费与其他营销活动的协调费用等,占广告费用总额的2%~7%。

以上4项是一般意义上的广告费用构成,其中广告媒介费和广告设计与制作费是两项最基本的费用,任何企业的广告预算都少不了这两项。

(2)广告预算的方法

①量力而行法。这种方法也称为"量体裁衣法",是指企业根据自己的经济实力,即财务承受能力来确定广告费用总额。这种方法的指导思想是广告不仅促成现在的销售,还可以树立品牌形象,进而促成未来的销售,这是一种投资,不是耗费。许多资金较少的中小型企业都采用这种方法。

②销售百分比法。按销售额目标预算广告费用,一般只确定一个比例,如1%等。这种方法被广泛采用,因为它简便易行。这种方法的一般依据是过去的经验、竞争者支出比例或某些特殊指导方针。但这种方法的不足在于,广告成了销售的结果,而不是一种促销措施。简单或单一运用这种方法会造成恶性循环,即销售额降低。这种方法一定要参照其他方法共同使用。

③对手参照法。企业在确定广告费用预算时,与竞争对手持平或超前。根据企业目前的市场占有率、竞争者的广告支出以及行业广告量等各种因素,制订自身的广告预算,以便与竞争对手保持动态平衡,在整个产品类别中取得一定的知晓度。优点是易于计算,长期维持本企业的广告效果与竞争产品旗鼓相当。缺点是广告预算与目标不直接关联,作为标杆

的竞争者的广告不一定完善等。

④目标任务法。根据广告目标要求详细列出完成目标所必须进行的各项工作,并计算每项工作所需的费用,以这些费用之和作为广告预算。这种方法在实际中被采用得不多,原因是很多具体数据较难准确确定。从理论与逻辑上讲,这种方法优于前几种。

◎资料链接

美国市场营销专家阿尔伯特·费雷(Albert Fery)将目标任务法的操作程序归纳为以下6个步骤。

①确定企业在特定时间内要达到的营销目标。

②确定企业的潜在市场的基本特征,包括:第一,值得企业去争取的消费者对广告产品的知晓程度;第二,消费者对广告产品的态度;第三,现有的消费者购买产品的情况。

③分析潜在消费者对广告产品的态度变化及广告产品的销售量变化情况。

④选择适当的媒体开展广告宣传,提高产品的知名度。

⑤制定恰当的广告媒体策略,确定为达到既定广告目标所需要的广告暴露次数。

⑥确定最低的广告费用即广告预算总额。

目标任务法科学性较强,有的放矢,不会造成广告费用的浪费,但比较烦琐。如果有一步计算不准确,得出的广告预算总额就会有较大的偏差。

5.1.3 广告策划的基本流程

广告策划的作业流程,就是在广告策划的具体作业中,通过操作性强、效率高、专业化的方法步骤,有目的、有计划地使广告目标、广告策略、广告预算、广告实施计划及广告效果监测等逐渐明晰和完善,最终形成可供操作的策划方案的过程。

虽然面对不同的广告目标,广告策划的侧重点不可能完全一致,但整体而言,广告策划工作是具有一定既定模式的。广告策划的作业流程包括以下4个阶段,如图5.1所示。

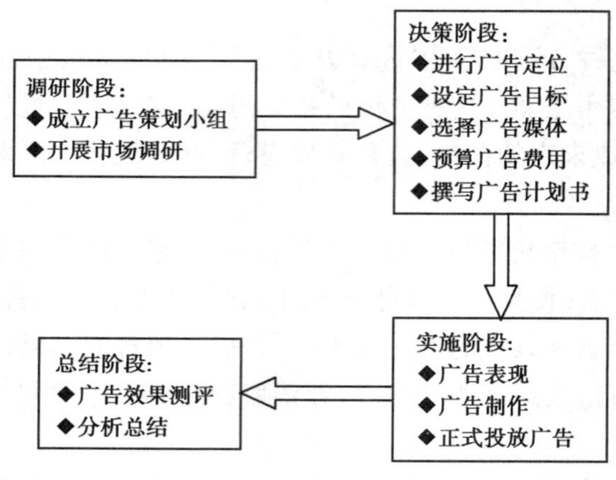

图5.1 广告策划流程图

1）广告策划的先行军——调研阶段

（1）成立广告策划小组

一方面，由于广告策划涉及的方面甚多，对知识储备、创新思维、实际操作等方面的要求较高，工作量巨大，因此广告策划工作通常并非一两个工作人员可以胜任，往往需要几个甚至十几个具有不同专长的专业人员组建策划小组，通力合作、统筹安排，才能较好地完成广告策划任务；另一方面，广告公司向广告主展示广告策划小组，既可以帮助广告主了解广告策划运作的进程，也可以表明一种对策划结果严谨负责的态度。一个成熟的策划小组应由客户主管、策划创意、文稿撰写、设计制作、摄影摄像、市场调查及媒介公关等方面的人员组成，其中客户主管、策划专员、美术设计专员是工作组的核心，他们的工作质量将直接决定广告效果的好坏，也直接关乎广告公司的声誉。成立策划小组是用集体智慧来完成广告策划工作，是广告策划活动由经验化向规范化、科学化发展的有效途径。

（2）开展市场调研

①调查、收集市场信息和相关资料。其中包括品牌及产品调查、品牌形象调查、消费者状况调查、竞争者状况调查等内容。既要详细了解品牌各构成要素的具体内容，又要详细了解产品的外观、结构、功能、原理、材料、技术、质量、价格、制作工艺、使用方法及保管、养护、维修措施等。

②分析、研究相关资料数据。对调查、收集的全部资料和数据进行归纳、总结、分析、研究，要求能够描述现状，揭示趋势，为下一步制定策略提供参考依据。

◎**典型案例**

在日本东京有一个叫日伊的小百货商店，生意始终冷冷清清。经理经过几个月的调查研究，发现顾客中有80%是女性，而男士多半是陪伴女性购物。在女性顾客中，白天来的主要是家庭主妇，17:30以后来的是下班的白领女性。经过调查了解，经理决定将公司的经营目标专门针对女性。白天卖一些家居用品，一过17:30就将年轻气息的商品摆到店里，一些年轻人喜欢的大胆款式应有尽有，白天的摆设统统收起来。经过改革，来日伊百货的女性顾客一天天多了起来，取得了非常好的效果，3年之内共有108家连锁店营业。这则策划根据有限的经营面积，针对不同年龄段的顾客做两种划分，取得了非常好的效果。

分析预期消费群体的心理与行为也是研究广告环境的重要一项。每一款商品都有其特定的销售对象，所以进行消费者心理与行为研究之前必须首先明确预期消费群体的范围。根据不同的研究重点可以使用不同的划分标准，常用的标准是按照消费者的个体属性确定消费者范围，如性别、职业、婚姻、年龄等。范围确定后，研究者往往会在市场上收集大量与广告商品有关的消费者行为特点的信息来研究消费者的消费行为规律，例如，什么样的消费者喜欢这种商品，为什么会选择此种商品，什么时间这种商品的销售量比较大，消费者购买这种商品都用来干什么，多长时间会购买一次此类商品等。在得到大量信息后，研究者就会对这些信息进行分类整理，归纳总结出消费者的购买动机、购买行为类型等特点。这些研究中的关键是购买动机。

2）广告策划的指挥部——决策阶段

广告策划在经过第一阶段调研之后，就正式进入了设计广告活动的具体过程和制定整体策略的决策阶段。这一阶段是整个广告策划中的核心阶段，它必须是有思想的，而不能机械地套用某些程式。决策阶段决定的不仅是广告活动的战略与策略，而且是广告策划的成与败。

（1）进行广告定位

广告定位就是为了使产品或服务在消费者心目中占据无法取代的位置，使其深植于消费者脑海中，一旦有相关需求，消费者就会想到该产品或服务。广告定位能赋予产品以竞争对手所不具备的优势，能为产品赢得特定而且稳定的消费者，能树立产品在消费者心中与众不同的形象。一般来讲，广告定位分为实体定位和观念定位两种。实体定位又可分为品质定位、价格定位、市场定位和功能定位 4 种。它们是分别针对商品的良好品质、商品相对其他同类商品的价格优势、商品在市场中的位置、商品的特殊功效对商品进行的定位。

◎典型案例

养生堂公司选择了学生和运动员作为“农夫山泉”广告的诉求对象，并选择中小学生这一消费群体作为一个市场切入点，以包装中的运动瓶盖为重点去引导他们。中小学生天性好奇而又好动，最容易接受新事物。养生堂公司在中央电视台最先播放的是农夫山泉“课堂篇”广告。在课堂上，一名女生上课时想喝农夫山泉，她悄悄地拉动农夫山泉的运动瓶盖，但还是发出“砰砰”的声音。她在受惊后，表情十分丰富，老师告诫她“上课不要发出这样的声音”……老师的告诫给了一些上课爱搞小动作、恶作剧、具有逆反心理的调皮学生强烈的暗示，使他们跃跃欲试，产生了购买农夫山泉的强烈欲望。

观念定位则主要针对新商品观念的树立、消费者习惯心理的转变以及商品新意义的建立而对商品进行的定位，比如宝洁一次性尿布的广告定位就是改变人们使用棉质手洗尿布的传统习惯，以宝洁一次性尿布“更柔软、更方便、更安全”的特点吸引消费者的眼球。

（2）设定广告目标

设定目标的目的在于使企业能具体、集中、切合实际地制定广告目标，只有在目标市场的受众听到、看到广告并认识、接受产品，继而对产品产生好感或共鸣，才能最后达到诱导其购买的目的。

广告目标是广告主希望广告能达到的特定效果。它是广告策划中各项活动的中心。企业通过确立广告目标，对广告活动提出具体要求来实现企业的营销目标。构成广告目标的基本因素包括预定市场数值、限定时间和信息交流目标。

（3）选择广告媒体

在广告传播活动中，公司都希望能以最小的成本获得最好的广告效果。在广告媒体运用时，如何选择媒体，如何组合各种媒体，如何把握媒体的推出时机，都牵涉广告预算及广告效果评价。因此，必须精心策划，从众多广告媒体中做出正确的选择。

（4）预算广告费用

一个广告主所能承担的广告费用的多少，对广告媒体的选择会产生直接的影响。为了更好地控制广告活动、评价广告效果并提高广告效率，需要广告主合理并明确编制广告预算，以尽可能少的费用达到最佳效果，即在既定规模资源下寻找最佳的广告支出点。

(5)撰写广告计划书

广告计划书是广告规划的产物,是广告规划所决定的战略、策略、方法、部署、步骤的书面体现。广告计划是广告活动的具体行动方案,规划着广告活动每个步骤的实施。广告计划要体现广告目标、广告对象、广告创意、广告媒介、广告实现、广告评估等一系列决策。拟订广告计划可避免行动的盲目性,使广告活动按计划、有步骤地开展,有助于对广告活动进行科学管理,使广告活动取得最佳的经济效益。

3)**广告策划的行动队——实施阶段**

这一阶段的主题是将已经成熟的广告策划方案付诸实施。大体可以分为以下3个步骤。

①要进行广告构图设计、效果设计,确定广告文案。

②要进行广告制作,将创意、决策变成现实。广告制作的完成也就意味着广告作品的出炉。

③要慎重选择发布广告的地区、时间和媒体等,正式投放广告。

4)**广告策划的胜利果——总结阶段**

广告效果测评主要包括经济效果测评、心理效果测评和社会效果测评3种。广告经济效果测评是衡量广告最终效果的关键环节。广告经济效果测评,就是测评在投入一定广告费及广告刊播之后,所引起的产品销售额与利润的变化状况。广告心理效果是指广告信息对广告受众心理刺激的程度,具体表现为广告活动对广告受众的认知、态度和行为的影响状况。广告宣传的社会效果是指广告刊播以后对社会某些方面的影响。这种影响既包括正面的影响,也包括负面的影响。这种影响不同于广告的心理效果或经济效果,广告策划者无法用数量指标来衡量这种影响,只能依靠社会公众长期建立起来的价值观念对它进行评判。

实时互动:商店小商品的妙用。

背景与情境:商品导购员在商店里或推销员走街串巷开展商品宣传活动,散发商品说明书,免费赠送小包装样品等。

问题:这些小商品有何妙用呢?其广告方式的最终效果如何?

为了考虑广告的效果性、经济性,广告调查的重要性已日渐得到肯定,尤其是如今广告费用日益增加,为了使广告活动符合目标管理的原则,广告主、广告代理商或有关人员,对广告调查将会更热衷、更积极,也更执着。

【任务演练】

开展广告调研与明确广告目标

演练内容:

1.调查某一行业(如饮料行业)中某一品牌、产品或服务的广告,在一个时段上研究其广告宣传中的广告目标,并加以分析、讨论其广告目标的设定及其背景。

2.选择饮料行业中的某一品牌(如娃哈哈),研究其企业经营发展状况,结合其推出的新饮品的市场推广活动,为该饮品的广告策划活动确定合适的广告目标。

演练要求：

1.以小组为单位，对所选择品牌的发展状况做翔实的调研，撰写简要的调研报告。

2.研究新饮品，结合广告策划活动，分别从新饮品形象、销售、消费者行为反应以及媒体沟通效果等方面，为该新饮品设定广告目标并分别做出文字说明。

任务 2　广告策划的基本策略

【导入案例】

新奇的广告策划手法

2019 年的国庆节比较特别，没有喜剧片做主角，取而代之的是三部主旋律电影《中国机长》《我和我的祖国》和《攀登者》。截至 2019 年 10 月 8 日，最新票房为《中国机长》20.06 亿元、《我和我的祖国》22.46 亿元和《攀登者》8.27 亿元。合计票房超过了 50 亿元，约占国庆时期全部票房的 97%。

成功的票房跟其背后的广告策划是息息相关的，我们就解密一下这三部电影背后的广告秘诀吧。

电影的海报是电影广告宣传的急先锋。海报是视觉和听觉艺术的综合体。海报和普通广告比，它的颜色更多，画面也更大，能够富有冲击力地把电影内容和卖点展现出来。例如《中国机长》海报很酷地展现了飞机、空姐和飞机场高冷的一面。

预告片因为是视频形式，可以很好地通过声音、特效、剪接，完美地展现电影的内容，富有吸引力，可以起到预热作用。

《中国机长》《我和我的祖国》和《攀登者》都是主旋律电影，所以广告宣传的一个重点就是超级励志。

问题讨论：三部主旋律电影取得成功的关键是什么？

5.2.1　广告定位策划

1）广告定位的概念及作用

（1）广告定位的概念

继 20 世纪 50 年代的“独特销售”学说、60 年代的品牌形象策略之后，定位观念成为具有划时代意义的理论。“定位”一词是由艾尔 · 里斯和杰克 · 特劳特在 1972 年首先提出并加以推广应用的，他们这样解释定位：定位是从产品开始，可能是一件商品、一项服务、一个机构，甚至是一个人，也许就是你自己。但是，定位并不是要对产品做什么事情。定位是对你预期的顾客所做的事。换句话说，你要在预期客户的头脑中给产品定位。

从上面的定义可以看出，定位就是要在潜在消费者的心目中为产品或品牌确立一个确定的位置，这是定位的核心内容。作为市场营销和广告策划中一个具有革命性的概念，定位不仅成为一种操作策略被广泛应用，而且演变成一种企业经营管理的理论。

◎**典型案例**

三年造就66亿美元独角兽，定位理论如何帮助瓜子成功“逆袭”

瓜子的进击曾经掀起二手车行业的广告大战，而这场看似毫无章法的混战背后，瓜子其实是有清晰的理论支撑的，通过“二手车直卖”的定位和“没有中间商赚差价”的差异化价格，成功占领用户心智，后来者居上。而后又以市场领军者的姿态主导了宣传战，通过“保卖”服务进一步夯实战果。再一步步进入新车、汽车后市场及线下零售业务，稳扎稳打，继续拉开与竞争对手的差距。

(2)广告定位的作用

定位对广告策划的影响主要体现在以下4个方面。

①定位使广告策划更能瞄准消费者的心智。传播只能在适当的时间及适当的环境之下才能得到沟通。在广告策划中，定位使策划活动更能够抓住消费者的心理，以更有效的广告手段促使产品打动消费者的心智。

②赋予产品以竞争对手不具备的优势。这是一种关于产品的特定形象、特定用途、特定市场、特定消费者观念上的优势，这种优势使产品摆脱了同质化，使产品的地位更加巩固。舒蕾在众多洗发水品牌中以“焗油博士”作为自己的定位，从而脱颖而出。实际上，定位只不过是把人们没有注意到的地方做得更加显露一些罢了。

③树立和巩固产品形象与企业形象。从表面上看，消费者购买某种产品是因为这种产品的性价比较其他产品更具竞争力，但是从深层次看，消费者的购买过程其实更是对企业价值观、经营管理文化和服务水平的综合判断过程。鉴于此，准确的广告定位不仅可以树立和巩固产品的市场形象，而且可以通过产品市场形象的确立和改善促使消费者形成对企业形象的认同和赞誉。

④有利于商品识别。尤其在我国整体消费水平还较低的情况下，消费者需要更多信息。商品之间的差异有时很重要，在这种情况下，强调商品区别的广告也会显得很有效。

2)广告定位的方法

实施定位战略有各种各样的方法，不论采用何种方法，最终目的都是要发展或强化品牌的某一特定形象在消费者心目中的地位。正确地进行广告定位，需要掌握实体定位与观念定位这两种定位方法。

(1)实体定位

实体定位就是在广告中突出宣传产品的新价值、新功能、新用途，强调与同类产品的差异，以及能给消费者带来的新的或更大的利益，从而加深消费者对该产品的印象。实体定位的着眼点是产品本身的功效与价值，实体定位可以分为功效定位、品质定位、价格定位和市场定位。

①功效定位。就是在广告活动中突出商品的功能，使该商品与同类商品相比功能更明

显，以增加竞争力。它是以同类产品的定位为基础，选择有别于同类产品的优异性能为宣传重点，以此来刺激消费者的购买欲。在进行功效定位的时候，必须注意突出商品的性能，包括突出商品的独特功能、高效率和迅速、安全、节能、新技术等，这样就会使商品的功效深深地印在消费者心中。

碧浪洗衣粉广告只能看见露在外面的夹子、衣架和钢笔，碧浪洗衣粉“真真正正、干干净净”的承诺得到最好的演示，如图 5.2 所示。

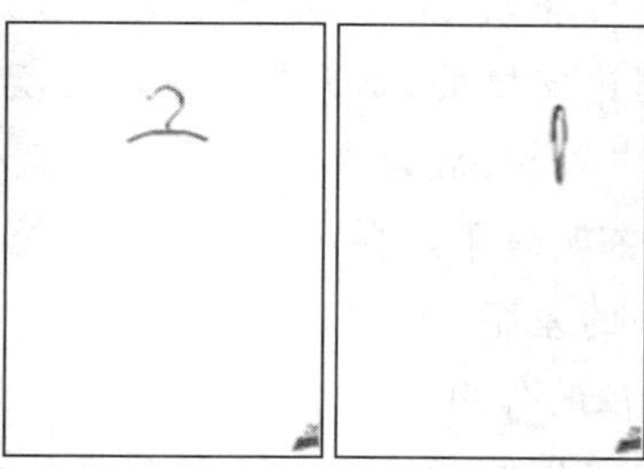

图 5.2　碧浪洗衣粉广告

②品质定位。品质定位是一般产品广告惯用的一种定位方式。品质定位就是强调产品质量卓越，使消费者对本产品感到安全、放心，以增强产品的吸引力。如雪碧饮料的广告语“晶晶亮，透心凉”，准确简洁地把雪碧饮料不含任何色素而且可以消热解渴的特点表现出来；张裕葡萄酒的广告语“传奇品质，百年张裕”，这些都是典型的品质定位。

③价格定位。即利用价格差异制造产品区别的定位方式。广告产品的品质、性能、质量、样式等方面与同类产品相似，在没有吸引消费者特异之处的情况下，广告宣传可以运用价格定位策略，使产品在价格上具有竞争性，从而击败竞争对手，促进销售。一般来说，广告产品的价格定位策略可分为高质高价、低质高价、高质低价、低质低价 4 种方式。如果采用价格定位策略，要根据消费者的消费水平来确定产品价格的高低，可以分为高价和低价两种。产品定位在豪华高档时，多采用高价；定位在日常普及品时，多采用低价。

④市场定位。即着眼于产品在市场上的最佳位置，或者使它与某些特定群体发生联系，强调产品在某一市场或对某一类消费者的特殊意义。如“百服宁”感冒药，专门针对儿童市场，突出了自己的特色。

实时互动：广告定位与产品定位的区别是什么？

(2)观念定位

观念定位着眼于消费者的心理和认知习惯，其特点是通过对消费者的心理诉求，为产品树立一种新的价值观，借以改变消费者的习惯心理，形成新的认知结构和消费习惯。观念定位具体有以下 3 种方式。

①是非定位。又称为反类别定位，是指当本产品在自己所属的某一类别中难以打开市场时，利用广告宣传使产品概念“跳出”这一类别，借以在市场竞争中占据新的、有利的位置。

五谷道场大胆采用了是非定位策略，推翻一切，催生新品类，重新定义市场新规则。五谷道场在更新消费观念上大做文章，创造了一种全新的消费概念——非油炸方便面，人为地将方便面市场划分为油炸型和非油炸型。

②逆向定位。这是一种根据人们持有的逆反思维来定位的策略,逆向定位可能转变消费者的固有观念,达到一个良好的促销效果。采用逆向定位策略应该注意的是:第一,敢于在竞争中与名牌产品或公司对抗,并不一定要打败对手,但可借此迅速提高自己的知名度;第二,本企业产品在质量、性能、价格、销售方式等方面,必须有十分明显的若干潜在优势;第三,本企业要有雄厚的财力支持。

◎**典型案例**

现在国内的醋饮料,"天地一号"采取的也是这样的策略,将自己与酒类饮料做区隔,一直在宣传吃饭不喝酒喝什么,喝天地一号,这样的策略,似乎更安全。农夫山泉采用的也是逆向定位,以自己只卖天然水而成功区隔所有纯净水。

③对抗竞争定位。这种定位方式以大企业为依靠,衬托发展自我。企业不服输,与强者对着干,以此显示自己的实力、地位与决心,并力争取得与强者一样的甚至超过强者的市场占有率和知名度。对抗竞争定位是定位理论的一个分支,在实践当中,曾为多数企业采用。

5.2.2　广告主题策划

一个广告,必须有鲜明的、突出的主题,使人们在接触广告之后,很容易理解广告要告诉他们什么,要求他们做什么,从而促使他们产生购买行动。在广告目标确定之后,首要的是确定广告主题。

1)广告主题的构成要素

广告主题是广告为了达到某种目的而向人们阐述的某种概念和观点,它是广告的灵魂之所在,是广告的中心思想。广告主题决定了广告信息的内容、创意和表现。广告主题因不同性质的商品或服务、市场需求的态势及变化,以及广告对象和广告媒体的差异而精心策划,有所侧重。

广告主题是由广告目标、信息个性和消费心理3个要素组合而成的。用公式表示,即:

广告主题=广告目标+信息个性+消费心理

该公式可用图5.3来表示。

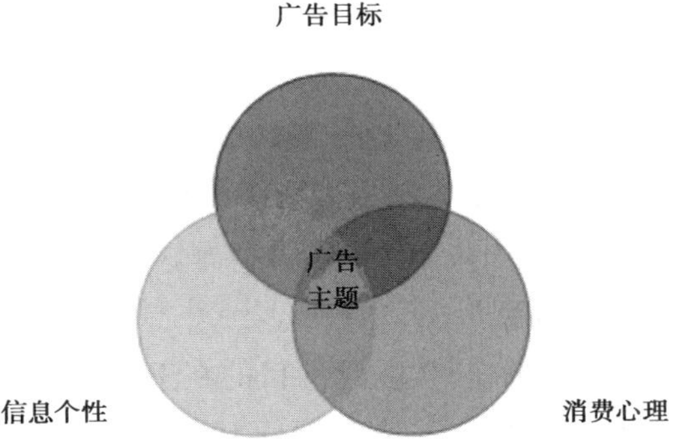

图5.3　广告主题示意图

(1)广告目标

广告目标是根据企业营销决策、广告决策而确定的具体目标,即广告要解决"对谁说、说什么、怎么说"的问题。广告目标是广告主题的基础和依据,广告主题要服从和服务于广告目标。

(2)信息个性

信息是指广告内容,一般来说,广告内容主要是指宣传商品、企业、观念、劳务等。个性则指上述信息的突出差异性。所以信息个性主要是指广告的商品(或企业、劳务)的突出特点。因此,信息个性也称为销售重点,广告诉求则为诉求重点。

(3)消费心理

成功的广告,往往是先作用于消费者的视觉和听觉,继而激发起心理感应,促进一系列的心理活动,最后导致消费者的购买行为。因此,广告的主题必须顺应消费心理,遵循消费者的心理活动规律,以增加广告的表现力、吸引力与诱导力。广告主题要迎合消费者的心理需求,吸引消费者注意,唤起消费者的兴趣,使其产生购买欲望,继而加深消费者印象,产生购买行为。

实时互动:蒙牛酸酸乳的广告"酸酸甜甜就是我"和伊利优酸乳的广告"青春滋味,自己体会"的广告主题分别是什么?

2)确定广告主题的题材

对于广告主题的策划来讲,同一个主题可以选择不同的题材加以表现。广告主题的题材是非常丰富的,如人类对生存和长寿的欲望——健康;满足生理上饥餐渴饮、营养滋补、延年益寿等自然需求,讲求食品的色、香、味,讲求饮食环保、方便、舒适等享受需要——食欲;促进社会成员的健康社会活动——社交;等等。

◎典型案例

下面以沃尔沃汽车广告为例来分析广告主题题材确定的问题。

沃尔沃汽车在世界各地都是以"安全"作为营销策略,谋求与其他竞争品牌形成差异。其中,有一则广告,画面上有一部 VOLVO-240WAGON 汽车,一个 3 岁多的小女孩依偎在妈妈身旁,妈妈则一只手扶着小女孩的肩膀,一只手抚摸着身怀六甲的肚皮,面露出满意的微笑。广告标题是:世界上只有一个地方能比沃尔沃汽车更安全地置放您的宝宝。

将沃尔沃汽车"安全"的销售重点与消费者对安全的心理感受相结合,进行沃尔沃汽车的广告主题策划,体现沃尔沃汽车令人安心驾驶的概念。

3)确定广告主题应注意的问题

广告主题是为广告目标服务的,广告主题的目的在于传达销售信息,告知产品价值,以引起受众的兴趣,从而诱发购买动机或采取购买行为。广告主题的任务对广告主题的选择有一定的要求,这是在确定广告主题时应注意的问题。

(1)广告主题要通俗易懂

如果广告让人看不出含义,不知所云,它也就失去了应有的作用。所以,广告必须能让人看明白,了解其主旨,这样才能产生较深刻的印象。

飞利浦的"让我们做得更好"这则广告,语气中透着自信,与飞利浦优秀的企业形象吻合,给人以丰富美好的联想。

(2)广告主题应单纯、集中、精练

最好的广告主题以及广告策略,通常是由对单一目标市场的一种清晰、实用的利益,或者一个解决问题的方法构成的。广告主题应该力求单纯集中,不要试图对太多的人说话,策划者应避免罗列出一大堆的利益。

如汇源果汁的电视广告中,每个场面,每个镜头,都用于突出果汁原料——苹果,这也是产品品牌。画面中的各种场景,反复出现半空中跳动的苹果,苹果幻化为果汁盒等,就连孩子们在画室中作画,也画的是苹果。广告主题单纯而集中,同时表现又有变化和趣味,很好地表现了广告主题。

(3)广告主题应保持统一性和连贯性

这是形成明确市场定位和独特销售力的要求。一贯和连续性的广告主题可对消费者起潜移默化的作用,有利于建立牢固的印象。相反,频繁地更换广告主题,一方面会增大广告开支;另一方面,还可能造成认知混乱。

(4)必须为消费者提供利益承诺

承诺的核心是产品的价值,即产品能够替消费者解决什么问题,能够给消费者带来多大好处。如果广告中难以发现有效的承诺,即消费者在广告中看不到广告产品会给自己带来哪些好处,会实现自己的什么利益,他就不会对广告产生兴趣。

5.2.3 广告创意策划

在现代广告运作体制中,广告策划成为主体,创意则居于中心,是广告之眼,是广告的生命和灵魂。广告大师奥格威认为"好的点子"即创意。要吸引消费者的注意力,同时让他们来买你的产品,非要有好的点子不可;除非你的广告有好的点子,不然它就像快被黑夜吞噬的船只。

1)广告创意的内涵

广告创意就是为实现广告目标,广告人员根据市场调查结果、商品特性和公众心理对广告的主题、内容和表现形式所做出的创造性思维活动和艺术构思。

广告创意不同于广告制作,广告创意是通过艺术手段将广告主题完美地表现出来,从而使产品形象更加醒目、突出,给受众留下深刻的印象。广告创意要以广告主题为核心,以广告目标对象为基准,以新颖独特为生命,以诙谐幽默为手段,以形象化为表现形式,做到原创性、相关性和震撼性。

◎典型案例

国外某广告公司为某汽车设计了"我家的汽车会思考"的广告词,以夸张的手法表现了该产品独特的定位特点,在多次广告评比中获奖。然而当该汽车在台湾销售时,该广告词却令许多消费者"无法理解",认为太离奇,甚至怀疑其中吹嘘成分过大。这种差异没有谁是谁非之分，只能说明国外某广告的文化表现手法与台湾大众的理解没有共通点。所以，在创意时强调共通点十分必要，只有产品及其广告得到了目标市场的受众在情感和认知上的认同，创意人的意图才能被理解，并最终引发购买。

2）广告创意的基本原则

广告创意唯有遵循一定的原则，才有可能成就成功的广告。广告创意的原则主要包括简洁性原则、关联性原则、独创性原则、震撼性原则。

（1）简洁性原则

创意的第一要素就是必须做到简洁、明确，而不是把简单问题复杂化。一个简洁的创意和艺术处理就能强有力地把意念表现出来。

不要指望一个创意能够表达多个内容，坚持创意的简洁性原则，明白“少就是多，多就是少”的道理。

麦当劳这则广告创意十分简洁。红色的背景上，只出现四根薯条组成的 Wi-Fi 信号满格符号。只在广告牌的一角有麦当劳的标志，使人一目了然，创意相当明了，如图 5.4 所示。

（2）关联性原则

广告创意中的意象组合和广告主题内容存在紧密的关联。广告必须时刻围绕着产品和品牌展开创意，无法被消费者理解或者不能引起消费者对产品和品牌的联想认知的广告创意，根本无法起到应有的广告效果，也不会是有效的创意。

关联体与商品特性的关联性越强，消费者就越能够理解，广告效果就越好；关联体可以是生活中的人们所熟悉的具体的人、物、事，也可以是消费者广为认同的道理、观念等。

必治妥维生素 E 面霜的主要功效是可以消除眼睛周围的鱼尾纹，在平面广告中，就把眼睛这一意象嵌合到鱼的意象中。广告语是“维生素 E，越纯越天然，越会捕鱼”，如图 5.5 所示。

图 5.4　麦当劳广告

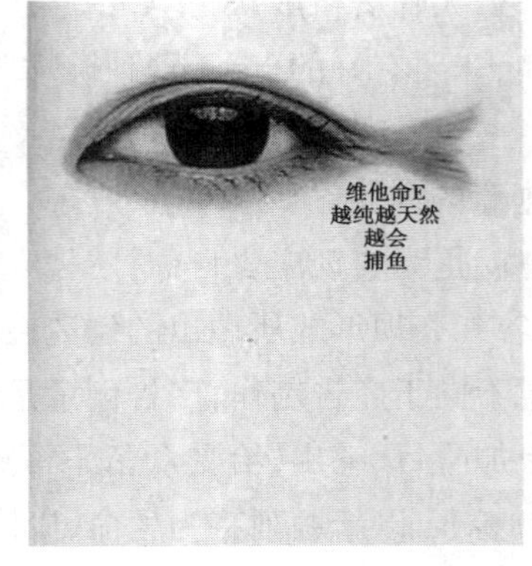

图 5.5　必治妥维生素 E 面霜广告

(3)独创性原则

独创性原则是指广告创意不能因循守旧、墨守成规，而要勇于标新立异、独辟蹊径。独创性的广告创意具有最大强度的心理突破效果。与众不同的新奇感是引人注目，且其鲜明的魅力会触发人们产生强烈的兴趣，能够在受众脑海中留下深刻的印象。长久地被记忆，这一系列心理过程符合广告传达的心理阶梯的目标。

(4)震撼性原则

震撼性，是指广告创意在瞬间引起受众强烈的关注并在心灵深处产生震动的能力。广告创意若能对受众心理产生巨大的震撼力，其广告信息的传播效果就能更有效地达到预期的目标。

香港"铁达时"手表的广告是一则典型的引起大众共鸣的广告——"不在乎天长地久，只在乎曾经拥有"，配以兵荒马乱年代的动人爱情场面，使消费者对该品牌产生了强烈的共鸣。

◎资料链接

关联性(Relevance)、原创性(Originality)、震撼性(Impact)，这3个原则又被称为ROI理论，是20世纪60年代的广告大师威廉·伯恩巴克(William Bernbach)于20世纪60年代创立的一套广告创意理论。

实时互动：

"广告是推销技术，不是抚慰，不是纯粹美术，不是文学，不要自我陶醉，不要热衷于奖赏，推销是真枪实弹的工作。"

"每一个广告，都是商品形象的长期投资，丝毫不允许有冒渎印象的行为。"

以上所述印证了广告创意的哪一条表现原则？

3)几种经典的广告创意方法

广告创意是一种新颖独特、别具一格的创造性的思维活动，但它并非天马行空、率意而得。思维方法于广告的成败关系极大，运用适当的方法和技巧，是广告创意获得圆满成功的根本保证。

一般来说，广告创意的思维方式有4种。

(1)垂直思维法

垂直思维法也称纵向思维法，是指传统逻辑上的思维方法，它按照一定的思考路线进行思考，即在一定的范围内向上或向下进行纵向思考。其主要特点是思维的方向性与连续性。

垂直思维法的优点是思路清晰，比较稳定；缺点是思考的空间有局限性，容易使人故步自封，脱离实际，使创意缺少创新，重复雷同。如许多广告反复强调"省优、部优""金奖产品"，这种公式化的标榜毫无新意可言。

(2)水平思维法

水平思维法也称为横向思维法，是指创意思维的多维性和发散性。它要求尽量摆脱固有模式的束缚，多方向、多角度、多方位地思考问题，不断寻求全新的创意。和垂直思维法不同，水平思维法就像是跳出原有的洞，再去挖一个又一个的新洞；丢下原有的塔，再去垒一个又一个的新塔。

水平思维法能弥补垂直思维法的不足，克服固执偏见和旧观念对人的束缚，有利于人们突破思维定式，获得创造性构想；但水平思维法是有一定难度的，因为它没有现成的依据，没有确定的方向，而习惯意识往往很顽固。

例如，三家饰品店的故事，说的是在一条街上开着三家相邻的饰品店，竞争十分激烈。第一家饰品店的广告是："2019 年开业，专卖上等饰品"；第二家饰品店也做了一则广告："2019 年开业，专卖最新饰品"；第三家饰品店夹在中间，它的广告是："主要入口处"。故事的真实性并不需要加以考证，但它确实对水平思维法做了最好的诠释：第二家饰品店运用的是垂直思维法，顺着第一家饰品店的思路深入，而第三家饰品店却跳出前两者的思路，采用了水平思维法，另辟蹊径，显得高人一筹。

(3)会商思维法

会商思维法也称为集脑会商思维法、头脑风暴法、脑力激荡法或智力激励法，由美国 BBDO 广告公司(无联广告公司)负责人奥斯本于 20 世纪 40 年代提出，当时称为动脑会议(Brainstorming)。其方法是集中一批专家、技术人员和其他有关人员共同思考，集思广益，寻求最佳广告创意。参加会商的应当有各种知识类型和各种思维方式的人员，在会商思维过程中，大家相互启发，相互激励，相互补充，通过头脑激荡，使众人的智慧形成一种更高层次的智慧组合。目前我国一些大型广告公司普遍采用的创意方法就是会商思维法。

尽管会商思维法有诸多优点，但也有无法掩饰的缺陷，因而有人对它提出了强烈批评。批评的焦点集中在它阻碍了具有独创性的广告人的创意力量，迫使优秀的创意者去迎合那些缺乏创造力的成员提出的平庸的构想。

(4)"二旧化一新"法

"二旧化一新"法也称为创意的行动、解放的行动，以创造力击败习惯。它是由亚瑟·科斯勒在研究人类心智作用对创意的影响时提出的。由于在实践过程中对创意的构想和发展影响很大，因此人们把它当作一种创意方法而加以推广和运用。

"二旧化一新"是两个原来相当普遍的概念，可能是两种想法、两种情况或者两种事物，把它们放在一起，结果会神奇般地获得某种突破性的新组合；有时，即使是完全对立、互相抵触的两个事件，也可以经由"创意的行动"和谐地融为一体，成为引人注目的新构想。澳大利亚一家广告公司为吸引空中游客，打出了"下雨，免费旅游"的广告。下雨与旅游本是一对不可调和的矛盾，但这个不合常理、一反常规的荒唐组合却产生了极佳的广告效果，航空公司的年营业额增加了 30%，且连续数年不衰。

5.2.4 广告媒体策划

广告媒体策划既关系到广告效果的好坏，又关系到广告投入的多少。能否以最小的广告投入达到最大的广告效果是广告媒体策划的关键。

1)广告媒体概述

(1)广告媒体概念

媒体，又可称为媒介，属于典型的外来语，即英语 Media。媒体为 Media 的意译，媒介为 Media 的音译，在应用中，两个词基本通用不加区分。其意为"手段"或"工具"等。

广告媒体就是指在广告活动中负责把商品与劳务信息传递给目标受众的物质载体,即能够被用以向消费者传递广告信息的中介物。任何一种事物,只要加上广告信息,都可以成为广告活动的载体,即广告媒体。所以广泛地讲,凡能在广告主与广告对象之间起媒介和载体作用的物质都可以称为广告媒体。

(2)广告媒体的分类

现代广告媒体越来越多样化,但总的来说,报纸、杂志、广播、电视这四大广告媒体仍是主导媒体。从发展趋势来看,电脑网络有取代传统媒体成为强势广告媒体之势。不同媒体,其传播对象范围、视听效果、成本费用、可信度和权威性、利用条件或适用性,都有很大不同。

按照传播手段的不同,广告媒体划分为印刷媒体、电子媒体和其他媒体。按受众数量,广告媒体可分为大众媒体、中众媒体、小众媒体。按广告受众接触时间的长短,广告媒体可分为长期媒体和短期媒体。按照信息能够传达到的地区范围,广告媒体可分为全国性媒体和地区性媒体。按照媒体信息传播诉诸受众的感觉形式,广告媒体可以分为诉诸视觉媒体、诉诸听觉媒体。

2)选择广告媒体

广告媒体的选择是一个与众多因素密切相关的过程,一般而言,影响广告媒体选择的因素主要有以下4个方面。

(1)传播对象

影响广告媒体选择的首要因素,是广告信息的目标受众,只有对广告信息的传播对象有了明晰的概念,才能有针对性地选择能够直达传播对象的媒体和媒体组合。

广告媒体的传播对象就是接触广告媒体的视听众。这些传播对象在年龄、性别、民族、文化水平、信仰、习惯、社会阶层等方面有什么特征,他们在什么地方居住、数量如何,他们经常接触何种媒体、接触媒体的习惯方式如何等,都要进行详细的研究。媒体选择人员对广告传播对象的情况与资料掌握得越多,分析得越透彻,那么他们就越容易发现最佳的广告媒体与媒体组合。

(2)产品特性

广告产品特性与广告媒体渠道的选择密切相关。广告产品的性质如何,其具有什么样的使用价值,其质量如何、价格如何、包装如何、产品服务的措施与项目以及对媒体传播的要求等,这些对广告媒体的选择都有着直接或间接的影响。因此,必须针对产品特性来选择合适的广告媒体,使之有效地展示商品的特性。

(3)市场竞争

竞争对手广告战略与策略,包括广告媒体的选择和广告成本费用情况,对广告主(或广告代理)的媒体选择也有着显著的影响。竞争对手的广告宣传媒体是企业选用媒体的重要参照体系,它可以有效地强化广告媒体的针对性和对抗性,强化广告的竞争效用。

(4)广告费用

广告费用即广告主投入广告活动的资金费用使用计划,包括规定在广告计划期内从事广告活动所需的经费总额、使用范围和使用方法。一个广告主所能承担的全部广告费用的多少,对广告媒体的选择产生直接的影响。因此,广告主应根据自己的财力情况,在广告预算许可的范围内,对广告媒体做出最合适的选择与有效的组合。

3)运用广告媒体组合策略

(1)广告媒体组合的方法

①视觉媒体与听觉媒体的组合。视觉媒体指借助于视觉要素表现的媒体,如报纸、杂志、户外广告、招贴、公共汽车广告等。听觉媒体主要借用听觉要素表现的媒体,如广播、音响广告、电视可以说是视听觉完美结合的媒体。视觉媒体更直观,给人以一种真实感;听觉媒体更抽象,可以给人丰富的想象。

②大众媒体与辅助媒体的组合。大众媒体指报纸、电视、广播、杂志等传播面广、声势大的广告媒体,其传播优势在于"面"。但这些媒体与销售现场相脱离,只能起到间接促销作用。辅助媒体主要指邮寄、招贴、展销、产品介绍小册子以及各种户外广告等传播面小、传播范围固定、具有直接促销作用的促销媒体。它的优势在于"点",可以直接刺激消费者的购买欲望。在采用大众媒体的同时又配合使用促销媒体能使点面结合,起到较好的直接促销的效果。

③瞬间媒体与长效媒体的组合。瞬间媒体指广告信息瞬时消失的媒体,如广播、电视等电波电子媒体,由于广告一闪而过,信息不易保留,因而要与能长期保留信息,可供反复查阅的长效媒体配合使用。长效媒体一般是指那些可以较长时间传播同一广告的印刷品、路牌、霓虹灯、公共汽车等媒体。

④同类媒体的组合。广告媒体也可在同类媒体中进行组合。在同类媒体中,又有全国性的、地方性的和专业性的媒体的区别和组合。

(2)采用广告媒体组合应注意的问题

广告媒体的组合并不是把几种媒体简单地拼凑起来,而是根据各种媒体自身的特点,按照广告媒体选择的原则进行科学合理的搭配。因而广告媒体的组合,除了遵循广告媒体选择的原则之外,还必须注意以下两个问题。

一是媒体组合应尽可能涵盖所有的广告对象。实现这一目标的做法有:其一,将所有选用的广告媒体的覆盖域加在一起,以检查该媒体组合的总覆盖面是否可以将大多数,甚至绝大多数广告对象涵盖在广告信息的传播范围之内;其二,将选用的广告媒体的针对性累加起来,看广告必须对准的目标市场的消费者是否都能接收到广告信息。

二是尽量突出重点广告对象。在媒体组合中,通常会出现两种或两种以上媒体的影响力重叠在一起的情况。在媒体组合时,应考虑在哪些媒体上多投入广告费,以增加其对重点目标对象的影响力,同时削减另外一些媒体上的广告费,以免在非目标对象或非重点目标对象上花费过多的广告费。

实时互动:依据广告诉求如何选择媒体?

【任务演练】

运用广告策划的具体策略

演练内容:

通过对华为、苹果、Vivo 等手机品牌广告活动进行分析,总结其各自的广告定位策略。

演练要求:

1.以小组为单位,选择华为、苹果、Vivo 等其中一个手机品牌,分析其中各品牌的广告定位方法、广告主题及广告创意。

2.以小组为单位,在课堂上展开讨论。

任务3 广告策划方案设计

【导入案例】

L公司的广告策划方案

中国L公司在计算机制造业是行业老大,在电子产品方面不断给世人带来惊喜。为了让大家能够更方便、快捷地分享多媒体资料,许多创意大师在原有的功能上都相继设计了许多新型号的多媒体电子设备,以致有一大堆惊人的想法。其中一个就是便携式的小型投影仪。当你想放大观看图片或欣赏更宽银幕的电影时,你只需要把它和iPad或iPhone连接起来,就可以直接将图片和电影投射在银幕或者墙上。这种产品的推出,将会大大简化媒体文件的分享,而且看上去也有趣得多。

L公司对该产品有很大的兴趣并想进一步扩大公司的市场份额。该产品现已研制成功并且即将强势进入市场,在推出之前,他们不但要反复测试产品的质量,而且还要商定产品的广告策划。为此,他们请来了专业的广告策划公司为他们量身打造广告策划方案,取得了很好的效果。

问题讨论:假设你是该策划公司的一名策划人员,你认为L公司撰写广告策划方案应注意哪些要求,广告策划方案由哪些要素组成呢?

前面已详细探讨了广告策划的内容,广告策划的具体流程及基本策略,但仅有这些不能称为一个完整的广告策划,还应该把这些内容与具体流程通过文字的方式表达出来,以形成广告策划方案,并以此作为广告有效实施的蓝本。

5.3.1 广告策划方案的分类及步骤

从不同的角度可将广告策划方案分成不同的类型。在具体的操作过程中,可依据实际需要选择相应类型的策划方案。

1)广告策划方案的类型

(1)按时间分

①长期策划方案。长期策划方案,也称广告战略规划,是指两年以上的广告策划方案,是根据企业营销的长远规划而制订的大型广告计划。

②中期策划方案。中期策划方案,也称年度广告策划方案,指一年的广告策划方案。它

是根据企业营销战略规划并结合规划期内的实际情况而制订的具体广告活动安排。

③短期策划方案。短期策划方案，可分为季度广告策划方案或月度广告策划方案。它是指一个季度或一个月之内的广告策划方案，是在较短时间内对广告活动的具体安排。

④临时广告策划方案。临时广告策划方案，指就临时性的广告任务所制订的广告计划，通常是针对市场营销需要和变化所做的机动性、补充性的广告策划方案。

(2)按环节分

按广告活动的环节，广告策划方案可以划分为广告调研策划方案、广告媒体策划方案、广告制作方案、广告传播方案、广告公关策划方案和广告预算方案等。

(3)按内容分

①专项广告策划方案。专项广告策划方案，是为单项产品或劳务而制订的广告计划。它主要宣传某一项产品或某一项劳务。

②综合广告策划方案。综合广告策划方案，是为企业多项产品或多种劳务而制订的广告计划。它通常宣传两项以上的产品或劳务。

(4)按媒体分

①组合媒体广告策划方案。组合媒体广告策划方案，是指运用两种以上媒体传播广告信息的广告计划。如报纸、杂志、电视等媒体组合宣传某一产品或劳务的广告计划。

②单一媒体广告策划方案。单一媒体广告策划方案，是指广告只运用一种媒体传播广告信息的广告计划。如路牌广告计划、报纸广告计划等。

(5)按广告地区分

按广告地区划分，广告策划方案可分为国际性广告策划方案、全国性广告策划方案、区域性广告策划方案和地方性广告策划方案。

2)形成广告策划方案的步骤

广告策划方案的拟订，大致分为 3 个阶段。

(1)分析研究

这是撰写广告策划方案的准备阶段。对广告活动的策划不可能凭空虚构、闭门造车，而是要深入市场，在调查研究后提出设想。在这个阶段，主要收集有关市场、企业、产品、消费者以及与广告活动相关的外部环境资料，加以分析。

(2)拟订策划方案纲要

在第一阶段分析研究的基础上，拟订广告策划方案的基本框架、大致内容和重点部分等。

(3)拟订具体执行计划

根据策划方案纲要的要求，写出广告策划方案。

5.3.2 广告策划方案的结构

在完成广告调查、研究和分析，制定出广告策略并确定广告目标之后，应将广告策划的结果编制成广告策划方案。广告策划方案是对一系列广告策划成果的提炼和综合，也是广告代理(广告公司)给广告客户(广告主)的一份作战计划。

1)广告策划方案的写作格式

广告策划要对整个广告活动进行全面的策划,其形式结构一般包括封面(标题)、目录、前言、正文。如果内容很复杂,正文部分又可分为广告计划书、媒体计划书、广告预算书及广告总结报告4个文案。如果内容较为简单,则4个文案分别作为一个部分组成广告策划方案。下面以后者为主具体说明广告策划方案的写法。

(1)封面

封面是广告策划方案的外包装,一般应写明标题、策划单位名称和策划时间。

标题一般由产品名称和文种组成,如《联想手机广告策划方案》。

策划单位名称要写全称,必要时要标注策划人或组织机构成员姓名。

策划时间是指策划方案编制完成的时间。

(2)目录

广告策划方案的目录应该列举广告策划方案各个部分的标题,必要时还应该将各个部分的联系以简明的图表体现出来。这样做,一方面可以使策划文本显得正式、规范;另一方面也可以使阅读者能够根据目录,方便地找到想要阅读的内容。

(3)前言

前言部分应简明概要地说明广告活动的时限、任务和目标,必要时还应说明广告主要的营销战略。这是全部计划的概要,它的目的是把广告计划的要点提出来,让企业最高层次的决策者或执行人员快速阅读和了解,使最高层次的决策者或执行人员对策划的某一部分有疑问时,能通过翻阅该部分迅速了解细节。这部分内容不宜过长,所以有的广告策划方案称这部分为执行摘要。

(4)正文

正文一般包括市场分析、广告目标、广告定位、广告创意表现、广告媒体、广告预算、广告实施计划及广告效果评估与监控等。

①市场分析。市场分析是广告策划和创意的基础,是在市场调查基础上对广告产品进行定量和定性分析,从而说明产品在市场竞争中具备的优点和缺点。该部分一般运用叙述和说明的表达方式。如果要针对性地提出广告产品改进或开发建议,就要运用适当议论。

②广告目标。广告目标是广告活动要达到的目的。方案要对广告目标进行量化的具体表述,包括开展广告活动后,企业或产品的知名度及美誉度提高的百分比、市场占有率提高的百分比等各项具体指标。

③广告定位。广告定位包括广告对象和广告地区定位,要根据产品定位和市场研究确立目标消费者和目标地区。方案不仅要准确表述定位对象,而且要对理由做适当分析。

④广告创意表现。这是广告策划的重点。广告创意是极其复杂的创造性思维活动,其作用是要根据信息个性和消费心理确定新颖而又正确的广告主旨。广告创意表现是由决策进入实施的阶段,即广告的设计制作。其质量的好坏直接关系到广告策划方案的优劣。

⑤广告媒体。媒体策划是针对既定的广告目标,在一定的预算约束下对媒体的选择、组合和发布的策划和安排。广告策划方案要具体地说明媒体策划的内容,以便于执行。

⑥广告预算。广告预算是广告公司对广告活动所需费用的计划和估算。广告策划方案要对广告活动的经费总额、使用范围和使用方法进行准确编制和说明。

⑦广告实施计划。这是广告策划在上述各主要内容的基础上,为广告活动的顺利实施而制订的具体措施和手段,要在方案中具体说明广告时间、广告区域、广告形式、发布频率等内容。

⑧广告效果评估与监控。广告效果评估与监控是为了了解是否达到广告目的或是否产生对其他方面的影响。因此,在广告策划方案中要制订出评估与监控的内容和方法。

在实际撰写广告策划方案时,上述 8 个部分可根据实际情况增减或合并分列。小标题也可有不同的表述,如广告实施计划也可表述为广告策略,广告创意表现和广告媒体选择与规划可表述为广告战略,最后一部分可改为结束语或结论。

2)广告策划方案写作范例

广告策划方案要给出市场分析的结果、广告投放方式和广告效果预期。以下是某学习机销售企业的广告策划方案(表 5.2),供读者参考。

表 5.2　某学习机销售企业的广告策划方案

<table>
<tr><td rowspan="2">方案名称</td><td rowspan="2">学习机广告策划方案</td><td>编　号</td><td></td></tr>
<tr><td>执行部门</td><td></td></tr>
<tr><td colspan="4">1.广告目标
本公司生产经营的××牌学习机,目前在全国市场上的份额大概能占到 25%,在行业内处于领先位置,与另外两家企业呈鼎立之势。为了进一步扩大市场份额,增加销售额,维护及改善企业形象和品牌形象中的不足,特订立此广告方案,预计在一年内将市场份额提高到 35%左右,年销售额可达 2 亿元。
2.市场分析
(1)市场概况
①学习机目前在国内拥有巨大的市场空间,预计未来两年内将达到 3 亿元的年销售额。
②市场的消费群体主要为学生,其中以中学生为主,也有部分大学生和小学生。对学习机市场的调查结果显示,可以确定学习机的购买决策者主要为学生家长,学校老师的意见也影响着学生对学习工具的选择和购买。
③本企业目前在市场上和另外两家竞争对手呈鼎立之势,与其相比,本企业的产品品质更好,功能比较齐全,操作性强,也更符合消费群体的需求,且价格便宜。但过去本企业在广告方面的投入一直都不够大,因此,本企业计划加大广告投入力度,并在销售终端配合促销措施,将市场份额提高到 35%左右,力争在行业内处于领头羊的位置。
(2)与竞争对手广告的比较分析
本企业和另外两家竞争对手相比,在以往广告活动中的广告特点如表 1 所示。</td></tr>
</table>

续表

表 1　企业与竞争对手广告特点对比表

类　别	A 企业	B 企业	本企业	是否合理/改进措施
费用投入				
目标市场策略				
产品定位策略				
广告诉求策略				
广告表现策略				
广告媒介策略				
广告效果评估				
备注				

3.广告计划

(1)广告时间

本次广告活动把广告实施阶段分为印象导入期、形象加深期及形象巩固期 3 个阶段,具体的时间安排如表 2 所示。

表 2　广告时间安排表

时　期	时间表
印象导入期	____年____月____日至____年____月____日
形象加深期	____年____月____日至____年____月____日
形象巩固期	____年____月____日至____年____月____日

(2)广告表现

①广告主题:从学生家长的角度出发,“帮助您的孩子,实现您未能实现的梦想!”

②广告创意:

◇形象代言人:公司聘请××作为本公司学习机的代言人,着力将代言人的形象与产品形象进行整合包装,达到形象统一。

◇广告宣传片(共三部)。

主要侧重于学习机对学生学习的帮助作用,画面描写学生埋头苦学的场景,学习机出现后场景简化,成为学生的良师益友。

主要突出××学习机课程辅导作用,以减轻学生负担为主。

主要强调××学习机对帮助学生提高成绩的突破性作用,请相关专家及考试优胜者进行现场说教,用事实证明××学习机的作用。

◇报纸图片:主要突出××学习机的品牌形象及主要功能。

◇户外广告:设计巨幅学习机图片,突出××学习机的品牌形象。

(3)广告媒介

本次广告选择媒体为电视、报纸及户外广告,在 3 个不同的广告实施阶段采用不同的媒体组合。

续表

①导入期广告媒介计划。

◇印象导入期的时间选择:由于该段时间为学生暑期休息期间,同时也是为下学期做准备时期,家长尤为关心孩子下学期的学业,因而选择在这段时间开始投入广告可以起到事半功倍的效果。

◇导入期的媒体选择:主要采用电视广告与报纸广告相配合的方式,电视播放广告为A类广告宣传片,每天进行高密度、大范围的广告宣传。

◇配合活动:可以搞一些学习机的现场咨询活动,以引导广大家长帮助孩子选择学习机。

②形象加深期广告媒介计划。

◇形象加深期的时间选择:该段时间一般位于学校每一学期的前半段,学生的主要任务是进行知识储备,家长对孩子学习工具的选择并不着急。

◇形象加深期的媒体选择:仍然采用电视广告与报纸广告相配合的方式,但投放比例要向报纸倾斜,电视播放广告为B类广告宣传片,每天播放频率可以适当降低。

◇配合活动:可以配合学校开展一些校内活动,以加深学生对学习机品牌的印象。

③形象巩固期广告媒介计划。

◇形象巩固期的时间选择:该段时间一般位于学校每一学期的后半段时间,学生的主要任务为准备考试,家长对学生成绩极为关注,因而对学生学习工具的选择也极为重视。

◇形象巩固期的媒体选择:形象巩固期的媒体采取多种组合方式并行的策略,电视广告、报纸广告及户外广告全部推出,电视播放广告为C类广告宣传片,每天播放频率达到最高。

◇配合活动:组织一些学习宣讲及学习时间控制的咨询活动,强调学习机在学习过程中的帮助作用。

(4)广告投放计划及预算

①电视广告:从电视台的收视率出发,对潜在目标消费人群的分布与习惯以及广告效果等进行分析,建议从××省电视台、××市电视台、××频道投放广告。

◇××省电视台。

A.播放报价:××省电视台套餐____次/天,报价____万元/月,优惠____%,合计____万元/月。

B.播出时间(略)。

◇××市电视台。

A.播放报价:××热线前____秒,____次/月,报价____万元/月,优惠____%,合计____万元/月。

B.播出时间(略)。

◇××频道。

A.播放报价:新闻后____次/天,____分钟专题,报价____元/天,优惠____%,合计____万元/月。

B.播出时间(略)。

②报纸广告:考虑到××地区的实际情况,建议投放《××都市报》《××晚报》。

◇××都市报:半版,报价____万元,优惠____%,即____万元,投放次数视每周促销活动量与周期而定,暂定为____期,合计____万元。

◇××晚报:整版,报价____万元,优惠____%,即____万元,投放次数视每周促销活动量与周期而定,暂定为____期,合计____万元。

③户外广告。

◇市区灯杆悬挂条幅(____米×____米):报价____元/(周·条),优惠____%,____元/(周·条),建议悬挂50条,____周时间,共计____元/月。

④广告预算:广告预算如表3所示。

续表

表3 ××学习机各项预算汇总表

广告阶段	预算项目	预算内容	预算金额	责任人
导入阶段	电视广告	电视宣传片制作、播放等		广告主管
	报纸广告	报纸广告设计、投放等		广告主管
加深阶段	电视广告	电视宣传片制作、播放等		广告主管
	报纸广告	报纸广告设计、投放等		广告主管
巩固阶段	电视广告	电视宣传片制作、播放等		广告主管
	报纸广告	报纸广告设计、投放等		广告主管
	户外广告	制作、发布、安装等		广告主管
其他	代言人	代言相关费用		市场经理
	其他项目			广告专员
合计				

4.广告活动效果预测及监控

(1)广告活动的效果预测

对广告主题、广告创意、广告文案、广告作品等进行测试,再根据测试结果和企业现状预测将达到的广告效果。

(2)广告效果的监控

①广告媒介发布的监控:由广告主管指派广告专员负责对媒介广告发布进行监控,确保每期广告都按质、按量地进行发布。

②广告效果的测定:广告主管负责对广告效果进行科学测定,确保达到预期效果。

编制人员		审核人员		批准人员	
编制日期		审核日期		批准日期	

5.3.3 广告策划方案的撰写技巧

1)简洁明了

要根据内容的不同,运用图表式、文字式等形式来表达。能用图表说清楚的就不必用文字,能用一句话说清楚的问题就不用两句话。

2)层次分明

要有条不紊,首先要把方案的结构安排好,要点分明,重点突出,每一个部分都要紧紧围绕广告主旨展开。

3)善于归纳

编写广告策划方案要用客观、真实的资料归纳出有关事项,并对此进行解释和说明,使决策者明白如此策划或建议的理由。

4)说明资料的来源

在运用相关资料时,必须注明资料的来源,是通过什么途径获得的。资料的可信度有多大、时效性如何、保密性如何等,都应在方案中注明。

【任务演练】

撰写广告策划方案

演练内容：

自选重庆某一本土品牌，按照广告策划流程以及广告策划方案的规范格式要求，撰写一份广告策划方案，具体要求如下。

演练要求：

1.确定题目和行动方案，选定一家广告公司或一家生产企业，确定自己的模拟角色。

2.参与某个项目的广告策划活动，直接体验，亲身实践，边做边学。

3.运用已掌握的理论知识，结合实际，按照操作规程，独立写一篇可行的广告策划方案。

4.向教师和学习小组提交广告策划方案，并准备发言提纲，积极参加学习小组的专题讨论活动，对广告策划方案加以说明。

5.按总结讨论的结果，形成文字。

【重点概括】

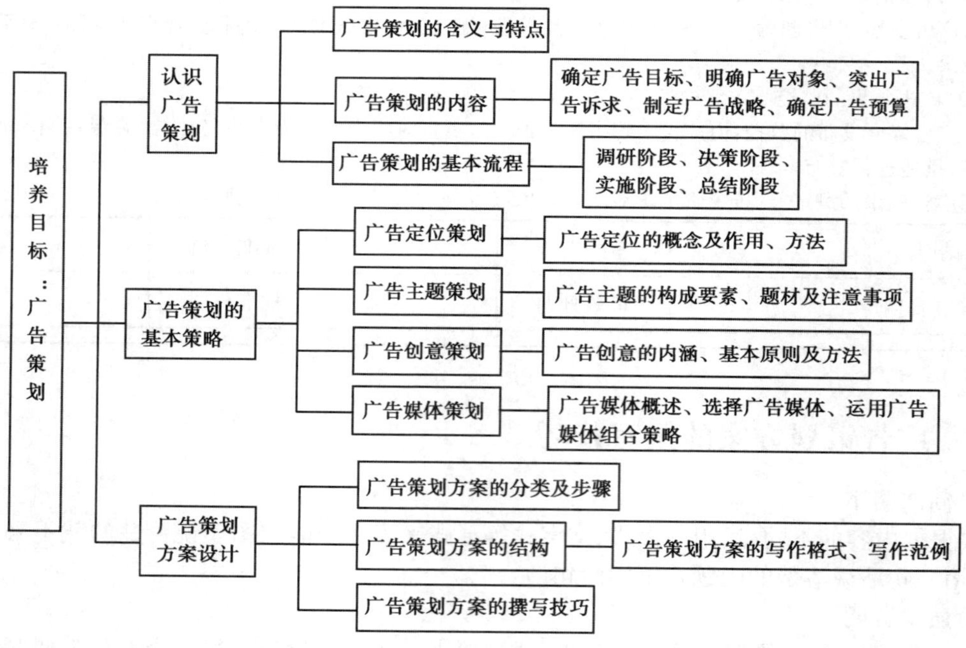

【课后思考】

1.什么是广告策划？进行广告策划应遵循哪些原则？

2.什么是广告创意？广告创意有哪些方法？

3.广告策划方案由哪几部分组成？

【案例分析】

它为什么削减电视广告

旗下拥有汰渍(Tide)、佳洁士(Crest)和帮宝适(Pampers)等知名品牌的宝洁公司在广告攻略方面,一直都主攻电视广告。不过宝洁公司在2005年大幅度削减第四季度的电视广告投入。透过宝洁的广告战略变化,可以发现生产厂商接触消费者的途径以及电视频道的收益渠道这两方面发生了巨大的变化。

近几年来,美国许多大公司对传统电视广告的作用开始表示怀疑,因为科技的发展可以帮助观众跳过广告时间,譬如利用TiVo公司制造的数字录像机就可以做到。据有关行业机构统计,这样的录像设备在美国正变得越来越流行。同时互联网和电子游戏之类的闲暇活动也在争夺目标消费者的电视时间。

思考题:

宝洁公司为什么大幅缩减电视广告投入?

【实训项目】

编制企业广告活动策划书

实训目标:

通过实训,使学生掌握一般广告活动策划的程序、方法及广告创意设计。

实训内容与要求:

1.实训内容

(1)在调研的基础上,运用创造性思维,策划一项活动,制订计划书。

(2)在每个人进行个别策划的基础上,以模拟公司为单位,运用“头脑风暴法”等方法,组织深入研讨,形成公司的广告创意。

(3)进行系统的活动策划,编制公司的广告活动策划书或计划书。

2.实训要求

(1)所策划的活动的内容与主题,既可以由教师统一指定,又可以由学生自选。选题尽可能与所学专业业务相关。

(2)应通过调研,占有较为充分的材料。

(3)要运用创造性思维,所策划的活动一定要有创意。

(4)要科学地规划有关要素,计划书的结构要合理、完整。

实训效果与检测:

1.每个人都要起草一份策划书。

2.撰写公司的策划书或计划书。

3.由教师与学生共同对各公司的策划创意与计划编制进行评估,确定成绩。

项目 6　营业推广策划

【学习目标】

知识目标

- 了解营业推广的含义与特点。
- 理解营业推广的类型。
- 掌握营业推广的手段和方法。
- 理解营业推广的策划要求。
- 掌握营业推广的策划流程。
- 理解营业推广策划方案的结构与设计要领。
- 掌握营业推广策划方案的撰写技巧。

能力目标

- 认知营业推广策划的具体流程。
- 学会促销工具的选择。
- 学会撰写营业推广策划方案。

任务 1 认识营业推广策划

【导入案例】

咖啡店营业推广活动方案

一、活动目的

此次活动主要致力于促进咖啡店商品的销售和提高 Solo Cafe 的品牌形象，扩大 Solocafe 的固定消费群体，进而带动商品的销售；最后通过策划活动提高本咖啡的知名度，树立企业形象。

二、目标顾客

大学生、老师、外教、游客。

三、活动策略

以推广的方式和折价优待策略为主，主打会员卡策略、会员优惠抵用券、定期赠送小礼品和相关微信抽奖活动。

四、推广主题

活动主题（一）：喜迎开学　会员免费申请。

活动主题（二）：工作日特价不断。

五、推广活动方式与组织过程

（一）喜迎开学　会员免费申请

活动时间：2 月 20 日—4 月 20 日

活动内容：随着会员卡的普及，会员管理系统的应用也越来越多地受到关注，对会员卡管理的需要也随之增加，包括会员卡、刷卡器、专用软件、会员卡刷卡管理系统等。

1.推行会员制，可免费申请普通会员，普通会员实行 9.8 折消费优惠。并且实现消费积分政策，一元一积分制，当积分累计到 1 000 分时，升级为“白金卡”，消费实行 9.5 折优惠，当积分累计到 3 000 分时，升级为“钻石卡”，消费实行 9 折优惠，以此类推。

2.增加会员优惠商品（特价商品除外），通过会员优惠刺激商品销售，增加扩大固定消费群。

3.除了在本店粘贴海报外，重点加强网络宣传力度，在抖音、微信、QQ 上加强对优惠活动和特色新品的宣传，并且实行抽奖活动。@5 位好友，有机会获得免费畅饮的机会。

4.实行满额赠送抵用券，满 30 元赠送 2 元抵用券，60 元赠送 5 元抵用券，并限定使用日期，带动下次的消费，通常即使本人不使用，也会赠送给其他消费群体。

5.通过消费，凭购物小票即可在服务台领礼品，每次限领 1 次，礼品可以是印有咖啡店

Logo 的一系列小玩具,比如肯德基的玩具猫,并且定期推出新的系列,有收集爱好的人也会因为收集玩具定期光顾。同时可以加强企业文化的宣传。

(二)工作日特价不断

活动时间:周一到周五。

活动内容:实行每天不同套餐优惠活动。

活动方式:

1.事先组合好周一到周五不同套系的套餐,以主食+饮料的形式,尽量不重复,价格定位在 20~30 元,以低价吸引一部分客源。

2.对外加强宣传。除了以上的宣传方式,这次采用印发小册子到各个宿舍和教室,以及摆放在店里的宣传栏上免费取阅。

3.服务人员可推荐今日特色菜系、最受欢迎食品,以及今日特价食品。

4.收银台安排布置,注明会员优惠和礼物的兑换。

六、前期准备

会员卡的制作、会员积分的程序设计、会员申请表格的制作、宣传海报和小册子的制作、相关网络宣传的人员安排、工作日套餐的制作、菜单的设计、活动人员安排等。

七、推广费用预算

1.宣传海报 10 份,正 16 开,500 元。

2.宣传小册子 1 000 份,A4,650 元。

3.会员卡 1 000 张,1 000 元。

4.刷卡器、专用软件 1 000 元。

5.小礼物 500 元。

6.菜单制作 200 元。

合计 3 850 元。

问题讨论:上述咖啡店营业推广活动策划方案中采用了哪些营业推广的类型?其营业推广策划的要求是什么?

6.1.1 营业推广的含义与特点

1)营业推广的含义

营业推广又称销售促进(Sales Promotion,SP),菲利普·科特勒把它定义为:“刺激消费者或中间商迅速或大量购买某一特定产品的促销手段,包括各种短期的促销工具。”从这个定义可以看出,营业推广是指在短期内为了刺激需求而进行的各种活动,这些活动可以诱发消费者和中间商迅速、大量地购买,从而促进企业产品销量的迅速增长。

企业的营业推广对象包含消费者、中间商、推销员。

2)营业推广的特点

营业推广的方式多种多样,有 6 个明显特点。

①见效迅速。可根据顾客心理和市场营销环境等因素,采取针对性很强的营业推广方法,向消费者提供特殊的购买机会,具有强烈的吸引力和诱惑力,能够唤起顾客的广泛关注,

立即促成购买行为,在较大范围内收到立竿见影的功效。

②有一定的局限性和副作用。有些方式显现出卖者急于出售的意图,容易造成顾客的逆反心理。如果使用太多,或使用不当,顾客会怀疑此产品的品质及产品的品牌,或产品的价格是否合理,给人以"推销的是水货"的错误感觉。

③直观的表现形式。许多营业推广工具具有吸引注意力的性质,可以打破顾客购买某一特殊产品的惰性。它们告诉顾客这是永不再来的一次机会,这种吸引力对那些精打细算的人是非常大的,但这类人对任何一种品牌的产品都不会永远地购买,其是品牌转换者,而不是品牌忠实者。

④活动和政策的短期性。营业推广活动的开展只在一个特定的时期内进行,活动不可能长期开展。活动期间采取的优惠促销政策也只能在活动期内有效,活动结束后营销政策就要恢复到正常水平。如果营业推广经常化、长期化,那就失去了销售促进的意义。

⑤目标明确且容易衡量。营业推广活动的开展都有一个十分明确的营销目标。促销方案是否有效,关键要看活动结束后,促销目标的实现程度。

⑥与沟通群体的互动性,可以形成良好商业氛围和商业关系。营业推广往往需要消费者或中间商积极参与,只有把他们的积极性调动起来,刺激其需求,促进其实现消费,才能达到企业的目的。因此,营业推广方案强调与沟通群体的互动性,形成良好商业氛围和商业关系。

实时互动:营业推广有哪些特点?其局限性在哪里?

6.1.2 营业推广的类型

营业推广的类型常分为3类。

1)针对消费者的营业推广

这一类促销活动的对象是消费者,也是最终购买者,因此是最直接的促销方式,使用频率也很高。其目的是配合广告活动,促进消费者增加购买数量和重复购买。

2)针对中间商的营业推广

把产品卖给消费者的是经销商,所以对制造商而言,对经销商促销,提高他们的积极性,也是非常必要的。其目的是取得中间商的支持与合作,鼓励中间商大批进货或代销。

3)针对销售人员的营业推广

上面两大类营业推广策划是针对企业外界的,第三类是企业内部的营业推广策划。其目的是调动推销人员的积极性,鼓励他们大力推销新产品,开拓新市场,如按推销绩效发给红利、奖金等。

6.1.3 营业推广的手段和方法

1)营业推广的手段

(1)赠送促销

向消费者赠送样品或试用品,赠送样品是介绍新产品最有效的方法,缺点是费用高。样品可以选择在商店或闹市区散发,或在其他产品中附送,也可以公开广告赠送,或入户派送。

(2)折价券

在购买某种商品时,持券可以免付一定金额的钱。折价券可以通过广告或直邮的方式发送。

(3)包装促销

以较优惠的价格提供组合包装和搭配包装的产品。

(4)抽奖促销

顾客购买一定的产品之后可获得抽奖券,凭券进行抽奖获得奖品或奖金,抽奖可以有各种形式。

◎典型案例

吃出幸运,为幸运而疯狂消费

餐馆消费可抽奖,消费多中奖概率高,获奖留影张贴墙上,广告词即是“幸运,越多越好”。优势:商品优势,顾客可以拒绝买但吃饭是不会拒绝的;幸运比例优势,消费额度高,抽奖次数多,中奖率高,中奖比例是由店铺控制的,不仅不会亏本,还会激发顾客的积极性。

(5)现场演示

企业派促销员在销售现场演示本企业的产品,向消费者介绍产品的特点、用途和使用方法等。

(6)联合推广

企业与零售商联合促销,将一些能显示企业优势和特征的产品在商场集中陈列,边展销边销售。

(7)参与促销

通过消费者参与各种促销活动,如技能竞赛、知识比赛等活动,能获取企业的奖励。

(8)会议促销

各类展销会、博览会、业务洽谈会期间的各种现场产品介绍、推广和销售活动。

(9)批发回扣

企业为争取批发商或零售商多购进自己的产品,在某一时期内给经销本企业产品的批发商或零售商加大回扣比例。

(10)推广津贴

企业为促使中间商购进企业产品并帮助企业推销产品,可以支付给中间商一定的推广津贴。

(11)销售竞赛

根据各个中间商销售本企业产品的实绩,分别给优胜者以不同的奖励,如现金奖、实物奖、免费旅游、度假奖等,以起到激励的作用。

(12)扶持零售商

生产商对零售商专柜的装潢予以资助,提供 POP 广告,以强化零售网络,促使销售额增加;派遣厂方信息员或代培销售人员。生产商这样做的目的在于提高中间商推销本企业产品的积极性和能力。

(13)销售员培训

销售员培训的目的在于加强销售员的知识、技能、态度等,以集体培训方式来说,典型的做法包括课堂讲授方式、集体讨论方式、个案研究方式、角色扮演方式等。

(14)销售员竞赛

销售员竞赛是指以销售员的销售金额、新开拓客户数目、总利润额以及各种评估结果,促使销售员彼此竞赛,对表现优良者给予表扬和发给奖品。

2)营业推广的方法

营业推广是一种有效的促销手段,在开展营业推广活动时,必须注意以下问题。

①选择适当的方式。

②确定适当的时间。

③限定营业推广的对象。

④做好营业推广方案的实施工作。

⑤正确评估营业推广效果。

经济效益的评估,主要看通过营业推广促销,商品结构状况是否已得到改善,商品的促销额是否扩大,产品成本是否下降,企业盈利是否增长,企业总体经济效益是否上升。社会效益评估,主要是总结好的经验,分析失败的原因,调整推广方案,提高推广效率,激发消费者购买动机,指导消费需要,提高企业和产品的知名度和美誉度,树立良好的企业和产品市场形象,为进一步开拓市场奠定基础。评估的方法主要有推广前后销售额比较法、跟踪反馈法和全面评估法。

【任务演练】

认识营业推广及商家营业推广经营活动

演练内容:

以"咖啡店营业推广活动方案"为例,要求学生查阅相关资料与信息,列举各商家营业推广相关活动的形式、内容、特点,达到对营业推广专项活动策划的实际认识和了解。

演练要求:

以"咖啡店营业推广活动方案"为例,查阅相关资料与信息,并填写表 6.1,进行分组交流。

表 6.1 商家营业推广活动分析

营业推广活动名称	活动时间	活动内容与形式	活动创意与特点	预期效果
⋮	⋮	⋮	⋮	⋮

1.在教师指导下进行市场实地观察,了解实体门店的营业推广活动。

2.教师指导学生分析企业策划活动情况并填写相关表格。

任务 2　营业推广策划流程

【导入案例】

一汽大众 4S 店促销活动推广策划案

一、活动事项

活动时间:2020 年 8 月 22—23 日

活动地点:淄博唯达长齐汽车销售公司

活动主题:七夕中国情人节

活动名称:全城热恋,HOLD 住爱情

活动促销车型:捷达、新速腾、迈腾

活动适宜人群:单身男女、情侣、夫妻

二、活动简介

白领男女以及时尚青年已成为社会的主体,他们在购车时更注重汽车的品牌以及质量。一汽大众为汽车行业中的领先者,为更多不同阶段以及不同需求层次的顾客开发出许多车型,更适合当今人们的需求。

在这个中国传统而又神秘的节日——“七夕”里,举办本次一汽大众指定车型促销活动,让那些想购车的年轻朋友找到了动力,让那些还没有购车欲望的朋友激起了希望!

三、活动背景

“七夕”情人节对都市中的爱情男女来说充满了神话色彩。七夕情人节是俊男靓女表达心意的好时机,各大商家都会对此做出特别的推广活动。虽然如此,但是以往各大商家在情人节期间的促销活动不外乎打折优惠、抽奖等,大都缺乏新意,因此没能达到预期的效果。试想一下,追求天长地久的爱情岂能打折?

在此背景下推出七夕策划活动,以求能够造成一定的轰动效应。

四、活动目的

1.通过此次活动,扩大唯达长齐汽车销售公司在淄博地区的影响力。

2.通过本次活动让现代年轻人更了解一汽大众汽车理念,更了解中国传统节日。

3.通过此次活动造成一定的轰动效应,通过各媒体的宣传,扩大本公司在淄博的社会影响力,扩大更为广泛的宣传渠道。

4.通过活动聚集人气,激发顾客产生购车欲望,从而把产品卖出去,使商家达到“只出一分钱,获得百分利”的市场效应。

五、活动主办方

淄博唯达长齐汽车销售公司是山东地区最大的一家以销售一汽大众品牌的汽车销售公司，主营车型包括速腾、捷达、迈腾、宝来、高尔夫、一汽大众 CC。淄博唯达长齐汽车销售公司一直以推广一汽大众品牌车型和品牌文化为己任。

六、活动内容

1.爱情大放送

凡在活动当天到淄博唯达长齐汽车销售公司展厅参加活动的顾客，都会送上一份精美的“爱情大礼包”，礼包按照单身、情侣、夫妻发放，内容不一。情侣：情侣衫、情侣杯、情侣手机外壳等；夫妻：夫妻枕、夫妻夏凉被等；单身：单身杯、单身 T 恤等。

2.购车打折再优惠

在促销活动日期内，预订或者现场购买本次活动促销的车型，可参加“幸福百宝箱”抽奖活动，最高奖项可获得价值 3 000 元购车优惠现金券一张！

奖品设置：

一等奖 1 名，价值 3 000 元购车优惠现金券一张，可到店领取，不可兑换现金！不可用于商业交易！只限于迈腾车型！

二等奖 2 名，价值 2 000 元购车优惠现金券一张，可到店领取，不可兑换现金！不可用于商业交易！只限于新速腾车型！

三等奖 3 名，价值 1 000 元购车优惠现金券一张，可到店领取，不可兑换现金！不可用于商业交易！只限于捷达车型！

恩爱奖 5 名，价值 512 元“汽车保养套餐”券一张，可到店领取，不可兑换现金！不可用于商业交易！

幸福奖 10 名，获得“车饰精美礼包”一份，可到店领取，不可兑换现金！不可用于商业交易！

3.玫瑰玫瑰我爱你

当顾客走进活动现场门口时，工作人员会送上一束靓丽的玫瑰，并说上一句甜蜜的祝福语，让顾客心里对本次活动的服务给予满分！

4.爱情大声喊出来（互动）

邀请现场台下的男生或女生，鼓励大胆向心爱的人表白或者求婚，将自己的爱与所有人分享，如果被告白或求婚的人在现场，并接受告白和求婚，主办方会送出“捷达大礼包”一份。

5.爱情传递（互动小游戏）

以情侣、夫妻为一个组合进行游戏比赛。选手利用现有的三块地毯，以传递的形式使两个人共同到达所规定的地点，用时最短的一个组合，则为获胜，获胜的组合可获得主办方送上的“迈腾礼包”一份。

6.爱情星光大道

当一对对情侣走在“爱情星光大道”上的时候，就仿佛走在颁奖礼的红毯之上，享受至尊级别的待遇，在幸福和浪漫中走进我们活动现场的展厅。

7.爱情签名墙

一对对情侣走进活动展厅,在"爱情签名墙"上写上彼此的姓名,用一颗红色的心把两个人套在一起,祝愿他们彼此幸福美满。

8.爱情百老汇(开场)

展厅里动感的音乐,舞台上奔放的舞蹈,让顾客有种走进盛大时尚派对的感觉,在音乐的海洋中,顾客可以随意体验本次活动展销的车型。

9.爱情许愿车

在当天活动开始之前或者活动中,顾客可以填写"爱情卡片"并贴在"爱情车"上。在活动结尾时,主持人会随机从"爱情车"上选取10张"爱情卡片"并公布出来,被公布到的顾客可以获得两张价值50元的全球通3D电影票,如果公布的顾客不在现场,则需要主持人重新从"爱情车"上选取!

10.爱情公共墙

在活动现场准备一台投影仪和一台可以上网的笔记本电脑,现场的观众可以根据公共墙上提示的内容,发送短信至×××××,发表自己的"爱情宣言"以及单身男女的邂逅。该技术由人人网公共墙主页提供。

七、活动安排

1.热场

通过劲爆的音乐和车模的展示,吸引店内正在看车的情侣以及其他顾客,为现场活动增加人气,更容易发掘其中的潜在顾客!

2.开场

开场音乐:歌手演唱《因为爱情》,主持人介绍本次活动的相关内容以及活动中的奖品和游戏等,更容易吸引路人的眼球,同时中间穿插产品的介绍!

3.游戏

在歌曲演唱完后进行小游戏,在游戏过程中促进情侣之间的感情,让公司的形象更容易被接受!在游戏过程中,主持人应随时找准时机再次介绍产品的相关内容。

4.试乘

在表演之后可根据现场秩序,安排拥有购车欲望的顾客进行"新车试乘"环节,在顾客试乘的过程中,主持人采访顾客试乘的感受。

八、活动宣传

1.网络宣传

淄博车友会网站、淄博新聊斋论坛、淄博旮旯网汽车论坛、淄博百度贴吧、一汽大众官方腾讯微博、新浪微博、人人网公共主页等。

2.平面宣传

淄博晨报、淄博车友会杂志、淄博美图生活杂志等。

3.有声宣传

淄博人民电台广播FM92.6。

九、合作商家

媒体：新浪、腾讯、人人网。

支持：中国世纪佳缘交友网。

十、活动主办/协办

活动主办方：淄博唯达长齐汽车销售公司。

活动承办方：淄博众视文化传媒有限公司。

活动协办方：中国世纪佳缘交友网站。

活动赞助商：淄博全球通电影城。

问题讨论：一汽大众4S店促销活动推广策划案是如何制订出来的？具体的营业推广策划流程包括哪些工作内容？

营业推广策划是一项系统工程，需要对销售促进的每一个环节进行一系列的策划。营业推广策划流程如图6.1所示。

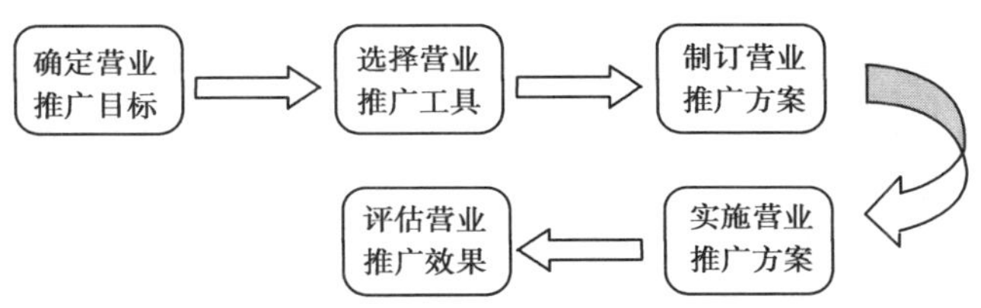

图6.1 营业推广策划流程图

6.2.1 确定营业推广目标

策划第一步是要充分把握委托者的意图，确定该时期的营业推广目标，然后有针对性地设计活动来达到目标。根据企业营业推广对象的不同，营业推广的目标也不同。

1）针对消费者的营业推广目标

①吸引消费者试用。新产品上市时经常采用免费试用等方式吸引消费者。如果汁饮料的免费品尝，效果十分好。

②争取其他品牌的使用者转向本品牌。如创维电视机曾经搞过以旧换新营业推广活动。

③鼓励现有消费者持续购买。如电焊条生产厂家为鼓励已有客户持续购买而推出各种优惠活动。

◎典型案例

小朋友们一起来，打扮我们的"光明学童奶"

如果是15岁以下的小朋友，就请一起来打扮我们的"光明学童奶"，放假在家，喝一口"学童奶"，望一望窗外，充分发挥你的想象力，创造一片童年的自由天空，画出一个你自己喜欢的图景。开学后，就把你的大作交给老师。我们将请专家组评出自由想象创作比赛的各类奖项。

活动分设优胜奖3名，得奖者可参加"坐飞机，游内蒙古呼伦贝尔草原"的旅游活动。入围奖 100 名，可参加暑假光明健康夏令营活动，作品可参加全市性专场展出。活动另设幸运奖 3 名，参加呼伦贝尔草原旅游活动，获奖小朋友的班主任老师也可一同参加旅游活动。另抽取 1 000 名获精美小礼品一份，凡投稿者均有机会获奖。

2）针对中间商的营业推广目标

①增加销售渠道。企业为扩大销售渠道，吸引更多的经销商进货，可以针对中间商开展买赠等营业推广活动。

②排除竞争。包括建立中间商的品牌忠诚度，排除竞争对手。

③增加存货。通常销售旺季来临之前企业为增加中间商存货，开展营业推广活动诱导其大量购买，提高存货量，这样做的目的一方面是转移企业库存，另一方面也能在一定程度上起到排除竞争对手的作用。

3）针对销售人员的营业推广目标

①鼓励销售人员销售新产品。

②刺激销售人员开发新市场。

③刺激销售人员淡季销售产品。

6.2.2 选择营业推广工具

在选择营业推广工具时要考虑以下因素。

1）营业推广目标

特定的营业推广目标往往对营业推广工具的选择有着较为明确的条件制约和要求，从而规定着营业推广工具选择的可能范围。

2）产品特性

考虑产品处于生命周期的哪个阶段，不同的阶段表现出不同的市场特点，对应不同的营销策略，此外还应考虑产品种类。

3）营业推广对象

不同的对象有不同的偏好，消费者往往比较感性，而经销商、零售商的购买行为却很理性。因此，针对不同的推广对象要选择合适的营业推广工具。

4）竞争对手的情况

企业在选择营业推广工具时，最好参考竞争对手以往开展促销活动时采用的营业推广工具，分析对手为什么选择这种工具，有什么优势及不足。

5）营业推广预算

在选择工具前要“量入为出”，根据本次营业推广活动的预算确定选择哪种工具。

实时互动：我们在选择营业推广工具时需要着重考虑哪些因素，为什么？

6.2.3 制订营业推广方案

营业推广方案包括的内容主要有以下 8 点。

1）营业推广形式

营业推广形式即采用何种营业推广形式。

2)营业推广范围

营业推广范围分为两项内容:产品范围和市场范围。

(1)产品范围

不管是制造商还是经销商,出于各方面因素的考虑都不会经营单一的产品,因此设计营业推广方案之前应考虑以下因素。

①本次营业推广活动是针对整个产品系列还是针对某一项产品。

②针对市场上正在销售的产品营业推广,还是针对特别设计包装的产品营业推广。

(2)市场范围

一次营业推广活动可以针对全国甚至全世界所有的市场同时开展,也可以只针对某些地区开展,或在很多市场同步推出,在方案中应当明确。

3)确定折扣率

要对以往的营业推广实践进行分析和总结,力求引起最大的销售反应,并结合新的环境条件确定适合的刺激程度。

4)选择营业推广对象

选择营业推广对象即确定推广对象是消费者、中间商还是销售人员。

5)营业推广媒介的选择

营业推广媒介的选择实质上是决定如何将本次营业推广活动的信息传递给目标对象。

6)营业推广时间的选择

营业推广时间的选择包括何时营业推广、何时宣布、持续时间及频率等。企业举办营业推广活动一般会选择以下时机开展活动。

①传统节假日,如端午节。

②重大社会活动,如申奥成功。

③企业周年庆典。

④引进外国文化的节日,如情人节、母亲节。

⑤竞争对手开展营业推广活动时。

⑥其他企业认为需要开展营业推广活动的时机。

7)促销预算的分配

方案要根据企业营业推广的目标和范围等,确定一个适当的促销规模,制订出企业的促销经费预算,并将促销经费和资源分配到各种促销工具形成预算安排。

8)确定营业推广的限制

即营业推广对象必须具备什么资格才能参加营业推广活动。

除了以上内容外,为保证营业推广活动的顺利开展,还必须制订其他的一些条款。如针对消费者的营业推广,要确定奖品的具体兑换时间、优惠券的有效期限、游戏规则等。对中间商的营业推广应明确中间商付款的期限、购买的数额等。

6.2.4　实施营业推广方案

由于营业推广活动不仅需要耗费企业巨额的费用,而且是一项公开的社会活动,因此,企业实施营业推广方案之前首先必须对营业推广方案进行检验,审查通过后可小规模地选择几个卖场进行试点,通过实验改进方案中的不足。

在方案正式实施阶段,企业相关负责人一定要做好控制工作,保证营业推广活动严格按照具体操作计划来实施;同时及时收集营业推广过程的信息,制订相应的应对措施。

6.2.5 评估营业推广效果

为保证营业推广活动按计划、高效率地进行,保证营业推广工作的成效,需要对每一次营业推广活动进行评估,从而总结经验,寻找不足之处,为企业改进营业推广工作提供依据,也为企业今后的营业推广工作提供宝贵的经验。

◎资料链接

结果是策划出来的

营业推广策划需要重点考虑最后的结果,而结果是策划出来的。

1.主题策划

主题是一个活动的灵魂,有了好的主题,活动就成功了一半。活动主题的策划一般流程是调研、归纳兴趣点、确定主题。

(1)调研:对象为新客户、老客户、意向客户;方式为电话、面谈(配合调查表)。

(2)归纳兴趣点:在活动开始前1~3个月,通过调研结果归纳出1~3个目标客户兴趣点。

(3)确定主题:采用"逐一排除法"确定。

2.活动宣传

大家都明白"酒香也怕巷子深"的道理,如果你没有弄得满城"酒香"(宣传),"酒鬼"(客户)自然也不会"闻香"(冲着活动)而来。在宣传上通常采用3种方式。

方式一:"定向轰炸"(精确营销)。如小区推广、团购网络客户征集、短信群发就属于这一类型,其最大的特点就是费用小、收益大,然而覆盖面和影响力较小。

方式二:"广而告之——广撒网,多捞鱼"(大众营销)。如电视、报纸、花车游街、户外广告牌等,其最大特点就是覆盖面广,影响力大,但是费用投入较大,单位收益率偏低。

方式三:将二者结合起来用(整合营销)。其最大的特点是性价比高。

在实际操作过程中具体采用哪种类型,主要还是根据所采用的活动形式与经费的多少而定。

3.活动力度

最终掏钱买你服务或产品的是客户,如果客户感觉你的活动力度和平时他所了解的没什么两样,那他自然不会心动,当然也就更不会行动。结果就会出现这样的情况:展厅人如潮涌,签单寥寥无几,有人气,没财气。因此,活动力度一般要比平时大10%~20%比较适宜,力度太大会对后期产生较大影响,最终导致不促不销;力度偏小客户可能会不买账,亏本赚吆喝,都不太好。当然,也要时刻关注你的主要竞争对手在做什么,更不能让他借了你的势,最终落得"为他人做嫁衣"的下场。

【任务演练】

认知营业推广策划的具体流程

演练内容：

以"一汽大众4S店促销活动推广策划案"为例，要求学生查阅相关资料与信息，阐述一汽大众4S店促销活动推广策划案的具体设计流程，达到对营业推广策划流程的具体工作内容与要求的实际认识和理解。

演练要求：

以"一汽大众4S店促销活动推广策划案"为例，查阅相关资料与信息，并填写表6.2进行分组交流。

表6.2 商家营业推广策划设计流程

确定营业推广目标	选择营业推广工具	制订营业推广方案	实施营业推广方案	评估营业推广效果
⋮	⋮	⋮	⋮	⋮

1.在教师指导下进行文献资料查阅和市场实地调查，了解一汽大众4S店促销活动的营业推广活动情况。

2.教师指导学生分析并设计该商家的营业推广策划设计流程，并填写相关表格。

任务3 营业推广策划方案设计

【导入案例】

超市夏季营业推广活动策划案

一、公关活动目的

此次活动为了增加夏日时令商品的销售，扩大超市的固定消费群，进而带动商品的销售。通过此次公关活动使顾客对该超市有更好的印象，树立企业形象。

二、目标顾客

超市周围居民及暑假留校学生。

三、活动策略

采取以推广的方式和折价优待策略为主，辅以连带组合促销、会员优惠券和有奖销售策略。

四、推广主题

活动主题一:冰爽夏日　激情回馈(会员优惠)。

活动主题二:真情互动　实惠罕见。

活动主题三:购物风光无限　天天特价不断。

五、推广活动方式与组织过程

(一)冰爽夏日　激情回馈(会员优惠)

活动时间:6月29日—7月3日。

活动内容:

1.增加会员优惠商品,会员商品8折优惠(特价商品除外),通过会员优惠刺激商品销售,扩大固定消费群。

2.宣传海报增加优惠券,通过购物,凭购物小票和优惠券即可在服务台领取礼品,每人限一份。这样可以提升海报宣传的有效性和刺激部分消费群体来本超市购买商品。

3.推出一批特价、购买量大的时令商品。

(二)真情互动　实惠罕见

活动时间:7月13—16日。

活动内容:

1.夏季商品全场折扣销售。凉席、拖鞋、服饰、啤酒、蚊香、杀虫水、夏季时令水果、蔬菜等,每天不定时推出不同商品做活动。

2.天天特价不断,活动期间百余种商品价位全线下调,主推夏季时令商品。夏季是许多水果的盛产期,价格便宜,可以通过大批量进货来降低进货价格,从而让利顾客。

3.在活动期间一次性购物满66元,即可以"惊爆"价抢购啤酒,每日限量供应100提,每人限购1提(1提6听装)。

(三)购物风光无限　天天特价不断

活动时间:7月20—24日。

活动内容:季节性食品促销。

活动方式:

1.制作对外宣传海报。

2.客服安排海报回收和礼品、购物券的兑换。

3.布置收银台,注明会员优惠和会员卡的兑换。

前期准备:各组联系会员活动商品,活动人员安排,海报宣传制作,会员卡的统计准备。

六、推广费用预算

1.宣传海报(6月29日—7月3日),5 000份,正8开,650元。

2.宣传海报(7月13—16日),5 000份,正8开,650元。

3.宣传简报(7月20—24日),4 000份,A4,160元。

4.火爆商品卖场内宣传(3次活动共200元)。

合计:1 660元。

七、推广效果评价(略)

问题讨论:假如你是该超市的企划专员,根据已有资料,针对目前现状,你将如何为该超市策划一份营业推广活动方案。具体的提示如下：

(1)该超市所处环境调研与分析；

(2)该超市市场营销策略分析与把握；

(3)销售促进工具选择是否恰当有效；

(4)营业推广策划文案的规范程度。

6.3.1 营业推广策划方案的结构

一份完善的营业推广策划方案大致包括以下12个部分，如表6.3所示。

表6.3 营业推广策划方案结构

策划方案组成部分	具体说明	举例
活动目的	对市场现状及活动目的进行阐述，市场现状如何？开展这次活动的目的是什么？是处理库存，是提升销量，是打击竞争对手，是新品上市，还是提升品牌认知度及美誉度？只有目的明确，才能使活动有的放矢	• 打开西南地区地板市场，提高地板的销量 • 帮助消费者形成购买习惯，建立品牌忠诚 • 提高中间商的存货储备
活动对象	活动针对的是目标市场的每一个人还是某一个特定群体？活动控制在多大范围内？哪些人是促销的主要目标？哪些人是促销的次要目标？这些选择正确与否会直接影响促销的最终效果	• 参与本次活动的各个合作单位的全部顾客 • 周围小区急需装修的房主
活动主题	选择什么样的促销主题，要考虑活动目标、竞争条件和环境及促销的费用预算和分配。主要解决两个问题：①确定活动主题；②包装活动主题，在确定了主题之后要尽可能艺术化地“扯虎皮做大旗”，淡化促销的商业目的，使活动更接近于消费者，更能打动消费者	• “逛店有宝”联动出击 • 重庆首届维C健康小姐大赛 • 圣象地板，建造你的新世界
活动方式	有两个问题要重点考虑： ①确定伙伴，是厂家单独行动，还是和经销商联手，或是与其他厂家联合促销？和政府或媒体合作，有助于借势和造势；和经销商或其他厂家联合可整合资源，降低风险 ②确定刺激程度，要使促销取得成功，必须使活动具有刺激力，能刺激目标对象参与。刺激程度越高，促进销售的反应越大。但这种刺激也存在边际效应。因此，必须根据促销实践进行分析和总结，并结合客观市场环境确定适当的刺激程度和相应的费用投入	• 凡在元旦之日购买圣象地板的客户将享受9折优惠和得到精美的礼物 • 凡在各大超市参加此活动并一次性购买老周月饼满108元，就可凭超市小票参加超市抽奖活动，每张小票只能抽取一次，多抽无效。奖品设置如下：一等奖10名，奖月饼购物券100元；二等奖50名，奖月饼购物券50元；三等奖100名，奖月饼购物券20元。另参与者均可获得老周系列食品一份

续表

策划方案组成部分	具体说明	举　例
活动时间和地点	在时间上尽量让消费者有空闲参与，在地点上也要让消费者方便，而且要事前与城管、工商等部门沟通好。不仅发动促销战役的时机和地点很重要，持续多长时间效果最好也要深入分析。持续时间过短会导致在这一时间内无法实现重复购买，很多应获得的利益不能实现；持续时间过长，又会引起费用过高而且市场形不成热度，并降低产品在顾客心目中的身价	• 2013 年 10 月 30 日—11 月 28 日 • 元旦（1 月 1—2 日两天） • 参加本次活动的各合作单位卖场内 • 重庆观音桥商圈广场
广告配合方式	一个成功的促销活动，需要全方位的广告配合。选择什么样的广告创意及表现手法？选择什么样的媒介炒作？这些都意味着不同受众抵达率和费用投入	• 户外媒体：步行街入口处灯箱一块，主要进行活动内容告示 • 各合作单位：店内 POP 吊牌悬挂，海报张贴，灯箱展示 • 在报纸上刊登“重庆首届维 C 健康小姐大赛”的消息，以及参赛条件、比赛方式和奖品
活动的前期准备	①人员安排，要“人人有事做，事事有人为”，既无空白点，也无交叉点。谁负责与政府、媒体的沟通？谁负责文案写作？谁负责现场管理？谁负责礼品发放？谁负责顾客投诉？各个环节都要考虑清楚，否则就会临阵出麻烦，顾此失彼 ②物资准备，要事无巨细，大到车辆，小到螺丝钉，都要罗列出来，然后按单清点，确保万无一失，否则必然导致现场的忙乱 ③试验方案，由于活动方案在经验的基础上确定，因此，有必要进行试验来判断促销工具的选择是否正确，刺激程度是否合适，现有的途径是否理想。试验方式可以是询问消费者，填写调查表或在特定的区域试行方案等	• 与小区的物业管理部门和社区内的居委会协商活动开展和相关事宜 • 确定场地布置方案，使其能够吸引消费者的注意力 • 租用一套音响及灯光设备 • 请一个专业主持人和一些演员，穿卡通服装吸引消费者 • 准备地板的知识问答题和进行地板实验的工具 • 印发一定数量的传单和优惠券，主要是宣传本次活动的地点、时间和地板的介绍 • 制作并悬挂“庆元旦，圣象地板大酬宾”
活动的中期操作	中期操作主要是活动纪律和现场控制。同时，在实验方案过程中，应及时对促销范围强度、幅度和重点进行调整，保持对促销方案的控制	• 抽奖事项安排，由公司策划部负责抽奖设备的安排（包括桌椅、抽奖箱和奖券等） • 销售高峰期，控制人流量，避免出现混乱无序的局面

续表

策划方案组成部分	具体说明	举　例
活动的后期操作	后期延续主要是媒体宣传的问题,即对这次活动将采取何种方式,在哪些媒体进行后续宣传	• 在报纸健康生活专栏中以专家名医发表一些科普性文章,引导人们进一步认识维生素C • 分别针对大学生市场、白领阶层及各种团体市场拟订专门的公关宣传方案
费用预算	对促销活动的费用投入和产出应做出预算。必须对各个可能出现的意外事件做必要的人力、物力、财力方面的准备	• 广告费用:海报、巨幅广告、吊旗、灯笼等费用约为8 000元 • 奖品及赠品费用:约为4 000元 • 人员工资等其他费用约为8 000元 • 机动费用:1 000元 • 合计:约为21 000元
意外防范	每次活动都有可能出现一些意外。比如政府部门的干预、消费者的投诉,甚至天气突变导致户外的促销活动无法继续进行等。必须对各个可能出现的意外事件做必要的人力、物力、财力方面的准备	• 如遇下雨(小到中雨),在舞台和观众席上搭建雨棚,并派发雨伞,活动照常进行;如下大雨,活动延期 • 在小区进行,可能给小区的住户带来不便,可用一些指路标志来指示道路 • 优惠券的发放有可能出现哄抢的情况,所以必须安排维持秩序的工作人员
效果评估	预测这次活动会达到的效果以利于活动结束后与实际情况进行比较,从刺激程度、促销时机、促销媒介等各方面总结成功点和失败点	• 入店人员,预计增加10 000人次 • 入店消费人数,预计300人次,正常套系消费100对,平均消费价为3 000元,合计300 000元;免费套系为200人次,后期消费为200元/人次,合计40 000元,共计营业额340 000元/月 • 产生轰动效应,短期聚集人气,结合两次大型"欢乐嘉年华"外展活动,促使本月营业额创造新高

实时互动：一份完善的营业推广策划方案应该包括哪些部分？每一部分的具体要求是什么？

6.3.2 营业推广策划方案的设计要领

要点一：营业推广通常是做短期考虑，为立即反应而设计，常常有限定的时间和空间。

要点二：营业推广策划注重的是行动，要求消费者或经销商亲自参与。

要点三：营业推广策划工具的多样性。

要点四：营业推广策划在特定时间提供给购买者一种激励，以诱使其购买某一特定产品。通常此激励或为金钱、或为商品、或为一项附加的服务，这成为购买者购买行为的直接诱因。

要点五：营业推广策划见效快，销售效果立竿见影，对销售增加实质的价值。

◎资料链接

营业推广在实战中的运用一定要避免几个操作误区。

误区一：创意好就等于成功了一半。诸多广告人、营销人都在策划运用中求异、求新。但新颖、独特不是营业推广的最终目的，创意好的策划若得不到市场的承认，单有艺术性缺乏实用性，最终只能是秀一把，营业推广的最终目的还是要产生短期经济效益。不能让消费者产生购买欲望的策划方案，创意再好，也注定失败。

误区二：不爱使用旧方式，爱玩新花样。一些营销策划人员在策划时绞尽脑汁，不愿用旧方式、旧招数，似乎用旧招有失身份，唯有出新招、变换花样才能显示出策划水平。但从实际效果来看，只有符合消费者购物心理与习惯的方案才是最有效的，无所谓新与旧，传统与流行。是旧招好还是新招好，最终由市场中的消费者做出判断。

误区三：宁大勿小、宁缺毋滥。许多营销策划人员都存在这样的误区，认为拿了客户的策划费，就应该想得多一点、搞得大一点。关于营业推广规模的大小，本身是有其辩证性的，没有标准可循。例如，有些看似规模大、影响力大的营业推广活动，并不便于消费者直接参与，反而降低了自身效果，还不如一些小型活动能起到立竿见影的效果。

值得注意的是，营业推广是一把“双刃剑”，运用得好可能是破敌抢市场，运用得不好有可能造成挥刀自残的后果。营业推广策划的最大特征在于，它主要是战术性的营销工具，而非战略性的营销工具，它提供的是短期刺激，导致消费者直接的购买行为。

6.3.3 营业推广工具的选择

1）针对消费者的工具选择

（1）赠品

赠品促销是指顾客购买商品时，以另外有价物质或服务等方式来直接提高商品价值的促销活动，其目的是通过直接的利益刺激达到短期内的销售增加。赠品能直接给顾客实惠：一是物质实惠，一定面值的货币能换取更多的同质商品，消费者自然乐意；二是精神实惠，也就是买后的顾客心理反应,产生愉快的购后感受。这种实惠加深了顾客对该商品的印象,有利于加强商品的竞争力,灵活运用于促销活动,能够产生良好的效果。

赠品的选择原则有以下6条。

①易于了解赠品是什么,值多少钱,需让顾客一看便知。

②具有购买吸引力。

③尽可能挑选有品牌的赠品。

④要选择与产品有关联的赠品。

⑤紧密结合营业推广主题。

⑥赠品要力求突出,最好不要挑零售店正在销售的商品作为赠品。如果所选的赠品相当平凡,最好在赠品上印上公司品牌、商标或标志图案,以突出赠品的独特性。

值得注意的是,赠品活动不可过度滥用,经常举办附赠品的营业推广活动,会使消费者认为该产品的营销只会送东西,而忽略产品本身的特性及优点。

◎**典型案例**

"福临门"食用油加护手霜,好油好手烧好菜

元旦、春节在即,为给全家做出一桌好菜,您辛苦了!操劳的双手更容易在忙碌中不知不觉受到伤害。这个冬日,福临门送上护手霜,滋润好主妇为全家操劳一年的双手。活动期间凡购买福临门食用油一瓶,即可获赠护手霜(40克)1支。

(2)免费样品派送

免费样品派送是将产品直接送到消费者手中的一种促销方式,主要针对潜在消费者。当一种新的产品或新开发、改良的产品推向市场时,为了鼓励消费者试用,提高产品的知名度和美誉度,可以采取这种方法。许多企业通过采用这种促销方式使其产品迅速让消费者接受,市场覆盖率迅速提高。

具体的实施要点有以下9点。

①适用产品有限制,主要适用以下产品。

A."大众化的日用品,最好是每个人都可能用到它,且使用频率较高的。

B.产品成本应较低或可制成小容量的试用包装。此外,较短使用期限的产品不适合使用此营业推广方式。

C.派送品要有独立品牌,并有一定的知名度。

②设置监察制度,监督派送效果。

③根据企业营销策略确定具体的派送区域。

④在产品旺销季节派发。

⑤一个月内,派发覆盖目标区域80%左右的家庭数较为理想。

⑥在新产品上市广告前3~5周,同时零售终端铺货率达到50%时,才可执行免费派送。

⑦要防止漏派、重派、偷窃、偷卖派送品的现象。

⑧派送品的规格大小,以让消费者能体验出商品利益的分量即可。包装应与原产品包装色彩统一,便于消费者去零售点指定购买。

⑨注意派送人员的形象及语言美,统一标识,并培训产品知识。

◎**典型案例**

"西妮"5.5洗液试用装派发

"西妮"5.5洗液是新一代女性专用护理液,市场上已有一些同类产品,因此,西妮药业公司期望通过派送活动让消费者接受其新一代配方的产品,以开发新顾客。

这是一种特种消费品试用装的免费派发,如果由于不为消费者所知,或不知会带来什么利益,或暂无此消费习惯,自然可以通过消费者的亲身试用以实现突破。然而,对于"西妮"这类产品来说,不像常规的日用消费品,并非使用一次就可显著地感受到其优点,因此,仅通过一次用量的派送,并不能真正达到消费者接受该产品的目的。如果能增加一些分量,比如一个疗程,并附赠优惠券,更能促使消费者在满意该产品后进行购买。

由于"西妮"的铺货面有限,为避免消费者购买不到产品,该公司特将经销产品的商店刊印在免费试用品包装上,并印明公司联系方式和免费咨询电话,这样做在一定程度上有助于弥补其铺货面的不足。但是,一个决定举办样品派发促销的企业,必须符合"网点充足、渠道畅通"这样一个前提,否则,其用于派送的大量投资是没法得到回收的。

(3)折价券

折价券一般分为两种形式:一种是针对消费者的折价券;另一种是针对经销商的折价券。在此仅阐述针对消费者的折价券。

①折价券的设计。通常按照纸币的大小形状来印制。折价券的信息传达应清晰,以引人注目。内容应用简单的文字将使用方法、限制范围、有效期限、说明文案一一描述。如果能加上一段极具销售感染力的文案诉求,以鼓励消费者使用,效果会更佳。

②选择好兑换率高的递送方式。报纸虽然是目前最常使用的递送工具,但包装内折价券的兑换率却是报纸的6~10倍。

③充分考虑折价券的到达率。消费者对商品的需要度,对品牌认知度、品牌忠诚度、品牌的经销能力、折价券的折价条件、使用地区范围、竞争品牌的活动内容、营业推广广告的设计与表现等影响兑换率的问题,需要制订相应的措施。

④折价券的面值。通过大多数研究获悉,零售价10%~30%的金额是理想的折价券面值,也能获得最好的兑换率。

⑤尽量避免误兑发生。为此应注意以下5个方面。

A.限制每次购物仅使用一张折价券,回收后,上交公司统一销毁。

B.折价券的价值不宜过高,以免不法分子伪造获利。

C.单一品牌的折价券,其价值不应超过产品本身的价值。

D.折价方法清晰易懂,务必让分销店易于处理和承兑。

E.限制在某一特定商店或连锁店使用。

(4)减价优惠

减价优惠指的是企业直接将产品的零售价格调低一定的幅度。

①减价优惠至少要有15%~20%的折扣,并要有充分的理由,才能吸引消费者的购买。如果是低市场占有率的产品,应对领导品牌付出更高的减价优惠,才能增加销售效果。此

外，新品牌运用效果要优于旧品牌，当减价只有6%~7%时，只能吸引某些老顾客的注意。

②减价标识的设计。要把原价及减价后的现价同时标注，形成明显的对比。标识牌的大小，讲求美观、清晰，但不要影响消费者对商品的观察。

③减价优惠不宜过度频繁使用，否则会有损品牌形象。

④消费者购物心理有时候是“买涨不买落”，要把握时机，利用消费者这种心理来营业推广产品。

⑤特别注意现场的安全管理。

(5)自助获赠

自助获赠指顾客将购买某种商品的证明附上少量的金钱换取赠品的形式。

①需要媒体广告配合。

②赠品价值。通常选择低价品。选择赠品时必须考虑：A.赠送是否适当；B.营业推广的支持是否充足；C.是否符合消费者所需。最理想的兑换赠品付费，应该是比赠品市面零售价低30%~50%，大部分的付费赠品以10~80元为主要范围。

③效果反应。一般兑换率不会超过此活动的总媒体广告发布率的1%。影响兑换率最主要的因素在于赠品的好坏、顾客阶层、商品的售价和营业推广优待价值的认同等。

④出色的自助获赠营业推广活动，关键在于所提供的赠品只能从此次赠送中获得，绝对无法从别处寻到。

⑤限制兑换地点。

(6)退款优惠

退款优惠是指消费者提供了购买商品的某种证明之后，参与抽奖优惠活动，根据抽奖优惠活动的奖额退还其购买商品的全部或部分金额。

(7)以旧换新

以旧换新是指消费者在购买新商品时，如果能把同类旧商品交给商店，就能抵扣一定的价款，旧商品起着折价券的作用。其目的主要是消除旧商品形成的销售障碍，以免消费者因为舍不得丢弃尚可使用的旧商品，而不买新产品。

①对旧商品折价，一般考虑以下因素。

A.新商品定价高，销售利润高，旧商品的折价幅度也可高一些。

B.如果同类竞争性商品也在搞营业推广活动，那么折价幅度可高一些。

C.名牌商品，折价幅度可低一些；非名牌，可高一些。

②对旧货确定不同的折价标准。

③必要的时候，向消费者公布回收来的旧货去向。

④回收来的旧货尽可能加以利用，以降低营业推广成本。

⑤选择营业推广时机。

⑥为方便消费者，可将此活动纳入社区推广活动中。

(8)信用消费

信用消费也称为消费信用，是一种从商业信用和银行信用中独立出来的信用形式。消费者凭借自己的信用先取得产品的使用权，然后通过信用消费取得产品的所有权。信用消费主要有分期付款、消费贷款、按揭贷款、租赁消费4种。

①分期付款。分期付款是一种中长期信用消费。但是分期付款作为一种无抵押信用消费,厂家或商家承担了较高的风险。

②消费贷款。消费贷款是分期付款的特殊形式。分期付款的实质是企业垫付,这对厂家是不公平的,也是高风险的。而通过消费贷款购买产品为消费者提供了方便,也为生产企业降低了风险,是较好的促销方式。一般在实施的时候,银行都要求担保和资产抵押等。

③按揭贷款。按揭贷款是消费贷款的特殊形式。无论是分期付款还是消费贷款,都存在所说的"担保瓶颈"。无人担保也无物抵押者将难以实现信用消费。因此,按揭贷款就有相当的合理性和吸引力。

④租赁消费。这是通过租赁来促进销售的一种常用策略。一般中小企业不能一次性投资购买,只能向一些专业的租赁公司租用。

(9)免费试用

免费试用即通过让消费者免费试用来体验产品的性能,促进消费者购买的一种手段。如汽车行业销售中常用的试乘试驾就取得较好的效果。所谓试乘试驾,是指通过用户尝试驾驶和乘坐体验,加强其对汽车的了解,培养他们对汽车的情感,从而激发其购买动机的促销策略。据研究,消费者在试乘试驾后,决定购买的可能性是在展室内参观后决定购买的5倍。

2)针对中间商的工具选择

(1)价格折扣的形式

①现金折扣是为了提高公司资金周转率,对限期付款的客户给予的优惠。

②数量折扣主要分为累计性数量折扣和一次性数量折扣,通常为2%~7%。

③季节折扣是均衡产品淡旺季利益的方式,最大为30%~40%,通常只有百分之几。

④销售折扣补贴分为衰退期产品补贴和完成任务折扣两种,通常为2%~5%。

⑤功能折扣是根据通路中的不同功能,给予不同的折扣。

⑥协作力度折扣分为陈列展示折扣、按指定价格出售折扣和开展营业推广活动给予支持折扣。

(2)销售竞赛

销售竞赛是指采用现金、实物或旅游奖励等形式来刺激批发商和零售商扩大进货量,加快商品到达消费者手中的速度。此方法也可对公司业务人员进行激励。

(3)派员协助

派员协助是为了协助商家拓展市场,提高经营管理水平,由厂家派出业务人员到商家处协助工作,业务人员在协助工作期间一般由厂家负担费用,阶段性协助工作结束后,即回到厂家。

(4)订货会

订货会是一种面向商家的推广形式。一般来说,订货会是由企业自办或行业联办,通过发函或广告,邀请那些用量大的直接用户或销量大的商家到会,向他们发布信息,介绍产品,与他们联络感情,建立关系,并通过洽谈来达到争取订单、推广产品的目的。

(5)合作广告

合作广告是指通过合作或协助的方式,与经销商合作广告,向经销商提供详细的产品技术宣传资料,帮助经销商培训销售人员,帮助经销商建立管理制度,以及协助经销商进行店面装潢设计等。

6.3.4 营业推广策划方案的撰写技巧

1)内容设计

营业推广策划方案是企业在实施营业推广工作时,对推广时间、推广实施方法、推广部门及人员责任进行综合整理而形成的方案,它是企业实施营业推广活动的参照之一。编制详尽、完善、全面的营业推广策划方案是企业实施营业推广的必备方法和手段。

营业推广策划方案,是企业通过对营业推广策略进行协调安排,最终形成的一份指导性文件。在进行营业推广策划方案编制之前,必须规划好以下的关键事项,具体如图6.2所示。

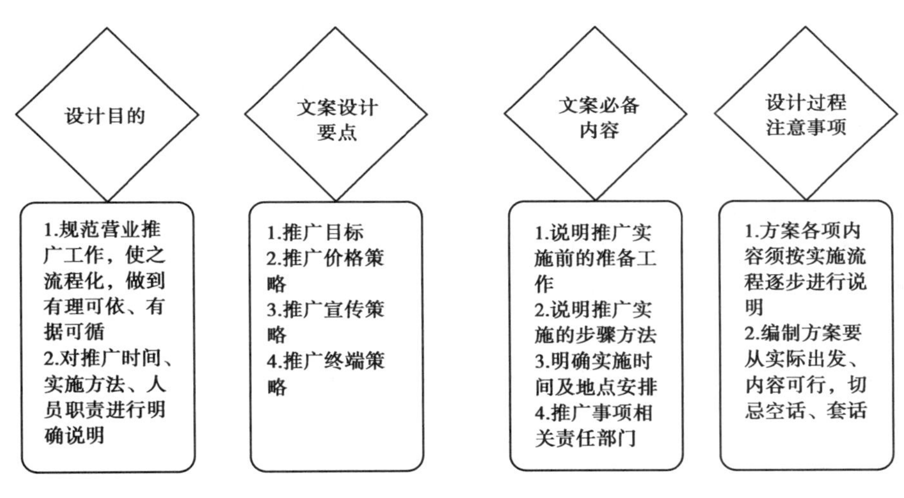

图6.2 营业推广策划方案设计的关键事项

2)写作框架

营业推广策划方案的写作框架及格式范例如下。

(1)目的

此处介绍营业推广策划方案的编制目的。

(2)前期分工

该部分主要说明推广实施前的准备工作,如市场调研、企业营销状况分析等。

(3)优惠策略

此处主要说明营业推广时对经销商、消费者在价格或服务上实施的优惠策略。

(4)推广宣传

此处主要说明营业推广实施中采用的各媒体的宣传方法及目标。

(5)推广策略

此处主要在建立营业网点、开发代理商等方面对推广策略进行说明。

(6)相关部门职责

此处说明在营业推广工作中相关部门及执行人员的职责。

(7)时间安排

此处对推广活动中各事项起始时间的安排进行说明。

3)方案范本

基于上述文案设计思路,给出以下营业推广策划方案范本,以供参考,如表 6.4 所示。

表 6.4 营业推广策划方案范本

文案名称	电动车营业推广策划方案	编　号	
		受控状态	

一、目的

为达到以下目的,特制订本方案。

1.让本品牌电动车尽快在市场得到推广,缩短产品市场成长期的长度,创造效益。

2.提高产品的销量、品牌知名度和美誉度,并逐步将目标消费人群培养成品牌忠诚者。

3.发展各级经销商,扩大营业范围,提升经销商的信心和积极性。

二、相关部门职责

1.招商部:主要负责整体招商方案的制订、招商活动的执行。

2.企划部:主要负责营销策划和广告管理等工作。

3.销售部:主要负责产品市场调研、销售、行业一线信息及客户反馈意见的收集。

4.物流中心:主要负责零配件的采购、产品的配送。

5.客服部:主要负责客户关于产品技术方面的咨询、产品售后服务工作。

三、前期调查

本次调查主要是为本品牌电动车在全国进行推广提供科学的依据。其调查计划如下。

1.调查方式为营业人员小组座谈、问卷调查、小组走访调查、二手资料等。

2.调查时间:计划自____年____月____日开始至____年____月____日结束。

3.调查地点:________区域。

4.渠道调查内容:电动车销售渠道类型及特点、知名品牌的渠道政策。

5.终端调查内容:电动车销售终端类型及特点、终端形象、终端陈列、终端导购、终端促销活动等。

6.经销商调查内容:经销商基本情况、代理品牌数量及销售情况、对当地电动车市场的认识、是否有经销商新品牌计划等。

7.竞争对手调查内容:产品的营业方式、价格策略等。

8.消费者调查内容:对电动车的认识、熟悉的品牌、影响购买的主要因素等。

四、营业推广策略

为使本品牌电动车在全省范围内得到推广,特在销售价格上制定以下策略。

1.利用加盟店、专卖店保持直接用户价格统一,利于品牌形象的建设。

2.保证经销商一定的高利润,可以吸引更多的经销商加入,提高市场拓展速度

续表

五、工作进度安排

××牌电动车推广工作的大体安排及内容如下。

1.自____年____月____日至____年____月____日,进行市场调查工作。

2.自____年____月____日至____年____月____日,在我省各地级市报纸、杂志、网站进行宣传。

3.自____年____月____日至____年____月____日,在我省各地级市成立二级代理商。

4.自____年____月____日至____年____月____日,针对终端开展促销活动。

5.自____年____月____日开始在我省各县城(县级市)建立三级代理商。

六、产品推广

1.广告方面

本公司针对××牌电动车推出的广告,主要强调产品的环保特性、省电性能及品牌差异和消费者所能得到的利益。电视广告以省级台和市级台为主,并以报纸广告为辅,同时充分借助行业杂志和行业网站对本公司生产的××牌电动车进行宣传,以达到如下效果。

(1)在市场中建立产品知名度并激发消费者购买兴趣。

(2)提升企业品牌形象。

2.促销方面

在节假日或周末进行促销活动,活动采取多种形式,达到提高××牌电动车的知名度及销售额的效果。

3.事件营销

(1)赞助有重大影响的活动。

(2)为相关群体免费提供电动车。

七、终端策略

1.建立4S专卖店

将部分优势终端建成4S专卖店,进一步提升××品牌的影响力。

2.发展各级代理商

发展二级代理及三级代理,为产品在全国范围推广积累原始资本。代理商发展安排如下。

(1)市级经销代理(二级代理)。

①每个城市仅设一家代理商。

②二级代理商拥有该地区市级以下全部的产品经销代理资格。

③以二级出厂价供应本品牌电动车,一年累计销售产品达到____万元,年终按照____%的比例返点。

④二级经销商可以直接进货,公司给予市代理资格证书等资格证明。

(2)县级代理及专卖店(三级代理)。

①以低于批发价的价格供应本品牌电动车,首次进货不低于____万元

②享有本品牌的特许专营权、品牌使用权、区域保护、自由退换权、安全退出权及优先续约权。

八、服务策略

1.定期回访××牌电动车使用者,询问客户建议,提高品牌美誉度,增强顾客忠诚度。

2.重视售前和售中服务工作,提高顾客成交率。

编制人员		审核人员		审批人员	
编制时间		审核时间		审批时间	

4）附带表单

（1）竞争营业调查表

竞争营业调查表如表 6.5 所示。

表 6.5　竞争营业调查表

地区：　　　　调查日期：

项　目	国内产品		进口产品	
名称				
地区				
调查地点				
包装样式				
零售价				
陈列数量				
陈列位置优劣				
备注				

（2）代理商发展计划表

代理商发展计划表如表 6.6 所示。

表 6.6　代理商发展计划表

区域：　　　　区域负责人：

20____年	第一季度/个	第二季度/个	第三季度/个	第四季度/个	合计/个
一级代理商					
二级代理商					
三级代理商					
店面					

【任务演练】

描述营业推广策划方案的结构并设计一项营业推广形式

演练内容：

以某实体门店为背景，要求学生根据门店经营范围及商品特点，从 9 种针对消费者的营业推广工具中选择其中 3 种营业推广工具进行方案设计，使学生全面认识营业推广工具并学会使用。

演练要求：

根据上述所选择的实体门店经营范围和商品特点，从 9 种针对消费者的营业推广工具中选择其中 3 种营业推广工具进行方案设计，设计一项营业推广形式并相互交流。

1.在教师指导下进行实体门店选择分析。

2.教师指导学生进行营业推广工具设计。

【重点概括】

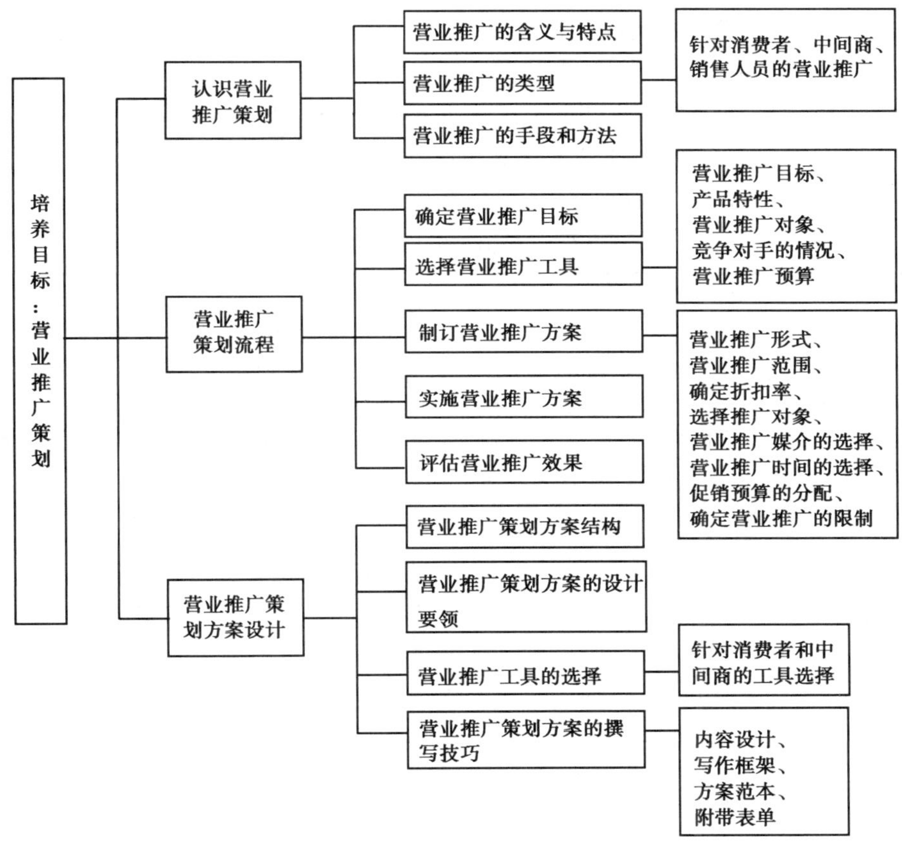

【课后思考】

1.什么是营业推广？营业推广有哪些类型？

2.营业推广策划的流程是什么？请举例说明。

3.营业推广策划方案的结构包括哪些内容？

4.针对消费者的营业推广策划，应该如何选择对应的销售促进工具？

5.在营业推广策划方案的内容设计中，其关键事项有哪些？

【案例分析】

轻怡可乐(百事可乐)促销方案

1.市场背景

(1)市场前景非常乐观,可乐市场总容量在近几年将会有较大的增长,低糖饮料的成长速度大大高于整体市场的增长速度,由此可见轻怡可乐的潜在市场比较大。

(2)在美国,轻怡可乐的主要消费群集中在女性,年龄在12~35岁,约占70%。而在中国市场,尤其在广州市场,市场调研的结果显示:轻怡可乐的主要消费群是20~30岁的人群,其中女性占53%。而更重要的将会是年龄在23~25岁的女性,她们将更容易接受低热量的可乐。

(3)23~25岁的女性是新的世纪中最具活力的、最活跃的"新贵族",她们将比上一代更加自信,更加注重生活的质量,同时更注意身心的健康和展示自身的无穷魅力。

(4)SWOT分析如表6.7所示。

表6.7　轻怡可乐SWOT分析表

Strength: • 轻怡可乐可借助百事可乐的强大品牌优势 • 百事可乐已经成功地为轻怡可乐建立了完善的分销网络以及良好的客户关系 • 百事可乐为轻怡可乐传播了"可望无限""年青的一代""活力一族"等品牌主张和品牌个性	Opportunity: • 在广州,低糖可乐市场尚未形成强势品牌,宿敌可口可乐的健怡可乐尚未占领足够的市场份额 • 很大一部分原可乐的消费群愿意转换品牌,尝试新可乐 • 在轻怡可乐的目标通路上没有低糖型可乐的进入 • 低糖型可乐将是"活力族"的梦幻饮料
Weakness: • 轻怡可乐目前的销售局面尚未打开 • 轻怡可乐在广州的消费群中知名度不高 • 轻怡可乐虽然借助百事可乐的品牌优势,但未进行及时的品牌宣传和告知活动	Threat: • 宿敌可口可乐的健怡可乐早一步进入市场 • 其他品牌的健怡可乐将会陆续进入市场 • "活力族"很容易形成品牌依赖,失去先机将失去市场 • 统一品牌的产品如果多次入市未能打开市场,该品牌将失去生命力

(5)总结:轻怡可乐目前具备的优势和机会是百事可乐建立起来的,自身的品牌建设和销量提升工作均没有开展强有力的活动支持。

(6)措施:通过售点的具吸引力的大力度促销,以及轻怡可乐的USP(创意理论)传播,提升售点的及时性销量和永久性销量。

通过特殊通路与分销通路的整合传播来扩大轻怡可乐的知名度。

2.促销目标

(1)丰富产品品项,使百事可乐在售场的货架、堆头的陈列更加生动化。

(2)扩大轻怡可乐在广州市场的知名度。

(3)提升轻怡可乐的售点、卖场的现实销量。

3.促销定位

(1)地点:卖场、运动场所、娱乐场所。

(2)商品 USP:低热量(低卡路里)、好味道。

(3)品牌信息:让活跃的你更自信、更有魅力。

4.促销主题

轻怡可乐低热量,新生代魅力大拥抱(拥有新宠爱,魅力自然来)。

5.促销活动方案

(1)活动内容方式。

①卖场:"转,转,转,转出你的梦幻。"购轻怡可乐一罐,即可凭购物小票参加"幸运大转盘"抽奖活动,百分百中奖,最低奖项为"贴士"册一本。

②运动(娱乐)场所:"贴士""集点"连环奖。从幸运大转盘中获得"贴士"册,从海报、宣传单页中集轻怡可乐的四句广告宣传语即可换取运动(娱乐)场所提供的 9 折优惠,消费达 98 元又可赠轻怡可乐 6 罐。

(2)奖项设置。

①幸运大转盘奖项设置(共 20 小格):

运动背包一个(共 2 格);

……

"海南或昆明"游抽奖券(共 3 格)。

②集点奖项设置。"贴士"册中具有在运动场所、娱乐场所(指定地点)的优惠券(在"贴士"册内印制),可以以券上规定的折扣享受运动后,优惠即止;如继续运动或娱乐达 98 元金额,又可兑回轻怡可乐 6 罐和"贴士"册一本,反复连环使用。各场所以 POP 活动方式进行告知,同时在"贴士"册中有详细的活动内容告知。

③幸运数字奖设置。如果在打保龄球娱乐中打出 96 分、98 分、108 分、156 分等幸运数字时,奖轻怡可乐一罐+"贴士"册一本;如果打出 168 分、196 分、198 分、256 分时,则奖轻怡可乐一罐+"贴士"册一本+免费一局。

(3)活动场所。卖场(15 家)、运动场所("贴士"参与活动单位)、娱乐场所("贴士"参与活动单位)。

(4)时间进度表。

时间进度如表 6.8 所示。

表 6.8　促销活动进度表

时　间	工作内容	落实责任人	备　注
1 月 8—10 日	确定促销方案、签订合同	林普公司、百事可乐公司	合同书
⋮	⋮	⋮	⋮

续表

时 间	工作内容	落实责任人	备 注
2月17日—3月18日	促销正常进行	促销小组、林普公司客户部	轻怡可乐品牌部监督
3月20—23日	核销、评估、结算	促销小组、轻怡可乐品牌部、林普公司客户部	奖品凭小票核销

(5)促销预算。

促销预算如表6.9所示。

表6.9 促销预算表

序 号	项目内容	单价/元	数 量	金额/元	备 注
1	明星立像设计、喷绘(1.5米×0.8米)	120.00	40	4 800.00	⋮
2	明星立像架制作(1.5米×0.8米)	150.00	40	6 000.00	⋮
⋮	⋮	⋮	⋮	⋮	⋮
19	(新闻参与费、组织费)	⋮	⋮	(5 000.00)	⋮
20	赠品及其他物料的运费	50.00	40	2 000.00	⋮
合计(小写):￥155 700元/(大写):壹拾伍万伍仟柒佰元整					

6.促销传播方式

(1)传播策略。

①以售点、卖场等活动场所的海报、宣传单页等地面方式进行告知,不采用报纸、电视、电台等空中媒体告知。

②海报采用印刷品,设计和宣传文案由林普公司提供,明星立像以百事可乐公司提供的广告宣传画为蓝本,由林普公司加文案和宣传主题并制作。

③宣传单页、“贴士”册由林普公司设计并制作。

(2)卖场宣传告知。

①卖场门外。

A.充气拱廊,上书“轻怡低热量可乐,拥抱新生代的魅力”或“拥有新宠爱,魅力自然来”(共15个)。

……

B.幸运大转盘及领奖促销台,促销小姐两位(共需15个幸运大转盘、15个促销台和30名熟练的促销小姐)。

②卖场内。

A.货架或堆位,场内POP告知(百事可乐公司提供)。

B.场内宣传单页派发。

(3)运动(娱乐)场所活动告知。

①此场合旨在扩大轻怡可乐的品牌知名度和产品USP的认同,而非实现销量的提升,但同时要为联合场所带来实际的销售,因此,百事可乐方面主要以画报、明星立像、活动告知POP、空白POP、宣传单页以及"贴士"册等为主要张贴对象。

②以轻怡可乐的口味尝试为产品宣传的重点,突出"好味道"。

③所有的宣传单页、明星画报、活动告知的POP、空白POP以及"贴士"册均以低热量、无糖有益于身体健康作为宣传点。

④百事可乐公司必须在所有参与的运动场所和娱乐场所配以足够的赠饮轻怡可乐。

7.促销效果展望

(1)针对促销目标的第一条:丰富百事可乐的产品品项,使百事可乐在卖场的产品陈列更加生动化,促销活动期间和活动结束以后无疑将会有效达到此目标。

(2)卖场和运动、娱乐场所的广泛宣传促销,旨在使轻怡可乐的目标消费群得到广泛的告知,使轻怡可乐的产品USP和品牌概念通过此次促销活动在目标消费群中建立牢固的印象。

(3)在卖场提升轻怡可乐的销量方面,由于此类促销具有滞后效应,同时轻怡可乐在广州市场上属于非知名品牌,因此,销量的增长应从活动之后几个月的销量增长度和促销当月的实际销量综合来评价。

(4)按投入产出的比例来计算当月应产出的销量(新品入市时的促销比例应在15%~20%),所以当月的销量产出应在90万元左右,再考虑滞后效应的因素,当月实现销售量应在70万元左右,轻怡可乐在之后的宣传告知中应不间断地进行品牌维护工作,则以后每月应有20%左右的销量增长。由此计算,促销当月的每一个卖场日销量在600罐左右,如在旺季此次促销效果将会超过此目标量,2—3月则可能勉强达到此目标。

(5)除销量的直接增长外,品牌资产的累积将远远超出促销投入,同时在阻击竞品、巩固现有市场方面做出了贡献,为提高长久性市场占有率奠定了市场基础。

思考题:

1.轻怡可乐(百事可乐)是如何制订本次促销方案的?

2.其具体的营业推广策划流程包括哪些工作内容?

【实训项目】

撰写营业推广策划文案

实训目标:

1.锻炼同学根据实际需要,针对指定产品制订营业推广策划文案的能力。

2.培养学生在限定条件下,合理利用资源,组织策划营业推广活动的能力。

实训内容与要求:

1.由教师罗列一组常见商品,如日用品、食品、服装、电器、化妆品等,每组同学自行选择其中之一作为本次策划目标商品。

2.各组选定策划商品，在教师引导下，每组同学对该商品设定促销条件，如品牌名称、品牌定位、商品所处产品生命周期、主要竞争对手、主要目标消费者、价格、促销时间等。

3.确定上述条件后，各小组分别为选定的产品撰写一份营业推广策划文案。

实训效果与检测：

1.标准：能够根据产品所处的竞争环境，撰写切实可行的营业推广策划文案。

2.评估：每小组提交一份 Word 文档的营业推广策划文案和 PPT 文档汇报材料，每组选派一名代表向全班同学进行方案陈述，由教师与各组组长组成的评估小组对其进行评估打分。

项目 7　主题活动策划

【学习目标】

知识目标

- 了解主题活动策划的目的与作用。
- 了解线上及线下主题活动的创意形式。
- 理解主题活动的分类。
- 掌握主题活动策划的要点。
- 掌握主题活动策划的流程。
- 掌握主题活动费用预算的方法。

能力目标

- 掌握活动主题设计的方法。
- 掌握选择主题活动形式的方法。

任务1　主题活动策划的主题设计

【导入案例】

2016年,支付宝与春晚联手共同推出"咻一咻集齐五福,平分2亿红包"活动,很好地吸引了群众的目光并让他们主动参与其中。在春节联欢晚会期间,全国6.9亿观众守候收看,其中支付宝"咻一咻"的点击次数达到了3 245亿次,且在21时9分"咻一咻"峰值达到了210亿次/分钟。在春节联欢晚会"咻一咻集齐五福,平分2亿红包"活动结束后,共有791 405人集齐了富强福、和谐福、友善福、爱国福、敬业福,最终每人平均分得271.66元。

一个好的主题活动策划,可以进行品牌推广、提高企业声誉,更是提高市场占有率的有效行为。主题活动成功的前提是营销策划人员在构思活动时,要想出一个响当当的活动主题,这样才能最大限度地勾起受众对活动效果的期待。一般来说,主题活动策划大致分为两类:从策划目的来看,可以分为营利目的型和宣传推广型;从活动平台来看,可以分为线上型和线下型。

7.1.1　主题活动策划的基本目的

活动的基本目的是活动策划的出发点,从这一点来看可以将主题活动分为营利目的型和宣传推广型。

1)营利目的型活动策划

无论企业进行何种营销活动,其主要目的必定在于营利,因此,营利目的型活动策划被不少企业所重视。只要方式、方法运用得当,定能引起消费者的关注,勾起消费者的购买欲望。

在进行营利目的型的活动策划时,可以大众感兴趣、所关注的事物为主题,从侧面突出企业产品或品牌,这样能大大地提高企业产品的知名度和美誉度。

一般来说,营利目的型活动策划可以按照以下4个步骤进行。

(1)确定能吸引消费者的活动主题

①从消费者感兴趣的方面入手。

②从消费者关注的方面入手。

③从消费者需求的方面入手。

(2)明确营利目的型活动策划的产品

(3)明确营利目的型活动策划的定位

①产品定位。

②价格定位。

③市场定位。

④活动渠道定位。

⑤营销手段定位。

(4)完善策划

◎**典型案例**

当今年轻消费者在整体零售业中的贡献占比不断增加,已成为核心消费人群。为使年轻消费者转化为上海百联集团奥特莱斯消费的主力军,百联奥特莱斯事业部倾力打造"'奥'次元"营销活动,运用时下最火热元素,打造二次元娱乐,吸引更多年轻消费者来到百联奥特莱斯,享受岁末迎新的特别礼遇。

2018年12月15日,一场盛大的"王者荣耀"Cosplay(角色扮演)主题秀于百联青浦奥特莱斯火热上演。严寒加阴雨的天气并未击退消费者的热情,专业Coser(角色扮演者)们的敬业表演引得现场顾客纷纷驻足围观,引起阵阵轰动。除了精彩表演,现场还设置了与消费者扫码赠礼、合影互动等环节,并在小程序"百联奥莱+"开设了图文直播频道,即使没有到场也能直观活动现场的火爆,感受二次元文化的魅力。仅活动当日,事业部微信平台粉丝净增1 900人次,获得超高人气及关注度,百联青浦奥特莱斯当日也取得了不错的销售业绩,同比增长14.75%。

2)**宣传推广型活动策划**

对企业来说,产品进入市场后,品牌的塑造也十分重要。为进一步扩大品牌宣传力度,让公众逐渐熟悉品牌、提升品牌公信度、增加企业社会影响力、塑造良好的企业形象,企业会选择宣传推广型活动策划进行操作,它的主要目的不是销售产品赢利,而是宣传品牌,所以宣传推广型活动策划在形式上都十分惹人注目。

一般来说,常用的宣传推广型活动策划有以下4种形式及其作用。

(1)公益活动

以"爱"的名义获取尊重,塑造充满爱心的良好形象,公益舆论带动消费者参与活动。

(2)社会活动

借助"实事"的关注度,直击消费者的需求,扩大宣传领域。

(3)年度奖项颁发活动

展现品牌价值与品牌成就,加强市场竞争优势,提升品牌影响力。

(4)产品发布会活动

聚集新闻媒体人加大宣传,展现产品特色,提高品牌知名度。

◎**典型案例**

你可能不知道也没有买过"维多利亚的秘密"(简称"维密")的产品,但你一定知道一年一度堪称视觉盛宴的维密大秀。自1995年以来,品牌"维多利亚的秘密"都会举办一次内衣走秀盛会,它凭借身材火辣、天使面孔的超模与贴心产品的搭配,成为万众期待的宣传活动。

2017年11月20日晚,一年一度的维多利亚的秘密大秀在上海梅赛德斯奔驰文化中心举办,官方报价16.8万元的门票一度被炒到了35万元,群星璀璨,简直就是一场奢华的视觉盛宴。作为一个女性内衣品牌来说，"维多利亚的秘密"这个名字无疑是成功的，维密创造了时尚界内衣秀的奇迹。而维密大秀不仅是一场全民娱乐的视觉盛宴，也是支撑维密商业帝国的基础。经过22年的蜕变，凭借其独特的三大撒手锏：维密天使、天价和明星，让其从纽约一个名不见经传的内衣品牌成长为每年数千万美元打造发布会的超级大牌，从众多内衣品牌中脱颖而出。

7.1.2 主题活动策划的作用

主题活动策划之所以被各大企业所看重，是因为它能有效提升企业品牌在消费者心中的美誉度。主题活动策划具有以下作用。

1）提升用户参与度

一个好的主题活动策划能大大提升用户的参与度，只有用户愿意参与活动，才能达到企业通过主题活动的方式向用户传播商业信息的目的。

例如，支付宝"集五福"活动，极大地调动了消费者的参与度。

2016 年，有 79 万多人集齐了五张福卡，平分 2.15 亿元，人均 271.66 元。

2017 年，1.68 亿用户集齐了五福，拼手气分 2 亿元，最高分到 666 元，最低只有几毛钱。

2018 年，2.51 亿用户集齐五福，依旧是拼手气，但是金额提高到了 5 亿元，用户最高分到 666 元，最少能分到 1.08 元。

支付宝用户数量已经从 2016 年年底的 4.5 亿，到 2019 年破 10 亿大关。

2）提高品牌曝光率

对企业来说，有价值的主题活动策划是提高企业品牌曝光率的有效途径。当消费者积极参与活动，对活动中出现的所有信息产生"自主注意"意识时，企业在活动中投放商业信息，不仅不会让消费者产生厌恶的感觉，反而会提高消费者的接受度，进而提高商业信息或品牌的曝光率。

例如，支付宝联合多家品牌商家推出 2018 年春节"扫福集福过福年"活动。在活动过程中，用户只要通过支付宝"AR"扫描带有"福"字的任何物品，就有机会获得一张福卡，福卡上不仅有商家的祝福，还有商家送出的隐藏福利。这样的方式既能使用户提升对商家的好感，又能促使用户使用商家赠送的福利去消费。

◎典型案例

在参与支付宝扫福集福过程中，如果你看福卡上带着娃哈哈形象的图片，意味着有另一重福利等着你。图中的雪地里，两个带着"天然萌"气质的"小动物"非常吸睛：圆滚滚的小黄鸭和小蓝狮，这正是娃哈哈推出的新产品——"钙多多""锌多多"营养酸奶。对联"钙多多多多，锌多多多多"写的就是它们的特色。用户点击这个画面里的产品形象，就可以参与娃哈哈的互动，有机会把萌趣可口的锌多多、钙多多带回家，如图 7.1 所示。

3）培养用户粘黏度

对品牌来说，主题活动是培养核心用户也是留住长期用户的重要手段。如果说产品是营销的关键，宣传是营销的主力，那用户就是营销的服务主体。

想要获得稳定的用户流量，就要让用户了解你的品牌价值，而通过活动向用户灌输品牌

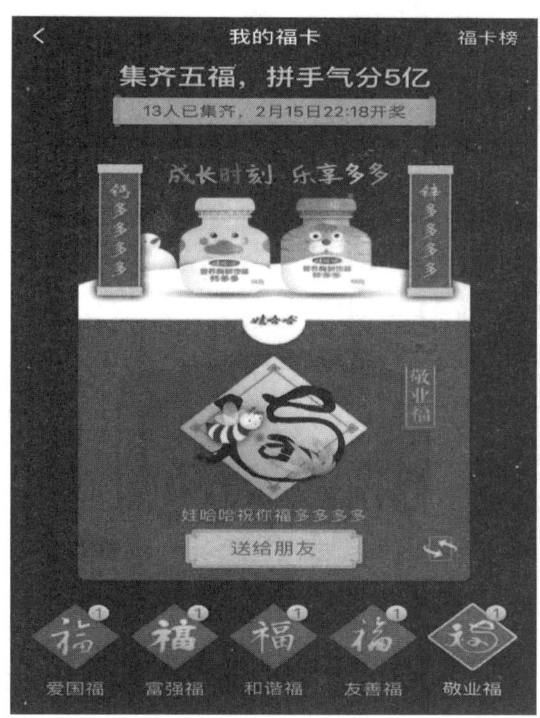

图7.1　娃哈哈支付宝一起玩五福 为全国用户派福气

价值是非常好的办法。对新用户来说，在首次消费时的诱惑活动能让他们对品牌产生良好的第一印象；对老用户来说，稳定的回馈活动能增加对品牌产品的依赖度；对忠实用户来说，定期的会员活动能维护他们对品牌的信任与支持。

常用培养用户粘黏度的活动有以下3种。

①首次消费优惠活动：如手游首次福利，电商首次下单优惠。

②累计消费回馈活动：如超市、商城累计购物送礼品。

③会员消费折扣活动：如品牌会员中心活动、商店会员办卡活动。

◎**典型案例**

支付宝的蚂蚁森林核心功能是围绕绿色能量的产生和消费做产品闭环。2019年，在“五福”活动中，支付宝推出给“福气林”浇水的活动，用户每天可以给“福气林”浇水，每次浇水耗费10克绿色能量，由于蚂蚁森林增加了刷福卡的机会，因此人们也热衷于参与“福气林”活动。

一天在福气林上花费几十克绿色能量，其背后的目的在于刺激人们通过线上线下更多的支付宝交易来获得更多绿色能量，增强使用蚂蚁森林的黏性，如图7.2所示。

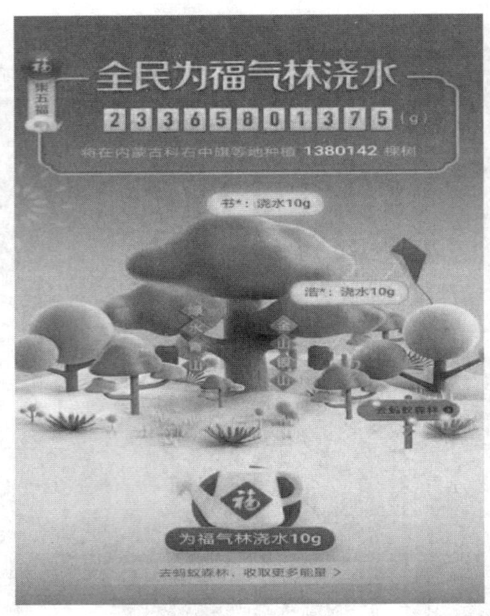

图 7.2 “福气林”浇水活动

4）增强用户互动性

一场主题活动如果能促进用户交流、增加用户情感、提升用户间的互动性，无疑是一个优秀的主题活动策划方案。用户可以通过活动，与自己的亲朋好友连接在一起，一起分享活动的快乐，也可以在活动中结交新朋友，使活动成为人与人之间加深感情的桥梁。

例如，支付宝“集五福”活动本身带有一定的社交属性，人们可以互送福卡，增强了支付宝的社交属性。但互送福卡有一个前提：双方需要互加好友，成为双方好友后，福卡才能送出去。因此，大家在集五福的过程中，也带有一定的社交趣味性，大家玩得热火朝天，互动也并不尴尬，就连几年都不联系的老同学，向你索要福卡时，也毫不尴尬。支付宝集五福这场营销活动本身具有社交属性，通过人们去集福、分享福卡，来增加支付宝的社交属性，以此增加支付宝用户，集五福这场营销活动给支付宝带来了不少用户。

7.1.3 主题活动设计

活动策划者在进行活动策划的过程中，先要为活动策划找到可以凭借的推动力，即活动的理由。如果毫不隐藏地直接表明活动的利益目的，很可能活动还未开始就引起了大多数受众的反感心理。但如果赋予活动一个充分的举办理由，就可以很好地掩盖活动利益目的，不仅可以大大增加活动的信服力，还能吸引受众主动参与活动。

1）开展主题活动的理由

（1）以时间为理由

不管是线上还是线下活动，以“时间”为理由的主题活动策划是非常常见的。例如，天猫的“双十一”活动，就是以一个固定的时间“每年的 11 月 11 日”来进行促销活动，且活动优惠力度几乎是全年最高，非常受消费者的期待，因此才能出现单日销售额达到 912 亿元的创举。

主题活动策划中所指的“时间”，并不是单指某个日期，还可以从假日和时节两个方面考虑，例如“五一节”“春节”和“换季清仓”“迎春来”等。

(2)以时事热点为理由

时事热点是人们最为关注的话题，活动策划者可以借助它们的“热力”让自己的活动更加容易受到人们的欢迎。社会热点、明星现状、生活热点都可作为活动策划的素材。

(3)以产品亮点为理由

活动策划者还可以用产品的亮点作为策划活动的理由，以吸引用户的注意力。在现今以追求新鲜刺激为时尚的大环境下，“新品”一词无疑有着巨大的吸引力。新品发布会就是一个非常典型的以“产品亮点”为理由的活动类型。

例如，华为 P30 发布会就是以强大的拍照功能作为活动亮点，吸引各大媒体和粉丝的注意力，才得以举办成功，如图 7.3 所示。

图 7.3 华为 P30

2)确定活动主题

(1)节假日依托法

每逢节假日，很多企业都会竞相促销，依托春节、五一劳动节、端午节、中秋节、国庆节、圣诞节等一系列节日来开展活动，进行宣传或产品促销非常常见。

利用节假日依托法来拟定主题具有以下优势。

①烘托节日气氛。在节假日期间发起活动，目的就是烘托出节假日的喜庆气氛，这样才能让用户感受到快乐，进而选择购买和关注企业的产品。

②给出大额优惠。一般借助节假日拟定主题，都会配合促销活动，给予用户大额优惠，才能吸引用户的注意。

③争抢市场份额。节假日期间，绝大部分企业都会发起促销活动，如果有企业在这时选择不做，并且其产品在价格、质量上又不具备明显优势，很显然不会受到用户的关注，从而会导致失去市场份额。因此，即便是“跟风”，也要在节假日期间发起促销活动，才能起到争抢用户关注度，争取市场份额的作用。

利用节假日依托法来拟定主题可以采取以下 3 种形式。

①节日+品牌+优惠策略。

②品牌+节日+优惠策略+煽动语。

③优惠策略+节假日+煽动语。

实时互动:刘女士经营一家礼品公司,主营伴手礼、摆件、首饰等百余种礼品;刘女士想要做的事情是借助春节这个节假日对公司所经营的礼物进行五折促销。该如何利用节假日依托法拟定活动主题呢?

(2)自拟节日法

自拟节日法,就是企业选择合适的时间凭空创造出一个节日来对产品进行促销、对品牌进行造势,从而吸引更多消费者的关注,让企业始终在消费者面前保持新鲜感,从而促进购买。

使用自拟节日法来确定活动主题有以下优势。

①增加曝光度。企业自拟节日,也就意味多了一个可以发起促销活动的噱头与时间点,在无形中为企业打造了一个可供促销的节点,使企业可以依托自己编造的这个节日来进行促销,而消费者也不会感到奇怪。久而久之,在这个自拟节日的当天企业的销售量会直线飙升。

②使品牌年轻化。自拟节日在无形中传递给消费者一个信号:这个企业的思维比较活跃,这就在无形中树立了品牌年轻、前卫的形象。

③促进销售。自拟节日是需要惯性的,而一旦形成惯性,消费者就会知道每年的这一天都是这个企业的节日,都会有促销活动,那么消费者就会下意识地记住这个日子,从而选择在这一天进行海量购买。没有购买需求的人也会在这一天因为这个节日而留意一下品牌,这就在无形中促进了销售。

使用自拟节日法应注意以下问题。

①与企业相关。所拟定的节日一定要与本企业及产品息息相关,这样才能起到通过活动来宣传企业和品牌的作用。如果相关度小,就会使消费者感到莫名其妙,进而放弃关注。

②思维新潮。自拟节日需要给人一种新潮感、前卫感,这样才能最大限度地确保企业与年轻人打成一片,从而吸引更多的人对产品进行关注。

③时间点要自圆其说。自拟节日意味着创造了一个新节日。创立这个节日的理由,要能够自圆其说且让大众信服,这样才能够最大限度地让大众理解,进而引发共鸣,促成购买。

④养成习惯。自拟节日一旦发起,就要坚持下去,久而久之其营销力度才能显现。

⑤便于理解。虽然自拟节日比较新潮、前卫,但这并不意味着这个节日可以不被大众所理解。如果大众无法理解这个节日,那么也就不会进行传播,更谈不上促销和成交了。

◎典型案例

双十一网购狂欢节源于淘宝商城(天猫)2009 年 11 月 11 日举办的促销活动,当时参与的商家数量和促销力度均是有限的,但营业额远超预想的效果,于是 11 月 11 日成为天猫举办大规模促销活动的固定日期。近年来,双十一已成为中国电子商务行业的年度盛事,并且逐渐影响国际电子商务行业。

2018 年,是阿里第十个双十一,也是马云退休前的最后一个双十一。2 分 05 秒成交额突破 100 亿元;26 分 02 秒成交额突破 500 亿元,2017 年天猫双十一突破 500 亿元用时 40 分

12 秒;1 小时成交额达 672 亿元;天猫双十一成交额突破 1 000 亿元用时 1 小时 47 分 27 秒,2017 年突破 1 000 亿元用时 9 小时 04 秒。到 12 日零点,2018 年天猫双十一全球狂欢节的成交额在数据大屏定格:2 135 亿元,首次突破 2 000 亿元大关,物流订单数突破 10 亿。2019 年天猫双十一成交额为 2 684 亿元。

(3)故事编排法

企业发起活动有时候不单单是想要进行促销,而且还想要引发更多用户的共鸣,进而提升品牌。那么,这时候首先要做的就是"讲故事"。故事编排法,顾名思义,就是通过编排故事的方法拟定主题,进而使用户通过故事产生共鸣,或者引发好奇,从而在这种心态的驱使下参与活动,促成成交。

使用故事编排法确定活动主题的优势如下。

①易刺激情绪。由于在主题中引入了故事元素,因此更容易刺激用户的情绪,让用户产生激动、兴奋、感慨的情绪,进而在这种情绪的驱使下参与活动,促成订单。

②易树立形象。不同于利用促销策略来支撑主题的活动,利用故事编排法来策划活动能够让使用者感受到情绪,使企业变得更加具体化、人格化,从而拉近与用户之间的距离,树立亲民的企业形象。

③易促成成交。针对这类活动主题,用户会产生不同的情绪,从而在情绪的驱使下进行冲动性购买,而非仔细思考产品是否真的需要,进而在无形中缩短了购买时间,生成更多订单。

在使用故事编排法确定活动时应注意以下问题。

①故事要有深意。在主题中嵌入故事时,嵌入的故事要有深意,让用户在阅读故事之余能够感受到其隐含的深意和正能量,从而吸引用户参与活动。

②在主题中留有悬念。在主题中留有悬念可以让用户产生好奇,进而在好奇心的驱动下参与活动,产生购买。

③企业应具备一定规模。这样的活动一般以品牌形象宣传为目的,因此它的营销能力相对较弱。作为企业的策划人员,在策划这样的主题活动时应当注意企业规模。如果是不知名的小企业,则不适合采用这种主题拟定方式。

(4)促销优惠法

促销优惠法,即将企业所拟定的促销优惠策略写到主题中,来作为这次活动的主题,比如,这次活动的促销策略是 5 折优惠,那么在主题中可以写"百余种潮流服饰全部 5 折"等字样。

使用促销优惠法确定主题有以下优势。

①刺激需求。一件价格昂贵的商品突然让利打折,让大众在价格及优惠策略的驱使下产生购买欲,进而进行购买。

②刺激关注。商品打折促销,会在一定程度上吸引消费者进行关注,让消费者拥有一种"没想到这类产品这么便宜"的感觉,进而形成购买。

③增加回购率。如果一件商品的价格始终居高不下,那么消费者只能去购买同类价格较低的商品。但如果这件商品偶尔打折,就会有很多消费者在打折期间购买这款商品,一旦

使用者觉得自己得到了实惠，并且产品的质量足够好，那么在其不打折时也会进行购买，并对价格充满了期待，只要这个企业发布一些动态，使用者就会关注，在无形中增加了企业进行二次营销的机会，提升了回购率。

在使用促销优惠法时应注意以下问题。

①让利额度要大。由于促销优惠法是通过让利、打折的方式发起活动，因此商品的价格就成了吸引消费者进行购买的条件。因此，让利额度一定要大，让消费者切实感受到实惠，这样才能够达到促销的目的。

②商品质量不可打折。商品价格打折时，切记商品质量不可打折，一定要让消费者在享受实惠价格的同时，体验到与没打折时一样的服务/产品。这样，消费者才会对产品质量产生信任，进而形成回购。

③积累客户信息。在使用优惠促销法发起活动时，要搜集客户信息，将客户聚拢到一个平台上。这样，当企业再有活动，或者有新产品上市及发布任何动态时，都能够让这些客服第一时间看到，进而形成购买，也便于对产品感兴趣的老客户回购及追踪企业信息。

实时互动：张经理经营一家服装公司，现在想通过促销优惠法对产品进行倾销。他拟定的销售策略是：①反季产品5折销售；②应季产品全部8折。那么，这次促销活动的主题可以怎么拟定呢？

(5)公益行动法

公益行动法，即企业通过发起公益活动，或者参与公益活动，以公益的名义发起活动主题，看似不能创造任何收益，还会使企业投入很多活动经费，但企业通过开展此类型的主题活动可以收获很多。

①吸引关注。一般新闻媒体都会争相报道/围观大中企业的公益活动，这就使企业拥有了曝光度。一旦有媒体报道，就相当于为企业进行了一次免费宣传，从而使企业吸引到更多关注。

②树立正面形象。公益活动往往与慈善、正能量挂钩，所以企业发起或参与公益活动能够很好地树立正面形象，使消费者记住企业品牌。

③提升品牌影响力。在当下的新媒体时代，能够抓住大众眼球、被人记住，才能拥有影响力。企业做公益活动，能够争取到媒体的曝光，并使消费者产生共鸣，久而久之，就会在无形中提升品牌影响力，进而使更多人记住该品牌。

在使用公益行动法拟定活动主题时，要注意以下问题。

①主题要与企业相贴近。活动主题要与企业的产品或服务相关联，不要为了发起公益行动而发起活动，否则不仅起不到宣传品牌的作用，还会使消费者对你的产品或服务产生混乱。

②行动要有“梗”。为了吸引新闻媒体的关注，企业发起的公益行动主题要大或者有“梗”，最好能引起消费者的共鸣，同时还要具有新意。这样才能给新闻媒体一个报道的理由，进而吸引他们为企业免费做宣传。

③行动要切实。既然是公益活动，那么就要切实，让受惠者切实从中得到实惠。这样才能够引发共鸣、形成口碑，进而使品牌被大众记住。

◎**典型案例**

2012 年,梅赛德斯—奔驰便将全球最早、影响范围最广的儿童道路安全项目——“安全童行”正式引入中国。这个项目是戴姆勒汽车集团于 2001 年开始在全球范围内开展儿童道路安全普及和教育的项目,旨在帮助儿童适应现在及未来的道路交通环境。

梅赛德斯—奔驰携手公益合作伙伴,根据中国 4~10 岁的儿童生理心理发育、认知方式等特点开发“安全童行”课程和项目,以寓教于乐的方式倡导全方位的安全理念,致力于帮助中国儿童适应快速变化且日渐复杂的交通安全环境,为下一代在安全环境中健康、茁壮地成长不断做出努力。

梅赛德斯—奔驰“安全童行”项目进入中国以来,先后推出了适合在小学课堂教学的专项校本课程(“第一课堂”)、“安全童行”公众教育基地(“第二课堂”)和依托奔驰强大的经销商网络开展的社区教育基地(“第三课堂”)。近年来,奔驰还在项目中创新引入增强现实(AR)和虚拟现实(VR)等数字化教学设备,为孩子们打造集知识性、创造性、趣味性于一体的儿童交通安全教育课堂。

(6)理念灌输法

理念灌输法,即活动策划人员创作出一个理念,然后将这个理念通过各种方式进行释放,进而引导消费者对这个理念产生兴趣,从而参与活动。例如某些素食餐厅为了推广自己的新品素食,开展“周末轻断食,助力低碳生活”活动,引导消费者对“低碳轻食”的概念产生兴趣,加入素食行列,进而养成素食餐饮习惯,提升素食餐厅在周末的营业额。

在使用理念灌输法确定活动主题时应注意以下问题。

①理念要与企业相关。活动策划者创作的理念一定要与企业息息相关,这样消费者才能够在第一时间接收到信息,从而最大限度地记住品牌和活动,从而选择购买和参加活动。

②理念要简洁易懂。活动策划者创作的理念一定要简洁易懂,从而使消费者能最大限度地接收到信息,进而参与活动。

③理念要足够新颖。既然是自拟理念,就一定要足够新颖。只要这样,才能激发年轻用户的好奇心,吸引当下及未来的主流购买力参与活动并进行营销。

(7)团建竞赛法

团建竞赛法,顾名思义,就是企业以团队建设和竞赛的名义发起活动。在确定这类主题时,应该明确企业的特色和竞争力,以及主打产品的情况。只有这样,才能使活动变得有趣,同时也能够使参与者记住企业。

使用团建竞赛法确定活动主题的优势如下。

①煽动力强。这类主题可以明确地告诉消费者企业要做什么,从而使消费者可以对企业要做的事情一目了然,进而在第一时间选择参与或者不参与,煽动力很强。

②拉近与消费者的距离。这类主题活动已经明确地告诉消费者我们是需要进行互动的,所以消费者一旦产生兴趣,就会立即加入进来,拉近了企业与消费者的距离,进而使消费者对企业产生好感。

在使用团建竞赛法确定活动主题时应注意以下问题。

①语言要有煽动性。拟定这类活动主题时,语言要具备一定的煽动性,烘托出团队建设

或者挑战的氛围,从而使消费者在无形中感受到力量,进而增加认同感和想要进行挑战的动力。

②要与企业相关。挑战的内容一定要与企业相关。比如,企业的产品是啤酒,那么就可以发起“千杯不醉”的挑战。再如,企业的产品是旅游风景区,那么就可以发起“徒步登山”等挑战。这样才能够使消费者在参与的同时记住企业。

【任务演练】

当我们聊起抖音你会想起什么?是一个新兴起的营销渠道?是一个音乐类短视频App?或者是一个时间杀手,本想看20分钟,转眼已过2小时?五一节马上到了,请你拟定主题,为短视频平台做一次活动策划。

任务2 主题活动形式创意

【导入案例】

今日头条“冬日森林”创意互动展

2018年11月17—18日,今日头条联合29位内容创作者在北京打造了2 200平方米的“冬日森林”创意互动展。利用“打卡”心理、年轻化场景和多重奖励机制策划出“网红级”的线上分享+线下体验营销活动。

这场创意互动展共分为6大区域和29个主题创意展位,其中随处可见“打卡爱好者”们热衷的INS风、古风、Geek风等“网红式”主题。例如:环球旅游博主“小小莎老师”的摩洛哥风帐篷,宝蓝色沙漠帐篷加上具有代表性的繁复花纹,把世界热门旅行打卡地搬到了现场。国风展区展示的手工蜡染、古法造纸、苗族刺绣、手工风筝、《山海经》画作等非物质文化遗产变身用户“打卡”的最佳背景墙。不仅可以看,用户还可以现场扎风筝、绣刺绣、制作脱胎于《山海经》的《观山海》填色卡片。此外,现场还设计了许多以锦鲤、脱发等社交话题为主题的“打卡”道具,用户可以拍照后上传网络进行分享。“冬日森林”里还设置了随机奖励、目标达成、竞争获胜等互动比赛环节,例如:头条号作者“大胃Mini”发起的“吃货大作战”,挑战大胃家族的12道美食题,就能瓜分万元奖励;头条号“小陶农夫”让用户可以亲手体验陶瓷制作过程,体验“目标达成”的满足感。

通过多样化的互动设置,“冬日森林”让用户尽情去“打卡”、去“闯关”、去“挑战”、去“完成一件作品”,提升了用户的参与度和体验度,让大家在自然的体验中感知今日头条内容的多样、丰富与有趣,圆满达成了实现品牌营销目标的任务,起到传递品牌主张、宣传业务或产品的效果。

一个极具创意、新颖的活动形式是需要两大方面相辅相成的,一是活动的策划,二是活动的执行。而活动策划是成功的基础,也是最重要的部分。不管是线上的活动,还是线下的活动,一个有创意的活动承担了用户的拉新、促活、转化和扩大产品传播及影响力等功能,不仅能带来流量,形成流量裂变,而且随着活动产品化,变成运营的功能模块,还能产生巨大的商业价值。说到底,活动就是为了让更多的人来参与,而创意则是为了保障活动有更多的人来参与。

7.2.1 主题活动的分类

通常我们可以把主题活动按照开展的场地分为线上和线下两大类型。

1)线上活动

场地依托于网络,按照活动的属性和形式,一般有两种情况:一是不需要借助第三方平台,活动完全在自己的官网、App 应用上进行,比如支付宝集福活动;二是借助于第三方软件、平台,作为活动开展的场地。

2)线下活动

场地选择更加多样化,可以根据活动参与人数确定场地的大小、类型,例如酒店、会展中心、咖啡厅、剧院、私人场所等。

7.2.2 线上主题活动的创意形式

当下,随着网络技术的快速发展和各种平台的崛起,借助线上活动来实现营销目的更加具有可行性,而且相比传统的线下活动,线上的营销活动具有成本低、传播速度快、交互性强、形式灵活、沟通及时、精准性强等优势。随着网络营销活动的竞争越发激烈,其形式和创意也是花样百出,在不同的时期有着不同的主流、热门营销方式和趋势。

1)以"微信"为代表的社交平台活动

微信是如今比较火爆的社交工具,所以成为各大企业、品牌的引流战场,微信朋友圈和微信公众号已经成为活动策划者进行活动的一大根据地。

微信朋友圈活动是指活动策划者利用微信朋友圈的功能,呼吁自己的微信朋友积极参与活动,且鼓动他们转发,形成"病毒"式传播,从而得到更好的曝光率。

常见的社交平台活动形式有以下 6 种。

(1)投票活动

微信投票已成为宣传品牌的热门营销手段,它具有制作成本低廉、制作过程简便、为商家引流效果明显、推广品牌产品迅速等特点。

(2)产品分享

此类需要用奖品诱导社交平台好友进行参与;在设置诱导条件时,可以借势明星,这样活动噱头会更吸引人。

(3)优惠活动

此类活动的优惠力度必须足够吸引人。

(4)转发、评论抽奖活动

让社交平台好友转发活动内容，对于社交平台好友来说，一般有奖品都会进行转发的。

(5)积赞抽奖活动

规定一个积攒数量，将积赞和转发搭配在一起，这样才能让活动出现在更多人面前。

(6)扫描二维码活动

用红包、福利来吸引社交平台好友扫描二维码，推动参与度。这样的活动如果能与一些节假日搭配在一起，既能借助节日气氛来渲染活动，又不显得活动出现得过于平凡而感到无趣。

活动策划者可以根据不同的目的来选择具体的活动形式。例如，活动目的若为促销产品，则可以选择优惠活动；活动目的若为提高品牌、产品知名度，则可以选择积赞、转发、评论活动；若活动目的只是想增加企业、个人公众号关注数量，则可以选择扫描二维码活动。

2)以“微博”为代表的新媒体活动

新媒体活动，就是在新媒体平台上进行的活动，而新媒体的“新”是一个相对的概念，指的是继报刊、广播、电视等传统媒体之后发展起来的新的媒体形态，主要包括网络媒体、手机媒体、数字电视等。

与传统媒体相比，新媒体信息传播更快、更及时，传播的深度和广度也是传统媒体无法企及的，其优势非常明显，许多传统媒体也逐渐向新媒体的方向转型发展。

新媒体活动涵盖了所有可以通过网络途径举办的活动形式。以“微博”为例，常见的微博活动形式有以下 8 种。

(1)问答互动型

这是在微博平台早期最常被使用的一种活动形式，通常是活动发起者准备好发起问题和备选答案，然后通过微博发布问题，参与的微博用户在评论里选择答案并转发。活动目的通常是品牌知识和价值的传播，但由于这种活动的发起品牌往往太过于注重品牌知识和价值的宣传普及，使活动的趣味性和吸引力有所减弱，因此该种活动逐渐和抽奖结合，使纯粹的宣传性活动变了味。

(2)话题讨论型

活动组织者发起话题并配合一些利益诱惑，激发微博用户的参与和分享。这类活动具有形式简单、可参与性强、话题丰富等特点。凭借这些特点，话题型活动已成为现今微博上最常见的活动类型，同时也是品牌推广最惯用的活动类型。品牌微博就经常发起话题活动，并将品牌理念、品牌文化等营销元素添加到话题讨论之中。通常参与话题讨论型活动的方式有转发+评论、评论、发布话题这 3 种。

(3)趣味游戏型

此类活动以游戏作为受众互动的形式，以娱乐精神作为活动的主题指导，较常利用网络流行热点和微博更新的应用功能来发挥创意，可以通过文字、图片承载游戏的互动形式，如常见的造句盖楼、找茬、鲁迅体、洪荒体等形式。

◎典型案例

“ALS 冰桶挑战赛”是一项在互联网上举办的公益活动，活动规则要求活动参与者在网络上发布一个视频，视频的内容为参与者自己被冰水从头顶浇遍全身，然后该参与者便可以指定其他人来接力活动。而被指定者如果不在 24 小时内完成挑战，就要选择为对抗“肌萎缩侧索硬化症”捐出 100 美元。该活动集宣传与募捐两个目的为一体，在宣传被称为渐冻人的罕见疾病的同时也可以为帮助渐冻人患者治疗进行募捐。

因为富有创意的活动形式和公益成分的叠加作用，冰桶挑战在互联网上呈现病毒式传播之势，光是在新浪微博上相关内容的点击量就已达到了 45 亿。

(4)表决型

此类活动通常以微博投票的形式出现，参与门槛非常低，观点鲜明、易于传播是其显著特点。微博投票功能一经实现便得到了广大微博用户和商家的青睐。促销推广、概念沟通、网民调查等活动都是微博投票活动大展身手的领域。

(5)惊奇型

活动组织者在活动环节上设置一些充满惊喜的元素，增强活动的趣味性，让活动参与者们有所期待或获得惊喜，增加对活动的好感度。

(6)悬念猜测型

活动组织者发起悬念猜测型活动，吸引人们关注，然后有秩序、有节奏地推进活动进程。常见的有两种方式：一种是发起悬念话题，然后配合奖励机制吸引微博用户参加；另一种则以活动代言人的身份作为悬念来吸引眼球，后续配合充满悬念的活动内容，持续引发关注者的好奇心，使活动在微博上甚至整个互联网上形成病毒式传播。

(7)悬赏型

活动组织者以企业需求发起“悬赏”活动，吸引微博用户关注活动、讨论活动、参与活动。

(8)推动型

活动内容和活动奖励环节都由活动参与者决定或选择，参与者推动活动进行，能够充分激发参与受众的自主意识和积极性。以“众筹”活动最为常见，参与者通过选择不同的众筹项目便可以选择不同的回馈礼品，并且还可以对活动发表建议和评价。

7.2.3　线下主题活动的创意形式

企业通过做活动，或提升品牌知名度，或吸引新受众提高市场占有率，或增加产品的销售量；用户参与活动，或满足物质需求，或满足心理需要。一场成功的活动能够让发起方和参与方都获利。

线下活动与线上活动一样，活动形式在进行策划的过程中也需要活动策划者具有发散性思维。除此之外，线下活动的策划还需要从消费者入手，以消费者为核心，从满足“消费者期待”和“消费者需求”两个方面入手，才能策划出一个容易吸引消费者注意力的活动。

通过区分不同的营销目的，我们可以把线下主题活动分为以下两类。

1)以品牌推广、客户关系、理念传播为主要目的

(1)营销沙龙

沙龙(法语 Salon)一词最初在法语中意为较大的客厅，特指上层人物的豪华会客厅。17 世纪之后逐渐指一种在欣赏美术作品的同时，谈论艺术、玩纸牌和聊天的场合。营销沙龙，则是指以营销为目的的研讨、聚会活动形式。一般来说，为保证活动的体验感，线下营销沙龙参与人数应控制在20人左右；同时需为参与用户准备与企业、品牌相关的宣传品，例如宣传册、易拉宝等，活动期间互动环节应准备一些奖品。

(2)体验课堂

体验课堂最初常见于教育机构的营销活动，是教育机构作为招生宣传的重要手段之一。目的在于通过一次免费的体验课，让观望的潜在用户对课程、师资、机构等方面有更详细、直观的了解，最终转化为销售。现在电子类产品、美容护肤类产品、养生保健类产品都有广泛的运用。

◎**资料链接**

"Today at Apple"是苹果于2017年4月推出的一个概念，于2017年5月正式实施。它由一系列涵盖了照片、视频、音乐、编程、艺术和设计等主题的教育互动课程构成，这些实践操作课程被统称为"Today at Apple"。

"Today at Apple"是Apple不断改进体验，为客户们提供更优质服务的尝试。这些众多的教育课程从客户最喜爱的Apple产品的功能特色出发，内容涵盖了各个技能水平和年龄层。在Apple的零售店，每个人能互相展开交流，探索新的事物，或者将自己的技能提升到更高的层次。

这使得Apple Store不仅是销售产品的地方，还成为一个能丰富人们生活，帮助人们发挥创造力的地方。

人们可以在苹果的官网寻找到"Today at Apple"的相关信息，只需要选择你想去的苹果零售店的位置，就能查询到最近的课程安排。

(3)知识讲座

举办线下知识讲座是把新的消费理念、新的生活方式等观念与思想通过知识讲座的形式来教育与引导消费者和潜在消费者，使消费者和潜在消费者接受新的消费理念与生活方式，改变原有的思维习惯、消费习俗、生活方式。只要让消费者接受了一种新的消费观念，就能出现一股新的消费热潮，实现消费的快速增长。这种形式的线下活动在奢侈品、保健食品、保险业等行业更为突出。

◎**典型案例**

上海交大昂立公司在这方面做得颇为不错。该公司通过开展"送你一把健康金钥匙"的科普活动，进入社区举办科普讲座，广泛向市民赠送科学书籍，并通过媒体举办科普知识竞赛，这些活动不夹杂产品的促销，其间并不要求参加者购买产品，但效果却是任何形式的产品营销所达不到的。通过提高市民的科学健康理念，引发人们对生物科技产品的购买欲望，拉动了市场需求。该公司也从一家资产仅36万元的校办企业迅速发展成为产值达10亿元的现代化生物医药支柱企业。

2)以促进销售为主要目的

促销活动 18 种常见形式如表 7.1 所示。

表 7.1 促销活动的 18 种常见形式

打折销售	赠送抵用券	特卖会
以旧换新	展开竞赛活动	试吃活动
买一赠一	满 199 元抽奖	刷信用卡五折
满 99 兑奖	满 999 元抵 200 元	换季折扣
赠送样品	会员积分兑奖	分期付款
赠送其他礼品	节日促销	展销会

【任务演练】

H 火锅品牌一直以服务极好为名,也是餐饮界人们口耳相传的热门品牌,就算是如此出名,也需要通过活动来保持消费者对其的新鲜感。请你为 H 火锅品牌策划一场“线上+线下”的主题营销活动。

任务 3 主题活动策划的实施

主题活动之所以要策划,是为了让活动变得更有意义,能为企业实现更高的目标。活动从开展到结束,整个过程中的人员配备、活动地点、活动宣传等方面都是需要一定成本的,若企业不进行详细的策划就盲目开展活动,那么很有可能造成活动成本增加但活动效果不明显的后果,可谓“赔了夫人又折兵”。

企业在进行主题活动策划之前,需要将活动总体方案按“5W+2H”原则简单地策划出来,形成一个大体的活动雏形,为后续工作提供有效方向。

Why:为何做? 需要了解活动的背景,是常规活动、节假日活动还是周年活动。

What:做什么? 活动的目的是什么? 是拉新、活跃、留存还是营收?

When:何时做? 即确定活动时间,什么时候开始什么时候结束。

Where:在哪里做? 确定活动地点,线上还是线下。

Who:相关人? 活动针对的对象是谁。

How:怎么做? 即活动的流程、方案如何。

How Much:多少钱? 即预计投入及产出值等。

7.3.1 活动策划的要点

1) Why & What——**明确活动举行的根本目的**

活动策划前首先要明确活动的根本目标,没有清晰的活动目标就无法去构思具体的活动步骤。在不清楚活动目标的情况下,靠臆测贸然组织活动策划工作很可能让后续的工作难以进行。所以一定要提前了解清楚活动的根本目标再进行后续工作。

根据活动的根本目标的不同,活动的策划方式也不同。如果根本目标是宣传品牌形象,活动地点又指定在人口密集的大城市,那就可以借助"明星效应",邀请明星举办圣诞的文娱晚会,再联系一些知名媒体进行转播、宣传,以此造成巨大的社会影响来宣传品牌。现今明星参加的综艺"真人秀"节目越来越多,许多品牌会选择冠名赞助节目的方式来进行宣传,也不失为一种好方法。

如果活动的根本目的是提升企业形象,那就可以由企业主导,进行一场公益活动,以此来提升企业在社会大众心目中的形象。

如果活动的根本目的不是宣传而是赢利,那就可以以产品促销为中心,借助"新品上市""产品升级""时事热点""节气节日""周年庆""会员日"等机会举办一场盛大的营销活动,既不引起消费者的反感,又能使效益最大化。

2) When ——**选择合适的时间**

对于活动策划来说,时间是比较核心的一个部分,时间选择是否合适能决定活动策划的成功程度。

时间对活动策划者来说具有非常大的作用力,具体体现在可以影响活动出席人数,可以影响出席者的逗留时间,可以影响活动受注意程度。若时间没有选择恰当,则会影响活动举办的效果;若时间选择恰当,则会成为促进活动成功的利器。

例如,某洗衣液品牌在超市外场举办大型促销活动,还邀请了当地电视台知名主持人担当主持,但活动当天参与人数寥寥无几,失败的原因是活动主办方把时间定在了中午 12—14 点,这个时间段附近居民都在家准备午餐,并没有时间来参加促销活动。

一般来说,活动策划者在选择活动时间的过程中,所需要考虑的因素如表 7.2 所示。

表 7.2 选择活动的时间需考虑的因素

因 素	内 容
关于活动对象	避开活动对象工作日的时间,最好选择周末的时间
关于活动嘉宾	考虑活动嘉宾的时间安排表
关于天气	天气不好,会影响活动对象、活动嘉宾、工作人员的心情,且对出行有所影响,很有可能会让活动对象产生不出席活动的念头
关于高峰期	若在工作日进行活动,需避免在下班高峰期结束,如 16:30—17:00
居民生活习惯	开展时间不宜太早或太晚,且历时不宜过长,一般控制在 1~2 个小时即可

续表

因　素	内　容
关于竞争对手	如果有实力更强的竞争对手在同时期举办活动,应该尽量避免撞车,否则容易被竞争对手抢风头,陷入被动局面,甚至无人问津
关于公司内部	同期公司内部是否已经有其他大型活动在举行,如果有的话便不适宜再发起活动了,从而确保企业的精力不被分散,使活动效果最大化
注意风俗习惯	若主要活动对象是外国人或有宗教信仰,需要注意他们所忌讳的数字,或者考虑是否与宗教活动相冲突
适当选择节日	活动最好能借助节日来烘托气氛。但是春节这样的节日,大家希望和家人在一起过年,又比如国庆,很多人都会计划出游,若是在这样的节日中举办活动,是难以邀请到出席者的

实时互动:李经理经营一家玩具公司。正值 7 月份,现在有一款智能早教机需要打入市场,于是他想要在 8 月份发起活动。但是,李经理得知在 9 月份行业内有一个大型玩具展会。而且,8 月份行业内颇有声望的 A 公司也会搞活动。另外,现在李经理的公司正在举行大型招聘会。这让李经理犯了难,到底该将活动时间选择在什么时候比较合适呢?如果你是李经理,该如何选择呢?

3) Where——**选择合适的地点**

地点能决定活动策划的营销效果,若在合适的地点举行活动,效果会非常显著;若在不合适的地点举行活动,则活动效果会大打折扣。

地点在活动策划中是必不可少的一环,若没有这一环,那么活动就会出现无从下手的情况,届时再好的活动也不能给企业带来任何利益。由此,活动地点的选择也是活动策划者需要上心的要素之一。

地点的选择对活动运行的影响体现在以下 3 个方面。

①活动无法展现。

②无法吸引更多受众。

③活动目的无法达成。

在选择活动地点时,首先要考虑的因素就是根据活动类型来选择地点,如表 7.3 所示。

表 7.3　根据活动类型选择地点

活动类型	地点选择
在互联网上做促销	热门购物网站、热门社交平台
晚会活动	大型酒店、私人场地
室外促销活动	人流量大的商场、广场中心

还需要注意考虑成本问题,要根据企业可接受范围内的总花费来确定活动场地,如表 7.4 所示。

表 7.4 活动场地和成本因素

活动场地	成本因素
酒店	住宿条件、就餐条件、服务等是否值价
购物网站	广告费、物流成本
室外促销场地	场地使用费、清洁费、能源费

在选择场地时,一定要注意选择交通便利、不偏僻的地点。在选定了场地后,还需要针对地点的合适性考虑以下问题。

①场地原有摆设是否需要搬离?搬离是否需要额外费用?

②是否全程需要清洁人员?如何收费?

③地点的容量(容纳人数、容纳设备量、能否进行表演)。

④场地的环境(是否有噪声、安全性如何)。

⑤场地的设施(是否有提供休息的地方,卫生间状况是否符合要求,餐具是否齐全。)

4)Who——选择合适的活动对象

活动对象是关键的环节,即我们要清楚活动是面向哪些人,活动由谁来做。

(1)对谁做

我们首先要了解活动的目标受众群体,他们的基础画像特征如性别年龄、行为习惯、爱好等,还要了解其活动区域,同时还需要关注他们的合作对象。

活动目标受众群体是由活动目的所决定的,而非固定不变的。一般情况下,根据发起活动目的的不同,我们可以参照以下标准确定活动的目标受众群体。

①新老客户维系。针对这一活动目的,我们可以邀请之前与本公司合作过的老客户,以及有购买意向的新客户。这样,发起活动不仅能够起到维系新老客户的作用,同时还能针对意向客户起到逼单作用。

②新品促销。针对新品促销,可以邀请老客户及合作伙伴、分销商来为活动助力。这样,既能够让老客户知道公司有新品上市,还能够让合作伙伴与分销商看到公司的前景,增加对公司的信任。

③团队建设。团队建设一般是公司内部的活动,因此有必要邀请公司管理层一起来参加活动。这样,一方面能够让管理层与一线员工拉近距离,增加员工的归属感及认同感;另一方面,也能让管理层看到员工风貌,更好地了解员工。

④年终庆典。企业年终庆典不仅是对一年业绩的总结,同时也是维系老客户和大客户的绝佳时机。因此可以邀请老客户、大客户,以及优秀员工的家属来参加活动。这样,不仅能够让老客户和大客户看到企业风貌,对企业整体情况有所了解,增加信任感,还能够让优秀员工增加对企业的归属感,让员工家属对企业也拥有认同感。

⑤新品发布。新品发布,意味着要让新品被更多的人了解。因此,我们有必要邀请老客户、媒体及业界精英人物/公司。只有这样,才能够起到宣传作用。当业界的精英人物/公司对企业新品产生好感时,就会吸引更多的人来关注新品。

⑥行业交流。既然是行业交流，自然就少不了行业精英人物与公司。除此之外，一些行业内的公益性团体、自由评论员、媒体也应该在被邀请的范围之内。这样才能达到进行专业技术交流的目的，将大众的目光吸引过来。

⑦资源对接。资源对接，也就意味着邀请来的企业要与本企业拥有一定的互补性，这样才能够起到对接、合作的作用，因此需要根据企业自身情况邀请合适的公司。比如，电商平台可以邀请物流公司进行资源对接；服装设计公司可以邀请服装厂、广告公司、新闻媒体、物流公司进行资源对接。

(2)谁来做

成功的活动离不开好的活动策划与执行人员，也离不开好的组织架构。

在抽调活动参与人员时，需要记住一个原则：确保日常工作任务的完成度。只有在企业日常工作任务完成的基础上发起活动，才能起到促进销售、锦上添花的作用。

在抽调活动参与人员，搭建活动团队架构时应注意以下问题。

①新老员工搭配。抽调出来的活动参与人员，至少有一人应该是老员工，从而确保活动与公司的贴合度，不至于造成活动主题与效果产生偏颇。

②技能搭配。活动参与人员团队中的人员技能搭配要合理。一般情况下，应该有一个人擅长统筹调度，一个人擅长结算资金，一个人擅长主持及活跃气氛，一个人擅长处理突发事件，一个人擅长搜集整理数据，从而使活动参与人员的技能互补，进而策划出一个非常好的活动。

③责任到人。在确定好活动参与人员之后，还要注意责任到人，将活动的每个步骤都分配到对应的责任人身上，才能够使所有参与者都有责任感，从而调动大家的参与度和积极性。同时也能确保活动的每个环节都不会出现纰漏。

④一人核心领导。搭建活动策划与执行团队时，一定要注意只能有一个核心领导人，这样才能够确保活动的有效执行。当团队成员遇到问题时，也能够在第一时间找到负责人，进而协商解决。

⑤层级不宜过多。虽然层级能够有效帮助领导者平摊工作压力，但在搭建活动团队架构时不宜将团队层级设置得过多，否则，会造成团队冗员，进而出现高层指使中层、中层指使低层、低层人员被累死的局面。

团队架构如图7.4所示。

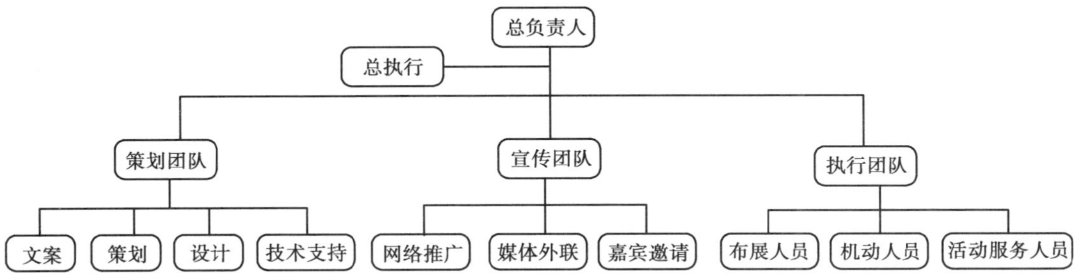

图7.4　团队架构

7.3.2　主题活动流程的安排

当做好策划活动前的筹备工作,并确定好活动主题后,接下来就是要安排"怎么做",所要做的就是安排活动流程。安排活动流程通常最耗费人力物力,需要确定核心的活动策略、详细的实施步骤、具体的推广渠道、明确的人员分工、精准的时间把控、精确的物料筹备。

1)根据活动时间确定活动模块时长

一般情况下,活动总体时长分为两种。

(1)一整天(10:00—15:00)

针对这样的活动,应该着重策划 10:20—11:00 和 13:00—14:00 这两大时间段,因为这刚好是参与者到场的时间段及精力最集中的时间段,同时,也是意向客户逗留一段时间后,最渴望得知企业销售策略的时间段。因此,应该在这两大时间段着重讲解营销策略,而其他时间可以穿插一些小节目、小表演,如表 7.5 所示。

表 7.5　活动安排

时间段	活动内容
10:00—10:20	活动开场、暖场表演
10:20—11:00	营销策略详解
11:00—12:00	互动游戏
12:00—13:00	午休
13:00—13:20	下午活动暖场
13:20—14:00	营销策略详解
14:00—15:00	互动游戏/表演

(2)半天(2~3 个小时)

针对这样的活动,我们可以设半个小时组织一次抽奖活动,以起到最大限度地增加参与者逗留时长的作用。同时,以半小时为限,针对产品进行宣讲,从而使后到场的人可以及时获取企业的营销策略等信息,如表 7.6 所示。

表 7.6　活动安排

时间段	活动内容
第一个小时	暖场表演+抽奖
第二个小时	营销策略详解+抽奖
第三个小时	逼单、催单+互动游戏/现场表演+抽奖

2）根据活动目的确定活动内容

根据企业举办活动的不同目的，可以设置不同的活动内容，在确定活动内容时需注意以下问题。

①活动内容要符合活动目的。

②活动内容要与企业相关。

③活动内容要新颖有趣。

表 7.7 给出了常见的活动内容搭配，在实际操作的过程中需要根据企业自身的情况对活动内容进行调整。

表 7.7 根据活动目的确定活动内容

活动目的	适合内容
促销回馈	歌舞表演/小丑杂耍/节日会/聚餐/讲座/现场咨询/打折/试用/试吃
品牌塑造	公益活动（义务支教、义务社区服务等）
增加用户关注度	线上新媒体活动
客户维系	酒会/资源对接会/文化旅行/高尔夫球比赛
客户拓展	技术交流会/资源对接会/博览会
团队搭建	拓展游戏/真人 CS/聚餐/KTV

3）根据活动嘉宾情况设定致辞环节

在活动中，少不了嘉宾致辞的环节，通常按照以下 4 种设定规则来安排。

（1）从小到大

嘉宾致辞时依据嘉宾的影响力、社会地位，从小到大依次发言，达到重磅嘉宾最后出场的目的，从而增加参与者的期待感，增加参与者对活动的关注时间。

（2）从大到小

嘉宾致辞时依据嘉宾的影响力、社会地位，从大到小依次发言。这样做能让参与者在活动一开始就感受到企业的实力。通过重磅嘉宾，烘托出活动的火爆氛围。但是，这样做的弊端是无法保证参与者对活动的持续关注。

（3）从远到近

被邀请嘉宾率先发言，本公司的领导者后发言，从而突出企业对嘉宾的重视。同时，能够让参与者分清发言者的立场和主办方的关系，进而选择对自己有价值的内容进行关注。

（4）大领导优先及殿后

这种设定常常出现在大型活动中，即让大领导在活动开始时进行致辞，在活动结束后进行总结，从而烘托出领导的重要性。

4）通过模拟推演更改活动内容

在实际发起活动之前，还需要对活动流程到活动场地进行反复的实操预演。这样做是为了达到以下目的。

(1)熟络活动流程

发起一个活动需要活动主办方、活动主持人、演职人员等多方人员的共同配合。为了使各方人员都能明确自己的事务,在活动中拥有良好的表现,必须通过模拟推演的方式让所有人都熟悉活动流程。

(2)确保万无一失

在活动实际执行过程中,往往会出现这样那样的纰漏,通过模拟推演能够让活动中的纰漏提前暴露出来,从而给活动主办方留有充足的时间来解决这些问题,以确保活动真正发起时不再发生纰漏。

(3)确保活动落地

有时候活动的策划人员会脑洞大开,他们认为能够轻松实现的事情,在实际操作的过程中却很难实现。因此,为了确保活动创意落地,有必要在活动发起前对活动进行预演,从而使所有的创意都能够被实现。

7.3.3 主题活动费用预算

在进行活动策划的过程中,活动策划者需要清楚一次活动大概的成本花费,并制定费用预算表提交给企业管理者,然后获得活动资金。而活动策划者需要按照活动资金预算进行整个活动的策划。

一般来说,进行活动预算需要涉及以下几大模块。

(1)物料费用

活动现场所需要的细碎物料,如 LED 屏、桌椅、盒饭、文化衫、音响、灯具等,这些用于布置活动现场及活动现场人员调度所形成的费用,都算作物料费用。

(2)礼品费用

活动现场会准备一些发放给意向客户的礼品,或者是用于抽奖的礼品,这些礼品的费用都可以算作礼品费用。

(3)人员费用

人员费用,即活动现场外聘人员的工资、劳务费等。比如,这次活动因为需要搭舞台脚手架,聘请了 10 名工人,那么付给这 10 名工人的工资就是人员费用。

(4)媒体费用

媒体费用是指宣传本次活动时所产生的费用,一般包括户外广告、电视广告、新媒体广告等宣传费用。

(5)场地费用

租赁活动场地所产生的费用。

实时互动:王经理最近要举办一场展会,活动现场需要用到桌椅 50 组、条幅 2 条、展架 1 个、麦克风 2 支、音响 2 个、灯光 1 组,折合人民币 20 000 元左右。活动场地租赁费用为 5 000元。除此之外,他还准备了价值 200 元的伴手礼 100 份,邀请了一位专业主持人来主持展会,每场报酬 3 000 元。你能帮王经理做一下本场展会的预算吗?

【任务演练】

某公司为缓解员工工作压力、增强员工团队合作精神、体现公司对员工的关爱、增进员工之间的互动交流，准备在2021年上半年举办一次员工团建活动。你作为这次活动策划的主要负责人，请撰写一份详细的活动策划书提交给公司领导审核。

【重点概括】

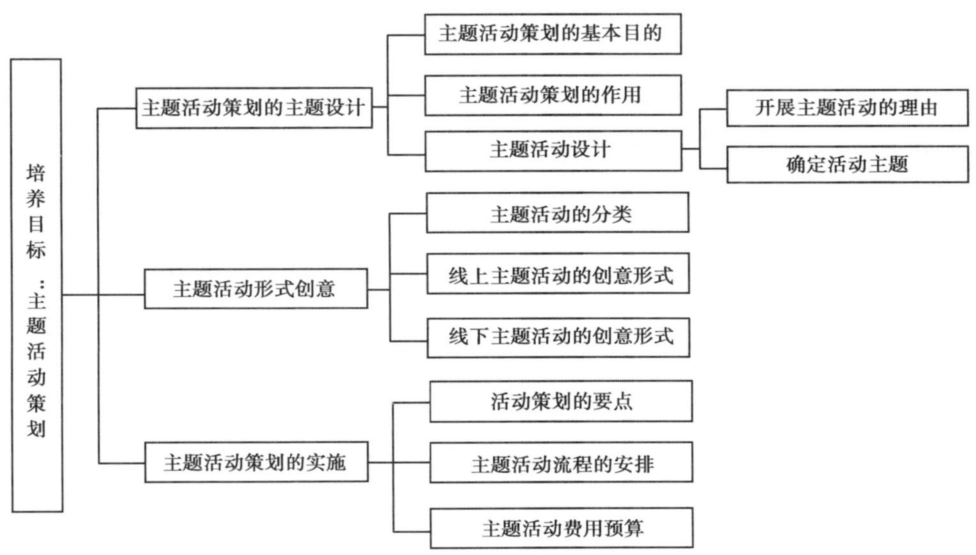

【课后思考】

1.请问主题活动策划的作用有哪些？

2.可以运用哪些方法来确定活动主题？

3.请问在制定主题活动流程时需要注意什么细节问题？

【案例分析】

某汽车销售公司借助新浪微博这一平台开展了一场“我车我秀”的活动。这次活动的目的有6个。

①提升公司品牌知名度。

②增加高质量活跃粉丝。

③吸引潜在客户。

④增加网络营销业务。

⑤增加公司官方微博平台的曝光度。

⑥为后期活动做铺垫。

因为“我车我秀”活动的目的是吸引关注,增加粉丝,为后期活动做铺垫,所以采用了微博有奖转发这一形式来做活动。

又因为“我车我秀”活动是一个前期宣传推广的活动,活动主办方显然要将重点资源放到后期的活动上,所以“我车我秀”活动将活动重点放在宣传推广上,在微博上发布了活动宣传推广信息。

为了增加宣传效果,提高活动参与率,“我车我秀”活动在参与方式上也动了一番心思,具体参与方式如下。

第一步,关注××××汽车新浪官方微博。

第二步,转发评论微博+@3 位或以上好友成为××××汽车官方微博的粉丝。

第三步,上传你和爱车的照片到新浪微博并@××××汽车。

第四步,转发评论微博+@3 位或以上好友成为××××汽车官方微博的粉丝。

第五步,等待新浪微博平台抽奖结果。

从这些规则可以看出,该活动门槛低,内容操作简便,并且很好地满足了主办方的需求。

案例分析:

“我车我秀”活动很好地抓住了自身的定位和活动的重点,其成功的关键有 3 点。

1.活动宣传有重点:活动的多数预算都投入了宣传工作中。

2.活动规则合理:既确保了活动易于参加,又保障了活动的目的。

3.丰富的奖品:奖品丰富,能吸引更广泛的潜在受众参加。

【实训项目】

实训目标:

该项目帮助学生掌握主题活动策划的基本技能。“纯白摄影”是一家位于重庆沙坪坝区大学城熙街的摄影店,附近还有两家同类型的摄影店。11 月将至,该店准备请你为该店制订一份主题活动促销方案。

实训内容与要求:

1.小组分析该摄影店的特点和优势,讨论活动时间的特殊性,为该摄影店寻找此次主题活动促销方案策划的切入点。

2.小组讨论确定活动主题和活动目的,讨论具体活动方式的选择。

3.制订方案。小组制订活动的形式和针对顾客的具体方案,并提出方案中活动的注意事项。

4.活动宣传计划的确定。

5.活动费用预算。

6.制订详细的公司内部分工计划。

7.制订评估方案。

实训效果与检测:

1.实训报告体现出主题的特点。

2.方案的可执行性。

项目8　节日活动策划

【学习目标】

知识目标

- 了解节日活动策划的内涵及特点。
- 理解节日活动策划的原则与要点。
- 掌握节日活动促销的方式与方法。
- 掌握节日活动促销推广的策略。
- 掌握节日活动促销方案的写作规则。

能力目标

- 认知节日活动促销的流程与方法。
- 学会节日活动促销方案的撰写。

任务1 认识节日活动促销策划流程

【导入案例】

中国一年一度的端午节临近,商家每年都会运用强有力的促销手段在端午节黄金旺季展开促销攻势,刺激门店粽子及相关联商品的销售,促使门店整体销售迅速大幅提升。小红是"福鼎"礼品店的老板,该店位于重庆繁华的江北商圈观音桥步行街,店铺的面积有100平方米左右,平时店里的销量每天约3 000元。小红想以端午节为主线开展系列促销,吸引客流,打造销售热潮。如果你是一名营销策划行业的从业人员,你会如何帮助她进行端午节促销活动呢?

问题讨论:节日活动促销策划的前期准备和流程有哪些?

8.1.1 节日活动策划的内涵及特点

1)节日活动策划的内涵

节日活动策划是一项以节日为载体,通过对节日活动的安排和节日内容的设置,来达到对当地优势资源的宣传或者获得经济资源收入的目的的一种策划方案。目前中国的节日已经获得了全面的发展,国家不仅支持、参与而且组织举办各种节庆日事件,这为节日营销提供了很好的市场氛围,也为企业和品牌提供了一个展现自我的绝好时机。

◎典型案例

雀巢咖啡中秋节促销策划

中秋节前夕,潇潇秋雨的一个周末下午,在重庆的某一大型超市门前,雀巢咖啡举行免费促销活动。促销小姐穿着鲜明、个性、统一的公司服装,面带微笑,热情地为每一位路过的行人递上一杯热咖啡;另一边的电视播放着公司的简介和"味道好极了"的广告语。

(一)促销时间的选择(When)

中秋节前夕的周末,人们开始高度关注节日的到来,对节日的注意力开始提高,人们开始大量购物过节,此时搞促销,容易引起人们的关注,这体现了注意力促销。中秋节虽然月饼是主角,但咖啡可以与月饼互补,进行互补营销,在吃月饼的同时喝上一杯芳香的咖啡,那感觉一定很不错。消费者在买月饼时会顺便买咖啡,因为广告语告诉你"味道好极了"。

(二)地点(Where)

人们在超市购完物以后,一般都比较累、比较渴,再加上秋后的小雨给人一丝丝凉意。此时,热情的促销小姐为你送上一杯热咖啡,以解你的劳累和口渴,消费者的心里心存感激,这一杯咖啡是一杯温情和芳香。消费者会从心里大大增加对雀巢咖啡的美好印象,为以后的消费打好了基础。这体现了亲情促销。

(三)促销对象(Who)

这一大型超市属于档次较高的超市,逛超市者绝大部分都是年轻人和中年人,他们年轻并且有购买力,正是雀巢咖啡的目标消费者,在这里做促销针对性强,有效性高。

(四)促销内容(What)

在促销中,服装统一,热情、礼貌、漂亮的促销员体现了雀巢公司的良好企业形象;"味道好极了"体现了公司品牌形象的宣传;品尝咖啡宣传了雀巢咖啡所具有的良好品质。

(五)如何促销(How)

在超市门口促销,体现了决战终端的促销策略,消费者可以近距离感受到雀巢咖啡所具有的品质和魅力。既采用了人员推销,又采用了电视推销,体现了整合传播促销。免费品尝,体现了整时营销,晚赢利的策略。现在的免费让不知道雀巢咖啡的人知道它,让潜在的消费者变成现实的消费者,让现在的消费者增加对雀巢咖啡的满意度和品牌忠诚度。

2)节日活动策划主要特点

(1)节日活动策划具有大众传播性

节日是动感的日子,欢乐的日子,捕捉人们的节日消费心理,寓动于乐,寓乐于销,制造热点,最终实现节日营销。针对不同节日,塑造不同、鲜明的活动主题,把最多顾客吸引到自己的柜台前,营造现场气氛,实现节日销售目的。

(2)节日活动策划具有深层阐释功能

广告本身所具有的属性,决定了它不可以采取全面陈述的方式来表现,但是,通过节日活动策划,可以把客户需要表达的东西说得明明白白。因此,活动策划可以把企业要传达的目标信息传播得更准确、详尽。

(3)节日活动策划具备公关职能

节日活动的策划往往是围绕一个主题展开的,这种主题大多是有关环保、节约能源等贴近百姓生活,能够获得广大消费者美誉度的。通过这些主题的开展,最大限度地树立起品牌形象,从而使消费者不单单从产品中获得使用价值,更从中获得精神层面的满足与喜悦。广告宣传尤其是公益广告的宣传有时也能够取得公关效应,但远不能与活动策划公关职能的实效性、立体性相比。

实时互动:如果恰逢端午节,我们要在超市进行粽子的节日活动促销,你会如何策划这场节日促销,来更好地促销和增加节日的气氛?

我们可以在卖场把端头设计成龙舟的形状,龙舟上既可摆放某品牌真空粽子,又可摆放宣传端午的物料,在现场营造出一个浓厚的端午节气氛。而赠送香包,开展端午文化大赛的民俗表演,更增强了节日的热闹氛围,激发了众多消费者主动参与活动的意识。

8.1.2 节日活动策划原则与要点

◎资料链接

节日活动策划在企业的日常营销中起着至关重要的作用,节日活动策划必须有针对性,

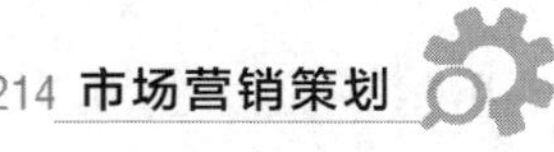

分清主次,重点解决终端通路。通过对销售商和消费者这两个终端的非常刺激,形成一条直线以拉动整个销售面的铺开。而且,节日活动促销必须有量化的指标,才能达到计划、考核、控制的目的。量化的指标通常有销售额、市场占有率、毛利率、对比日期、增长率、重复购买率、促销广告的到达率等。其中促销在节日活动策略中具有很大的作用,在节日促销活动各项准备工作到位之后,该研究如何将促销信息发布出去,如何吸引更多的消费者关注和参与促销活动。单一手段的促销效果往往是不明显的,需要围绕这些目标策划立体的节日活动推广方案。

1)节日活动策划原则

(1)突出主题

主题是节日活动的主旋律,如果主题模糊,就会使节日活动显得内容杂乱无章、效果平淡无奇,进而导致节日活动缺乏活力,前景暗淡。而鲜明的主题,会指引着节日活动各个项目的策划设计和执行,从而使整个节庆活动显得利落、有效。

◎典型案例

青岛国际啤酒节,从一开始就提出了"青岛与世界干杯"这一主题,因而使青岛国际啤酒节届届获得成功,并走向全国,走向世界。

(2)抓住特色

节日活动要办好,关键在于有特色。找准特色,就是破解了节日经济的密码;抓住特色,就是抓住了节日经济的命门。节日活动的特色主要表现在民族特色、地域特色、文化特色和时代特色上。这些特色在一些举办得比较好的城市节日中都得到了充分的体现。如哈尔滨冰灯节,在内容策划上,突出了哈尔滨地区富有浓郁特色的民族文化,设计出了一系列观赏性强的活动内容,充满了狂欢气氛,极大地吸引了来宾和市民,取得了很好的效果。

(3)广泛参与

节日活动是一种大型的群众性活动,是"市民节""狂欢节",吸引最广泛的民众参与,是节日永葆品牌生命力的灵魂。节日必须办成群众踊跃参与、国内外游客热烈推崇的活动。因此,一定要在群众参与上大做文章,才能把活动搞得生动活泼、有声有色,产生良好的影响,达到举办目的。

(4)国际化

在信息化时代和经济全球一体化的大背景下,节日活动国际化是一种必然的趋势。同时,节日活动的国际化,是节日活动档次的表现,也是节日活动效益的需要。节日活动要尽可能办成国际性的盛会。2004 年第 15 届上海国际旅游节,提出了"世界的节日"这个主题,加快了上海国际旅游节跻身世界著名节庆行列的步伐。

(5)市场化

经过 20 余年的实践,各地都在探索按市场化机制举办节庆活动。从目前全国情况看,节日活动在市场化运作方面,主要通过门票、广告、赞助、交易会、冠名权、摊位出租、委托承办、买断举办权、媒体和企业投资或入股参与、拍卖活动等方式进行。

(6)不断创新

多年来,我国的节日活动,积累了不少经验,也有不少教训,现在都在注意研究新情况、解决新问题、总结新经验、探索新思路,不断推陈出新。

(7)注重效益

搞任何活动都要注重效益,搞节日活动也一样。对效益,应做到“三个结合”,即社会效益和经济效益相结合、近期效益和远期效益相结合、单项效益和综合效益相结合,三者缺一不可。

2)节日活动策划要点

节日活动策划要点包括重点、亮点、热点和卖点。

要增强节日活动吸引力、影响力,一定要在民族特色、地域特色、文化特色、时代特色等方面下功夫、做文章,把节日活动策划成时代性强、有特色、有新意的时尚性节日。要着重抓好节日的重点、亮点、热点和卖点问题。

8.1.3 节日活动促销策划准备与流程

1)节日活动促销策划准备

为了确保促销活动顺畅有效地进行,需要提前准备促销资源,主要包括商品和人力两方面。

(1)促销活动所需的充足货源是促销的根本

缺货是销售的致命伤,也是促销活动最不能容忍的行为之一,很多促销活动对节庆日期间缺货做出的处罚都是相当严厉的。为避免这类情况发生,需要提前向厂家订货,确认到货时间,合理控制库存。因为重大节庆日是大部分供应商的送货高峰,为保证促销商品的及时供应,供应商要与采购员协调好送货的最佳时间和方式。

(2)促销活动赠品准备

买赠在销售行为中已经是一种最常用的促销手段了。赠品有时候对顾客的吸引力甚至超过了商品本身,纯粹为了赠品而购买商品的事确实时有发生。因此,赠品的选择及储备也是相当重要的。赠品的定制也需要提前安排,以防某些赠品生产厂商由于节庆期间订单过多而停止接单。要注意的是,赠品要视同商品一样对待,确保按期按量到货。商品和赠品一定要同步配套准备,一方面,为了更好地促进销售;另一方面,避免因赠品不足引起客户投诉而影响销量。

(3)促销人员的准备

好的促销员难找,这是很多人的共同体会。重大节庆日期间促销活动的力度和频率远远大于平时,对促销人员的需求更是求才若渴。有些公司会招聘一些临时促销员,这些促销员大多是在校大学生,人工费用相对较低廉,但是基本素质和专业能力相对低下,一旦与顾客或展台发生纠纷,所有的责任就是负责人来扛。所以,对重大节庆期间临时的促销人力需求要准确计划,早做准备,提前招收一些素质不错的人员进行相应的培训再上岗,这样一来,既能保证促销效果,又能最大限度地避免不必要的风险,使节庆促销的效果得到最大化地落实和保障。

(4)规划好促销人员的工作时间管理而不是控制

在节庆期间,业务员和促销员也需要进行采购、走亲访友和馈赠礼品。企业一定要管理好业务员和展台促销员的工作时间,合理规划,让他们充分利用好工作时间。

2)节日活动促销策划流程

消费者历来把节庆日(中秋、春节等)看成一年中最重要的时段,无论贫富在重大节庆期间总会大方一下,买上许多平常舍不得购买的东西来孝敬长辈,馈赠亲朋好友。所以,一年的销售业绩如何,很大程度上就要看重大节庆日的促销活动做得怎样了。那么,如何做好节庆期间活动的促销?

(1)促销产品的确定

重大节庆日的业绩是由各种类型的促销商品支撑起来的,特别是针对像中秋、春节这样季节性很强的节日商品:糖果、炒货、烟酒、保健品等,其在节庆期间的促销占比会达到甚至超过总销售的50%以上,可见节庆日促销商品对活动成功的重要性。因此,在选择节庆促销商品时会更加精挑细选,在时间上会提前至少两三个月,以便更慎重地选择和比较。节日促销产品的要求:一是必须是贴合节庆日的特性产品;二是对成熟品牌而言就是价格形象;三是对促销产品的费用和利润要求。所以说,正确地选择促销产品直接影响着节日的业绩。

(2)确定行之有效的促销方案

针对重大节庆日会提前两三个月制订详细周密的计划和安排,包括人员、商品、企划案、后勤支援等方面都有完善的预备方案。相比之下,商品和企划案的准备工作就相当重要而又比较复杂了。

(3)实现冲击力强劲的形象展示

有了促销机会不等于就一定能有好的销售,这只能说成功了一半,陈列位置也是非常关键的。不同的商品适用不同的陈列方式,对陈列位置的要求也是不一样的,好的促销产品必须与匹配的陈列方式和位置相结合才能产生最好的销售结果。这就如同一个人只有穿上合适的衣服才会有最好的美感效果一样,不匹配的结果就使实际的销售结果大打折扣。

【任务演练】

节日活动促销策划流程

演练内容:

为小明的化妆品店在情人节策划一个节日促销活动流程,目的是提高化妆品的销量。

演练要求:

1.依据教材介绍的节日活动促销流程,制订详细周密的计划和安排。

2.为产品设计一个有冲击力的形象展示或卖场堆头。

任务 2 节日活动促销方式与推广

【导入案例】

每年的 6 月是京东的店庆月,6 月 18 日是京东店庆日。在店庆月京东会推出一系列的大型促销活动,以“火红 6 月”为宣传点。从 5 月 23 日开始,2020 年京东“618”品质狂欢节启动超值预售活动。5 月 23—31 日期间,只要消费者支付预售商品的定金,就可以在 6 月 1—17 日期间再支付尾款,并享受定金翻倍的优惠。

例如,预售价 20 元,定金 1 元,可抵 2 元,表示支付 1 元定金可当 2 元使用,即用户支付定金后,尾款只需支付 18 元。同时,预售商品不可与其他优惠同时享受,并且不可以使用 E 卡支付。

截至 6 月 18 日 24 时,2020 年的“618”大促落下帷幕,天猫和京东“618”大促期间累计下单金额分别达到 6 982 亿元和 2 692 亿元,双双创下新纪录。直播成为 2020 年最火热的零售场景创新,一场直播的销量甚至高于一些品牌整个上半年的销量。京东快手品质购物专场单日带货达 14.2 亿元。

问题讨论:京东“618”节假日营销活动为什么这么成功? 它运用了哪些节日活动促销方法?

8.2.1 节日活动促销方式

成功的节日活动促销需要多方面支持和配合,宣传、策划、创意等环节环环相扣。其核心就是将各类活动准确投放给目标客户,引起目标客户关注,从而刺激目标客户进行消费。

1)**广告投放**

广告投放需要一定花费,大品牌总是在促销前期大量投入广告,为促销做好充足的铺垫。广告覆盖了电台、广播、报纸等传统媒体。

与连锁品牌、大商场相比,小店铺在行业内没有影响力和号召力,个体店主能够为促销投入的成本有限,即使有好的想法,人力、物力也难以支持,促销方法相对单一,往往只能在节庆促销期间的市场环境作用下提高销售额,平时基本不具备开展促销的能力。

小店主应该根据自身情况寻找适合自己的促销方式。如店内店外海报,印刷促销 X 展架,给老客户发促销信息或关怀短信等。

2)**营销活动**

营销活动是一次促销的灵魂,它不拘泥于形式,唯一的检验标准是能否在保证成本的情况下刺激顾客及潜在消费者产生兴趣。

◎**典型案例**

中秋节期间,沃尔玛通过举办"幸福一家人家庭厨艺大赛",就成功地演绎了浓烈淳厚的传统亲情文化,在团圆欢聚的亲情中营造出良好的购物环境,也不失时机地把沃尔玛品牌内涵传达得惟妙惟肖。其他如灯谜擂台赛、地方民俗文化展示等已成为商家吸引消费者"眼球"屡试不爽的妙招。

3)会员转化

会员就像存钱罐内的金币,会员越多,商家的财富就越多。节日促销不仅能让销售额大大提高,更是积累会员的大好时机。随着店铺管理不断向着规范化发展,拥有足够的会员意味着店主不仅可以在节庆时开展促销,更能在淡季时针对店内会员开展促销,缓解淡季的资金压力。

节日促销期间是店内人流高峰期,抓住这一时机将普通顾客发展为会员,通过客户关怀提高会员忠诚度,会员越多,店铺受到淡季影响就越小。

8.2.2 节日活动促销方法

1)降价式促销

降价式促销:将商品低于正常的定价出售。

库存大清仓:以大降价的方式促销换季商品或库存较久的商品、滞销品等。

节庆大优惠:新店开张、逢年过节、周年庆时,是折扣售货的大好时机。

每日特价品:由于竞争日益激烈,为争取顾客登门,推出每日一物或每周一物的特价品,让顾客用低价买到既便宜又好的商品。低价促销如能真正做到物美价廉,极易引起消费者的"抢购"热潮。

实时互动:降价式促销一定有用吗?它的试用条件和时机是什么?

2)打折式优惠

一般在适当的时机,如节庆日、换季时节等打折,以低于商品正常价格的售价出售商品,使消费者获得实惠。

设置特价区:就是在店内设定一个区域或一个陈列台,销售特价商品。特价商品通常是应季大量销售的商品,或为过多的存货,或为快过保质期的商品,或为外包装有损伤的商品。

节日、周末大优惠:即在新店开业、逢年过节或周末,将部分商品打折销售,以吸引顾客购买。

优惠卡:即向顾客赠送或出售优惠卡。顾客在店内购物,凭手中的优惠卡可以享受特别折扣。优惠卡发送对象可以是由店方选择的知名人士,也可以是到店购物次数或数量较多的熟客,出售的优惠卡范围一般不定,这种促销目的是扩大顾客群。

批量作价优惠:即消费者整箱、整包、整桶或较大批量购买商品时,给予价格上的优惠。这种方法一般用在周转频率较高的食品和日常生活用品上,可以增加顾客一次性购买商品的数量。

3)现场演示

现场演示的促销方法也是为了使顾客身临其境地了解产品的特点和性能,得到感性认识,以便激发购买意念。市场上现场演示的产品种类越来越多,有蒸汽熨斗、食品加工机、各种清洁工具和保健用品等。

4)赠送式促销

赠送式促销是在店里设专人对进店的消费者免费赠送某一种或几种商品,让顾客现场品尝、使用。这种促销方式通常是在零售店统一推出新商品时或老商品改变包装、品位、性能时使用。其目的是迅速向顾客介绍和推广商品,争取消费者的认同。

5)有奖销售

顾客有时总想试试自己的运气,所以"抽奖"是一种极有效果的促销活动。因为,这种有奖购买活动没有风险,大多数人愿意尝试,而且消费者一旦中奖,奖品的价值可能很诱人。在我国,法律规定有奖销售的单项奖金额不得超过5 000元。

通常,参加抽奖活动必须具有一定的资格,如购买某特定商品,购买某一商品达到一定的数量,在店内消费达到固定金额,或回答某一特定问题答对者。另外,需要注意的是,办抽奖活动时,抽奖活动的日期、奖品或奖金、参加资格、如何评选、发奖方式等务必标示清楚,且抽奖过程须公开化,以增强消费者的参与热情和信心。

6)展览和联合展销

商家可以邀请多家同类商品厂家,在所属分店内共同举办商品展销会,形成一定声势和规模,让消费者有更多的选择机会;也可以组织商品的展销,比如多种节日套餐销售等。在这种活动中,各厂商之间相互竞争,促进商品的销售。

8.2.3 节日活动促销推广

1)节日活动促销分类

根据节日活动促销策划时间节点的不同,把节日活动促销分为两大类型,传统型节日活动促销和创造型节日活动促销。传统型节日形式多彩,内容丰富多样,是历史文化的一个重要组成部分。

传统型节日的形成过程,是一个民族或国家的历史文化长期积淀凝聚的过程,我国的传统型节日,多是从远古发展过来的。从这些流传至今的节日风俗里,还可以清晰地看到古代人民社会生活的精彩画面。自2008年起,国家法定节假日中,新加了清明、端午、中秋3个传统型节日。

创造型节日在一定程度上就是一种创意的体现,在节日的环境下,商家纷纷为节日量身打造节日氛围、节日礼品、节日旅游等,并在发展商机的同时靠创意来取胜,获取盈利。

2)传统型节日活动促销推广

传统节日推广的第一阶段——策划,主要任务是传播理念的策划定位。具体工作包括以下6点。

①确定广告传播的主要和次要对象。

②确定广告诉求内容的重点和特性。

③掌握设定广告传播的规模范围。

④掌握可利用资源条件以强化传播强度。

⑤制订传播渠道与媒体计划。

⑥制订公关危机处理预案。

第二阶段——包装,主要任务是传播的视觉效果设计。具体工作包括以下 7 点。

①节庆活动的口号设计。

②新闻标题的设计、新闻草稿的撰写。

③整体活动标志的图腾设计、征集。

④整体会场的展示设计、征集。

⑤人员形象、着装及接待用语设计。

⑥媒体及制作物版面的广告表现设计。

⑦活动相关赠品的样式及图腾设计。

第三阶段——关联,主要任务是传播的公关资源整合。具体工作包括以下 5 点。

①搜集可利用的关系资源建立档案。

②整理各关系线的主要代表或负责人员名单。

③归纳出最佳的关联资源,设定优先级。

④进行意向沟通,确认资源的可用性。

⑤建立双方实际关系,确认资源的使用方式。

第四阶段——覆盖,主要任务是传播的媒体资源整合。具体工作包括以下 5 点。

①搜集媒体的特性及实用程度。

②搜集媒体的价格与最低成本。

③运用公关资源进行广告交换。

④调配广告的播出时间及长度。

⑤调配广告的播出范围与内容。

第五阶段 ——发布,主要任务是广告与新闻交叉造势。具体工作包括以下 5 点。

①发布行政通知。

②召开新闻发布会。

③第一次广告播出,主题:预告。创造新闻话题,引导舆论关注,对反应情况进行修正。

④第二次广告播出,主题:引起好感。创造热烈回响的群众印象并积极追踪报导。

⑤第三次广告播出,主题:动员。刺激群众参与,调动高昂情绪,拉开活动序幕。

3)创造型节日活动促销推广

创造型节日的促销推广步骤基本上与传统型节日相一致,重点从以下 3 个方面做好促销推广。

①在第一阶段要做到创造型节日前期的宣传与预热到位,目标客户已经接受和认同节日理念。

②在第二阶段要体现出耳目一新的区别于传统型节日的促销方式和独特卖点。

③在第三阶段要比传统型节日整合更广泛的资源并进行异业联合传播,突出创造型节日的自身特点。

【任务演练】

节日活动促销方式选择与活动推广

演练内容：

请为小红选择合适的端午节活动促销方式、方法并进行节日活动促销推广。

演练要求：

1.依据教材介绍为小红的店铺选择合适的端午节活动促销方式和方法。

2.制订切实可行的端午节活动促销推广计划。

任务 3　节日活动促销方案设计

【导入案例】

你是一家著名营销策划公司策划部的职员，今天部门经理突然找到你，要你以即将到来的端午节为契机，为顾客小红设计一份“福鼎”产品端午节活动促销方案，以提高门店的销售业绩。

问题讨论：请问一份完整的节日活动促销方案有哪些写作规则和格式要求？

8.3.1　节日活动促销方案写作要求

节日活动促销策划方案是公司或企业在短期内提高销售额，提高市场占有率的有效行为。如果是一份创意突出，而且具有良好的可执行性和可操作性的活动策划案，无论对于企业的知名度，还是对于品牌活动策划过程的美誉度，都将起到积极的提高作用。

活动促销策划方案是相对于市场策划案而言的，严格地说，它是从属于市场策划案的，它们是互相联系、相辅相成的。它们都从属于企业的整体市场营销思想和模式，只有在此前提下做出的市场策划案和活动策划案才是具有整体性和延续性的广告行为，也只有这样，才能使受众群体认同品牌文化内涵，而活动策划案也只有遵从整体市场策划案的思路，才能使企业保持稳定的市场销售额。

1）主题要单一，继承总的营销思想

在策划促销活动时，首先要根据企业本身的实际问题（包括企业活动的时间、地点、预期投入的费用等）和市场分析的情况（包括竞争对手当前的广告行为分析、目标消费群体分析、消费者心理分析、产品特点分析等）做出准确的判断，并且在进行 SWOT 分析之后，扬长避短地提取当前最重要的，也是当前最值得推广的一个主题，而且也只能是一个主题。在一次活动中，不能做所有的事情，只能把一个最重要的信息传达给目标消费群体，正所谓“有所为，有所不为”,这样才能把最想传达的信息最充分地传达给目标消费群体,才能引起受众消费群体的关注,并且较容易地记住你所要表达的信息。

2)直接地说明利益点

在确定了唯一的主题之后,受众消费群体也能够接受我们所要传达的信息,但是仍然有很多人虽然记住了广告,但是却没有形成购买冲动,为什么呢?那是因为他们没有看到对他们有直接关系的利益点,因此,在活动策划中很重要的一点是直接地说明利益点,如果是优惠促销,就应该直接告诉消费者你的优惠额数量,而如果是产品说明,就应该贩卖最引人注目的卖点,只有这样,才能使目标消费者在接触了直接的利益信息之后引起购买冲动,从而形成购买。

3)活动要围绕主题进行并尽量精简

很多策划文案在策划活动的时候往往希望执行很多的活动,认为只有丰富多彩的活动才能够引起消费者的注意,其实不然。其一,容易造成主次不分。很多市场活动搞得很活跃,也有很多人参加,似乎反响非常热烈,但是在围观或者参加的人中,有多少人是企业的目标消费群体,而且即使是目标消费群体,他们在参加完活动之后是否纷纷购买产品?目前一些策划者经常抱怨的一个问题就是围观者的参与道德问题,很多人经常是看完了热闹就走,或者是拿了公司发放的礼品就走了。其实这里的问题就在于活动的内容和主题不符合,所以很难达到预期效果。在目前的市场策划活动中,有一些活动既热闹,同时又能达到良好的效果,就是因为活动都是紧紧围绕主题进行的。其二,活动成本高,执行不力。在一次策划中,如果加入了太多活动,不仅要投入更多的人力、物力和财力,直接导致活动成本的增加,而且容易导致操作人员执行不力,使策划方案失败。

4)具有良好的可执行性

一个合适的产品,一则良好的创意策划,再加上一支良好的执行队伍,才是成功的市场活动。而执行是否能成功,最直接和最根本地反映了策划案的可操作性。策划要做到具有良好的执行性,除了需要进行周密的思考外,详细的活动安排也是必不可少的。活动的时间和方式必须考虑执行地点和执行人员的情况进行仔细分析,在具体安排上应尽量周全,另外,还应考虑外部环境(如天气、民俗)的影响。

◎典型案例

减肥品经销商在浙江绍兴下属的××市举办了主题为“减肥效果万人大公证”的促销活动。经销商希望通过这次活动,扩大产品的尝试人群,从而形成回头购买及口碑传播。据经销商讲,这次活动为达到预期目的做了积极准备,促销结果却不尽如人意,这使他大惑不解,垂头丧气。让我们看一下促销的全过程是如何进行的。

1.时间。“3·15”消费者权益日。地点:仁寿堂大药店门口。

2.内容。3月15日只需花18元就可以购买价值49元的××减肥胶囊。

3.活动前媒体宣传。

①3月12日、14日分别在当地《××日报》做促销活动宣传。

②在当地人民广播电台,3月10—15日开始发布促销活动广告。时间从早上8:00到晚上9:00,每天25次滚动播放。

③在仁寿堂门口挂跨街横幅一条，内容为活动通知，时间为3月8—15日(一周)。

4.活动经过。

①现场促销员6名，由于报酬高，加上临时做了培训，积极性很高，一开始就基本进入状态。

②为了增加活动气氛，让咨询顾客对活动及产品能快速清晰明了，现场设大展板两块，一块介绍产品，一块介绍活动内容。顾客来咨询时，促销员一边发DM单，一边介绍活动及产品。

5.活动结果。

现场只来了50名咨询的顾客，其中32人当场购买产品，合计销售80盒。据事后统计，70%买三盒，15%买四盒，10%买两盒。

5)变换写作风格

一般来说，策划人员在策划案的写作过程中往往会积累自己的一套经验，当然这种经验也表现在策划书的写作形式上，所以每个人的策划书可能都会有自己的模式。但是，这样的模式往往限制了策划者的思维，没有一种变化的观点是不可能把握市场的。而在策划书的内容上也同样应该变换写作风格，因为如果同一个客户三番五次地看到你的策划都是同样的模式，就很容易在心理上产生一种不信任的态度，而这种首因效应有可能影响了创意的表现。

6)切忌主观言论

在进行活动策划的前期，市场分析和调查是十分必要的，只有通过对整个市场局势的分析，才能够更清晰地认识到企业或者产品面对的问题，找到了问题才能够有针对性地寻找解决之道，主观臆断的策划者是不可能做出成功的策划的。同样，在策划书的协作过程中，也应该避免主观想法，切忌出现主观类字眼，因为策划案没有付诸实施，任何结果都可能出现，策划者的主观臆断将直接导致执行者对事件和形式产生模糊的分析，而且，客户如果看到策划书上的主观字眼，会觉得整个策划案都没有经过实质的市场分析，只是主观臆断的结果。

◎资料链接

一、如何制订一次完备的节日促销

随着节假日的增多，节日促销活动在产品不同的生产周期中，活动的目的和方式有很大的差别，许多成功的品牌的促销活动都有着完善的年度促销规划。成功的促销不但是一种极好的广告，同时也是销售能力强大的零售终端。

促销活动的组织策划包括以下内容。

(一)通过市场调查分析，初步确定活动的主题、内容、时间和地点

①首先要确定活动主题。主题的选择要与产品的媒体传播概念遥相呼应。通过活动加深目标人群对产品及概念的理解与记忆。

②活动内容根据主题确定。活动成功的前提就是内容要有吸引力。包括打折、免费赠送、尝试享受服务等，都是吸引目标人群必不可少的手段。

③时间。根据经验，大型活动选择公众节假日举行，效果最好。

④地点。一般定在人流量大和知名度高的商场或广场，注意现场要有足够的人员活动

空间。

（二）出台活动方案

根据调查分析策划活动方案，且进行投入产出分析，做好活动预算。

（三）活动前的准备工作

1.信息发布

(1)报刊

①活动信息一定要在当地发行量大、影响力最高的报刊发布。

②在当地报刊种类很少、无选择余地的情况下，可在发行量最大的报刊直接发布指定广告。

③提前确定广告发布日期，活动举办时间和广告时间间隔不超过5天，最后一期广告在活动前2天内刊出，不可与活动时间相隔太长。

④刊发可提高参与热情和人数的信息，例如，活动在11:30开始，请不要太早排队。

⑤注意要在广告边角上加上“活动解释权归××公司所有”内容，以避免惹一些不必要的麻烦。

(2)电视

电视广告以滚动字幕或尾板方式配合，内容以介绍活动为主，辅以简单的产品介绍或干脆不提产品的功能等内容。

(3)电台

电台没有电视直观，更没有报纸拿在手中长时间翻阅的优势。用电台传播信息一定要反复强调具有吸引力的内容及活动的时间地点，其他一概免谈。

2.现场布置

活动现场布置得好，可以使活动进行得有条不紊，增加活动气势和氛围，吸引更多人参与。以下物料在大型活动中一般是必备的。

①写有活动主题的大幅横幅。

②突出产品形象和活动主题内容的大幅展板和背板。

③挂旗、桌牌、大幅海报、宣传单。

④咨询台、赠品（礼品）发放台、销售台等。

3.人员安排

①安排足够数量的服务人员，并佩戴工作卡或绶带，便于识别和引导服务。

②现场要有一定的秩序维持人员（有时可与公安片警及保安联络让其派员协助）。

③现场咨询人员、销售人员既要分工明确又要相互配合。

④应急人员（一般由领导担任，如遇政府职能部门干涉等情况应及时公关处理）。

4.公关联络

提前到工商、城管等部门办理必要的审批手续。

（四）现场执行要点

①工作人员第一个到达现场，各就各位。

②宣传人员派发宣传单,介绍活动和产品,引导顾客至销售台。

③掌握好活动节奏,维持好现场秩序,防止出现哄抢和其他意外,以免造成负面效应。

④销售人员准备销售事项,介绍销售产品。

⑤赠品在规定时间发放,不宜太早或太晚,发放时登记个人资料,签字。

⑥主持人宣布活动结束,现场暂时保留至可能时间。

⑦现场销售台继续销售。

⑧现场清理,保留可循环使用物品以备后用。

(五)活动结束要开总结会

评估活动效果及得失是十分重要的一环。只有不断地总结,才能避免走弯路。

二、活动避免缺人气

在促销活动中经常碰到的一个问题就是来的人少,现场空荡荡。巧妇难为无米之炊。促销的技术再高明,如果现场无人,既达不到销售目标也达不到宣传目的。归纳起来,原因有以下4点。

1.调查不细,宣传错位

前面介绍的"减肥大公证"活动中,错误的媒体策划导致花了不少冤枉钱。原因就是调查时对当地媒体了解得不够。还有宣传时目标顾客定位不准,内容无诱惑力等都会使活动竹篮打水一场空。

2.仓促计划,准备不周

大中型活动的准备期至少15~30天,如果为赶一些节日仓促上马,在活动中往往会有缺东少西的现象。比如有演出的活动,由于演员没有沟通好迟迟不能出场,导致到场的消费者逐渐流失。还有对天气变化估计不足,冷风、大雨都会阻止人们参加活动。因此,提前向气象部门咨询都是不可缺少的准备环节。

3.设计有误,活动脱节

活动开始时常常人如潮涌,可一些节目结束或赠品发完消费者就散去了,导致销售台门前冷落鞍马稀。发生这种情况的主要原因就是活动脱节。

比如在设计活动时,从消费者入场、咨询、领赠品、购买、服务登记等环节不能相互衔接;免费赠送等最具诱惑的节目没有放在最后等,致使活动徒劳无功。因此,只有周密设计,牵着消费者鼻子走,才会避免半途而废的情况发生。

4.地点偏远,顾客稀少

地点偏远导致消费者不愿参加的情况也很多。所以大中型活动一定要选在繁华的商业圈周围,否则宁可不搞。不能因费用或公关阻力大等寻找退而求其次的地点。这样的地点活动还没开始就已埋下失败的祸根。

除此之外,"控制不力,秩序混乱;意外变故,无防范措施"等都是需引起重视的方面。

8.3.2 节日活动促销方案写作格式

1)策划书名称

尽可能具体地写出策划名称,如"××××年××月××大学××活动策划书",置于页面中央,当然也可以写出正标题后将此作为副标题写在下面。

2)活动背景

这部分内容应根据策划书的特点在以下项目中选取内容重点阐述,具体项目有:基本情况简介、主要执行对象、近期状况、组织部门、活动开展原因、社会影响以及目的。同时,应说明问题的环境特征,主要考虑环境的内在优势、弱点、机会及威胁等因素,对其做好全面的分析(SWOT 分析),将内容重点放在环境分析的各项因素上,对过去、现在的情况进行详细的描述,并通过对情况的预测制订计划。如环境不明,则应该通过调查研究等方式进行分析,加以补充。

3)活动目的、意义和目标

活动的目的、意义应用简洁明了的语言将目的要点表述清楚;在陈述目的要点时,该活动的核心构成或策划的独到之处及由此产生的意义(经济效益、社会效益、媒体效应等)都应该明确写出。活动目标要具体化,并需要满足重要性、可行性、时效性。

4)资源需要

列出所需人力资源、物力资源,包括使用的地方,如活动中已详细列出,可以列为已有资源和需要资源两部分。

5)活动开展

作为策划的正文部分,表现方式要简洁明了,使人容易理解,但表述方面要力求详尽,写出每一点能设想到的东西,以免遗漏。此部分不仅仅局限于用文字表述,也可适当加入统计图表等;对策划的各工作项目,应按照时间的先后顺序排列,绘制实施时间表有助于方案核查。人员的组织配置、活动对象、相应权责及时间地点也应在这部分加以说明,执行的应变程序也应该在这部分加以考虑。

这里可以提供一些参考:会场布置、接待室、嘉宾座次、赞助方式、合同协议、媒体支持、校园宣传、广告制作、主持、领导讲话、司仪、会场服务、电子背景、灯光、音响、摄像、信息联络、技术支持、秩序维持、衣着、指挥中心、现场气氛调节、接送车辆、活动后清理人员、合影、餐饮招待、后续联络等。请根据实情自行调节。

6)经费预算

活动的各项费用在根据实际情况进行具体、周密的计算后,用清晰明了的形式列出。

7)活动中应注意的问题及细节

内外环境的变化,不可避免地会给方案的执行带来一些不确定性因素,因此,当环境变化时是否有应变措施、损失的概率是多少、造成的损失有多大、应急措施等也应在策划中加以说明。

8)活动负责人及主要参与者

注明组织者、参与者姓名、单位(如果是小组策划应注明小组名称、负责人)。

【任务演练】

情人节"唯美"化妆品活动促销方案

演练内容：

请在情人节期间为小明的"唯美"化妆品设计一份活动促销策划方案。

演练要求：

根据教材提供的节日活动促销方案写作要求和格式，为小明设计一份情人节活动促销方案。

【重点概括】

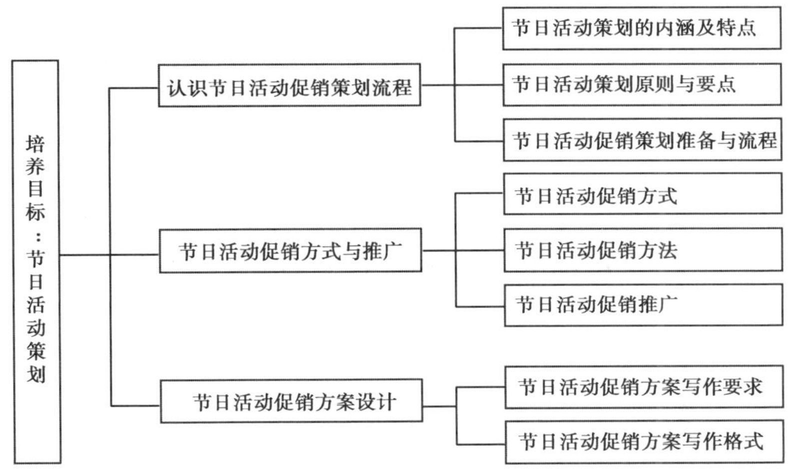

【课后思考】

1.节日活动策划原则与要点有哪些？

2.根据节日活动促销策划时间节点的不同，把节日活动促销分为哪几类？

3.节日促销活动方案的写作要求主要有哪些？

【案例分析】

以岭药业派赠"春节大礼包"

1.活动概述

春节又叫阴历年、农历新年。在春节这一传统节日期间，人们举行各种庆祝活动，这些活动大多以祭祀神佛、祭奠祖先、除旧布新、迎喜接福、祈求丰年为主要内容。在春节前制作对联、福字、年画、压岁包、门神等春节活动中常用的节日物品（带有企业 Logo 等企业信息，简称"春节大礼包"），活动以加强医生对以岭产品特点的认识和了解，加强品牌宣传，加强以岭药业销售专员与医生节日期间的客情维护为宗旨,为销售专员开发来年新客户做准备,期望提高拜访频率2~3次以上,以维护销量、增加销量、新客户开发为目标。选择处方医生、商业客户、OTC店员3种渠道客户为目标客户。

2.具体运作

①春节之前销售代表将“春节大礼包”赠送到医生、商业客户、OTC店员手中;“春节大礼包”中的贺年卡背面有活动的参与形式,须目标客户进行填写。

②活动截止日之前,销售代表将医生、商业客户、OTC店员信息统一收集上交市场部。

③将收回的医生、商业客户、OTC店员信息卡进行公证抽奖,对获奖客户再赠送奖品。

思考题:

1.以岭药业派赠“春节大礼包”的促销活动有哪些特点?

2.本次节日促销活动的策划达到了哪些目的?

案例分析:

本活动具有贴近客户生活、互动性强及方便建立客户档案等特点,同时增进了客情关系和进一步宣传了企业文化和形象,可谓一举多得。但本活动抽奖及礼品兑现时间不宜过长,以免影响客户的参与热情。

【实训项目】

体育用品专卖店节日活动促销方案

实训目标:

“雄鹰”体育用品专卖店是一家位于合川区思源路上的体育用品零售商店,国庆节将至,请你为该店制订一份节日活动促销方案。

实训内容与要求:

1.小组模拟卖场的特点和优势,讨论该节日的特殊性和消费者在节日期间的消费行为,为该卖场寻找此次促销方案策划的切入点。

2.小组讨论确定促销主题和促销目的,讨论具体促销方式的选择,以支持促销主题。

3.制订方案。小组制订出活动的形式和针对顾客的具体方案,并提出方案中活动的注意事项。

4.参加促销活动的商品选择。

5.促销活动宣传计划的确定。

6.促销费用预算。

7.制订详细的公司内部分工计划。

8.制订评估方案。

实训效果与检测:

1.实训报告体现出节日的特点。

2.方案的可执行性。

项目 9　公共关系活动策划

【学习目标】

知识目标

- 了解公共关系策划的含义、公关活动类型。
- 了解公共关系策划的基本原则与步骤。
- 理解公共关系策划的创意思维与方法。
- 掌握企业公共关系主题活动策划的形式和内容。
- 掌握公共关系活动策划的操作要点。
- 掌握公共关系活动策划方案的结构形式。

能力目标

- 学会独立完成公共关系主题活动策划方案。
- 学会协助他人完成公共关系活动策划方案的实施。

任务1　认识公共关系活动

【导入案例】

每天多看一遍富士山

日本有一家电子公司，总部设在东京，分部和生产区设在大阪。为此，公司每天都安排了公关人员负责购买专线车票，为与本公司有业务往来的客人和外商提供方便。

德国人汉森是每天享受这种方便的外商之一。在坐过多次专线车后，他发现：每一次去大阪，公关人员给他安排的座位都是靠右窗的；赴东京的时候，则是靠左窗的。起初，他以为是巧合，经公关人员证实不是巧合之后，他就有点不明白了。这时候公关人员微笑着告诉他："这是特意为您安排的，因为在这个座位上，来回都能够看到咱们这儿最美的风景——富士山。每天让您多看一遍富士山，是为了让您深深地记住这个地方，记住咱们的公司。"

每天多看一遍富士山，成了汉森在日本生活、工作期间最感动的一件事。这种感动也使与他合作的那家公司得到了超值的回报——后来，汉森把原计划的投资追加了一倍。

让客人每天多看一遍富士山，不过是举手之劳，但是，这种举手之劳体现出来的细致入微的人性化关怀，却是很少有人留心并做得到的。其精妙之处便是站在别人的立场，想他人所想，最终实现与人方便，自己方便。

问题讨论：为什么要每天多看一遍富士山？这样做的目的是什么？工作人员的做法让你受到什么启发？

9.1.1　公共关系策划的含义

公共关系（简称"公关"）策划是公关人员为了达成特定的公关目标，在充分进行环境分析的基础上，利用组织资源与能力，把握公关机会，对所需进行的信息传播活动进行系统、科学的谋划，制订最佳行动方案的过程。这个定义包含如下4层意思。

①公关策划是由专业的公关人员来完成的。

②公关策划是为组织的公关目标服务的。

③公关策划是建立在公关调查基础之上的，策划过程必须应用相应的科学方法。

④公关策划的内容是为公共关系活动设计最佳行动方案，方案的核心是通过信息传播实施对公众的心理影响。

因此，公关策划的核心，就是要解决以下3个问题：一是如何寻求传播的内容和公众易于接受的方式；二是如何提高传播沟通的效能；三是如何完备公关工作体系。

9.1.2 公共关系的活动类型

常见的公共关系活动模式类型包括以下10种。

1) 宣传型公共关系

宣传型公共关系活动模式的活动项目有:记者招待会、竞赛活动、庆典活动、展览会、信息发布会、印发宣传资料、制作视听资料、宣传橱窗、新闻报道、专题采访、经验介绍等。

2) 交际型公共关系

交际型公共关系活动模式的活动项目有:招待会、座谈会、工作晚餐会、宴会、茶话会、联谊会、会晤、信函往来、开放日活动等。

3) 服务型公共关系

服务型公共关系是一种以提供优质服务为主要手段,获得公众信任与好评,树立良好组织形象的公共关系活动模式。服务型公共关系活动模式的活动项目有:咨询服务、售后服务、消费教育、消费指导、优质服务等。

4) 社会型公共关系

社会型公共关系活动模式的活动项目有:节日庆祝活动、公益赞助活动、慈善活动等。

5) 征询型公共关系

征询型公共关系活动模式的活动项目有:公关调查、民意测验、征集意见、征集方案等。

6) 建设型公共关系

建设型公共关系是指社会组织为开创新局面而在公共关系方面所做的努力。它适用于组织的开创时期,推出新产品、新的服务项目时期。如开业庆典仪式、剪彩活动和开业广告等。

7) 维系型公共关系

维系型公共关系是指社会组织在稳定发展之际用来巩固良好形象的公共关系活动模式。适用于组织机构稳定、顺利发展时期。

8) 防御型公共关系

防御型公共关系是指社会组织出现潜在危机(或不协调)时,为防止自身公共关系失调而采取的一种公共关系活动模式。适用于组织出现潜在的公共关系危机的时候。

9) 进攻型公共关系

进攻型公共关系是指社会组织采取主动出击的方式来维护和树立良好形象的公共关系活动模式。适用于组织与环境发生某种冲突、摩擦的时候。

10) 矫正型公共关系

矫正型公共关系是指社会组织在遇到问题与危机,组织形象受到损害时,为了挽回影响而开展的公共关系活动。适用于组织的公共关系严重失调、形象受到严重损害的时候。其特点是及时发现存在的问题或危机,并通过努力改变或消除这些东西,重塑组织形象。

◎**典型案例**

只有一名乘客的航班

——"让顾客满意":必备的公关意识

英国航空公司所属波音747客机908号班机,准备从伦敦飞往日本东京时,因故障推迟起飞20小时。为了不使在东京候此班机回伦敦的乘客耽误行程,英国航空公司及时帮助这些乘客换乘其他公司的飞机。共190名乘客欣然接受了英航公司的妥当安排,分别改乘别的班机飞往伦敦,但其中有一位日本老太太叫大竹秀子,说什么也不肯换乘其他班机,坚持要乘英航公司的908号班机。实在无奈,原拟另有飞行安排的908号班机只好照旧到达东京后再飞回伦敦。

一个罕见的情景出现在人们面前。东京—伦敦,航程达13 000千米,可是英国航空公司的908号班机上只载着一名旅客,这就是大竹秀子。她一人独享该机的353个飞机座席以及6位机组人员和15位服务人员的周到服务。有人估计说,这次只有1名乘客的国际航班使英国航空公司至少损失约10万美元。

从表面上来看,的确是个不小的损失。可是,从深一层来理解,它却是一个无法估价的收获。正是由于英国航空公司一切为顾客服务的行为,在世界各国来去匆匆的顾客心目中换取了一个用金钱也难以买到的良好公司形象。

9.1.3 公共关系策划的基本原则与步骤

1)公共关系策划的基本原则

①公众利益优先的原则。

②实事求是的原则。

③独创性与连续性相统一的原则。

④计划性与灵活性相统一的原则。

⑤与组织整体行为相一致的原则。

2)公共关系策划的步骤

公共关系策划是一种大脑的思维活动,是一个积极寻求最佳方案的思维过程。根据系统工程所提供的方法,把公关策划的程序归结为六大基本步骤。

(1)确立目标

公关目标是指公关活动所要达到的理想境地和标准。公关目标是一个组织开展公关活动的指南,也是使公关活动得以顺利进行的保证,同时,它也是衡量一个组织公关活动的尺度与标准。对于公关活动来说,确定公关目标具有十分重要的意义。

(2)分析目标公众

组织公共关系活动目标的差异性,决定了公共关系活动对象的区别性。在公共关系策划过程中,必须要在组织的广大公众群中,根据实现目标的需要,去分析哪些是该项公共关系活动必须关注、交流和影响的目标公众。

(3)设计主题

主题指公共关系活动中联结所有项目、统率整个活动的思想纽带和思想核心。提炼公共关系活动的主题，是公共关系策划过程中一个极其重要的环节，它好比确定一部大型交响乐曲的主旋律。能否提炼出鲜明突出的公共关系活动主题，主题能否吸引公众、抓住人心，可以说是公共关系策划成败的一个重要标志。为此而反复揣摩、推敲、提炼，对于公共关系策划者来说，都是必要和值得的。

◎**典型案例**

自然堂最强防晒72小时挑战喜马拉雅紫外线

2018年5月，自然堂首次尝试以真人极地实测的形式来验证产品功效，通过代言人郑恺在拥有地表最强紫外线的喜马拉雅完成72小时挑战，亲身验证自然堂防晒晒不黑、晒不老、晒不伤的产品功效，证言“最强防晒”。

活动通过9集短视频展现“郑恺72小时挑战喜马拉雅”的历程，夜宿雪山脚下的透明泡泡屋、体验藏族传统工布响箭、在4 000多米海拔的高原追藏香鸡等，9集微综艺既有科学严谨的功效测试，又融合了综艺化的表现形式，全方位展现自然堂防晒家族的强大功效。

活动通过深度合作媒体——ELLE的全平台造势，新浪微博、微信、腾讯视频、爱奇艺等社交媒体的扩散，以及平面媒体、户外广告的传播，最终达成超3.37亿次的总曝光量，远超1.5亿次曝光量的传播目标。

(4)选择媒介

媒介是公共关系信息传播的载体。不同的公众需要不同的媒介，不同的媒介也限定了所要沟通的公众。要想达到预期的传播效果，公共关系策划者必须知晓各种媒介，了解各种媒介的优缺点，要善于通过巧妙组合的方式，造成优势互补、交相辉映的整合性传播效果。

(5)编制预算

经费预算既是公共关系策划的“目标”，也是对实施经费开支的控制。策划中的精打细算，既可给实施带来事前心中有数的方便，也使决策者认可策划方案成为可能。

(6)审定方案

公共关系方案提出后，要经过可行性论证和审定，方可正式确定下来。方案论证一般是由组织的领导、有关专家和实际工作者提出问题，由策划人答辩论证。论证的内容包括价值论证、可行性论证和应变论证。

9.1.4 公共关系策划的创意思维与方法

1)公共关系策划的创意思维

所谓公关策划创意，是指在企业公关策划中，策划人员为实现公关目标而进行的创新思维活动。它是在公关科学性基础上，充分利用自己的知识、经验、直觉、灵感和想象力，创造出新奇独特的构思，提出总体设想，确立公关活动主题，设计表现主题的活动方式与艺术形式的过程。它是公关策划全过程中确立和表现主题的创造性思维活动，是决定公关策划水平的高低与成败的关键。如上所述的公关策划是公共关系活动的核心,而公关策划创意是公关活动核心中的核心。

◎**典型案例**

丑陋玩具风靡全美

美国艾士隆公司董事长布希耐有一次在郊外散步,偶然看到几个儿童在玩一只肮脏并且丑陋的昆虫,爱不释手。布希耐突发异想:市面上销售的玩具一般都是形象优美的,假若生产一些丑陋玩具,又将如何?于是,他让自己的公司研制一套“丑陋玩具”,并迅速推向市场。结果一炮打响,“丑陋玩具”给艾士隆公司带来了巨大的收益,并使同行们也受到了启发,于是“丑陋玩具”接踵而来。如“疯球”就是一串小球上面印上许多丑陋不堪的面孔。又如橡皮做的“粗鲁陋夫”,长着枯黄的头发、绿色的皮肤和一双鼓胀且带血丝的眼睛,眨眼时发出非常难听的声音。这些丑陋玩具的售价虽然超过正常玩具,却一直畅销不衰,而且在美国掀起了一场行销“丑陋玩具”的热潮。

2)公共关系策划的方法

公关策划中最常用的产生创意的方法就是“头脑风暴法”。

头脑风暴法的具体要点如下。

①参会人数。以5~12人为宜,人太少,则意见不充分;人太多,则不能充分发表意见。

②会议前通知。要提前几天发出通知,并且要告诉与会者会议的主题,使他们有所准备。

③会议地点。会议地点应选在安静的、不受外界干扰的场所,与会人员的通信工具应当关闭。

④会议时间。会议时间一般不要超过1小时。时间长了,与会者容易疲劳。

⑤会议主持人。主持人要在会议开始时简要地说明会议目的、要解决的问题或目标,宣布原则,鼓励发言。保证会议主题方向、发言简明、气氛活跃是主持人的本职工作。

⑥会议记录员。会议应有1~2名记录员。记录员在会议中应记录与会者提出的各种设想和方案,会后要协助主持人分类整理各种设想。

【任务演练】

把一个苹果卖到一百万!

演练内容:通过卖苹果的思维练习,理解策划是一种智慧创造行为。

演练要求:每小组需要一个组长和一个记录员;由小组长控制进程,应逐步提高苹果的“身价”,并由记录员简要记录令苹果增值的方法;小组代表发言着重介绍本小组卖得最贵的那个“苹果”或本小组认为最具创意的增值方法。

1.全班4~5人一组,分成若干小组。

2.给出思考题:以一个普通苹果作为推广对象,在不斟酌任何客观条件的情况下,构思为它增值的方法。

3.以小组为单位进行卖苹果的思维练习,从5元开始起卖,不断提高苹果的“身价”,直至一百万元。

4.每组派代表在全班做总结发言。

任务2 公共关系主题活动策划

【导入案例】

西铁城“大声说爱你”

5月是一个充满爱的月份，“5·20”更是一个被爱意包围的日子，甜蜜“5·20”浪漫告白日，全城说爱。在“5·20”即将来临之际，全球知名腕表品牌西铁城携手京东共同发起了一场主题为“大声说爱你”的线上线下整合营销活动。5月12—13日，“西铁城大声说爱你”线下活动在北京通州万达广场引爆人气，作为本次西铁城“5·20”整合营销活动的线下公关落地部分，主办方西铁城为现场参与者带去了一场充满创意互动的趣味体验，与大家一起勇敢说爱，拥抱浪漫爱情。

纵观本次西铁城“5·20”整合营销活动，在线上渠道，品牌立足于“大声说爱你”这一核心主题，整合线上新浪微博红人大号资源，联动意见领袖们的粉丝效应推广“情话王大挑战”创意H5，让用户们通过对不同风格的经典电影情话台词自由发挥，录制花式情话，勇敢表白心仪的“TA”。同时，在近期大热的抖音App上，也有不少抖音达人们利用西铁城“5·20”告白礼盒作为道具开启花式表白大秀，鼓励说爱，获得了抖音用户众多的互动讨论。

如果说，西铁城线上的“5·20”营销活动是在精神层面鼓励大家勇敢表达爱意，那么这次线下的“西铁城大声说爱你”主题活动便是一次强有力的落地说爱行动了。它将感情与产品紧密联系在一起，为广大消费者提供了一个勇敢表白的平台。现场不仅能体验大声表白的畅爽，甚至直接现场告白心爱的“TA”，还能获得包括西铁城腕表在内的不同等级的福利礼品。一场线下活动，直接拉动消费者勇敢说爱、表达爱意，为整个“5·20”“大声说爱你”整合营销活动提供了落地支撑。

回到“大声说爱你”主题本身，它既可以是情侣间的爱意表达，也可以是暗恋者的勇敢说爱，相较于仅停留在情侣市场的品牌营销而言，西铁城这次整合营销更深层次、多方面地拓宽了市场的可能性，挖掘了更多潜在客户对品牌的关注。西铁城把勇敢和礼物集中在一起，为爱加持勇气，陪伴爱情继续前行，基于对人性的多维度洞察，吸引消费者对西铁城品牌的关注与好感，用互动整合营销加深广大用户对西铁城品牌的印象。“5·20”将至，希望你也与西铁城一样，大声说爱，用心去爱。

问题讨论：西铁城主题活动是围绕什么展开的？有何创意？

9.2.1 庆典活动策划

1)庆典活动的作用

庆典是各种庆祝仪式的统称。在商务活动中,商务人员参加庆祝仪式的机会是很多的,既有可能奉命为本单位组织一次庆祝仪式,也有可能应邀出席外单位的某一次庆祝仪式。社会组织一般会在内部发生值得庆祝的重要事件时,在人们共同庆祝的重大节日里举行隆重的庆典活动。这种庆典活动实际也是一种展示组织形象、提高社会知名度的公关活动。

2)庆典活动的类型

就内容而论,在商界所举行的庆祝仪式大致可以分为5类。

(1)周年庆典

选择有意义的开业周年纪念日。通常,它都是逢五、逢十进行的。举办多种形式的纪念活动,有助于巩固组织在公众心目中的形象,进一步提高知名度。例如,解百商场20周年庆典。

◎典型案例

IBM公司的"金环庆典"活动

美国IBM公司每年都要举行一次规模隆重的庆功会,对那些在一年中做出过突出贡献的销售人员进行表彰。这种活动常常是在风光旖旎的地方,如百慕大或马霍卡岛等地进行。对3%做出了突出贡献的人进行的表彰,称作"金环庆典"。在庆典中,IBM公司的最高层管理人员始终在场,并主持盛大、庄重的颁奖酒宴,然后放映由公司自己制作的表现那些做出了突出贡献的销售人员工作情况、家庭生活,乃至业余爱好的影片。在被邀请参加庆典的人中,不仅有股东代表、工人代表、社会名流,还有那些做出了突出贡献的销售人员的家属和亲友。整个庆典活动,自始至终都被录制成电视(或电影)片,然后被拿到IBM公司的每一个单位去放映。

IBM公司每年一度的"金环庆典"活动,一方面是为了表彰有功人员,另一方面也是同企业职工联络感情,增进友情的一种手段。在这种庆典活动中,公司的主管同那些常年忙碌、难得一见的销售人员聚集在一起,彼此毫无拘束地谈天说地,在交流中,无形地加深了心灵的沟通,尤其是公司主管那些表示关心的语言,常常能使在第一线工作的销售人员"受宠若惊"。正是在这个过程中,销售人员更增强了对企业的"亲密感"和责任感。

(2)获得荣誉称号或嘉奖

当单位本身荣获了某项荣誉称号或在国内外重大展评中获奖之后,这类庆典基本上均会举行。

(3)取得重大成果的庆典

组织在运营过程中取得重要成果,为迅速传播这一消息,提升本企业的美誉度而展开的庆祝活动。这类庆典既可以鼓舞员工士气,又可以增加美誉度。例如,企业产量突破××大关,设备正常运行××天等。

(4)开业(幕)、通车或奠基

即开幕式,是指第一次与公众见面而展开的各种庆典活动,这里包括各种展览会、运动会以及各种文化类活动的开幕典礼；企业的开张、重要工程的开工或奠基礼；重要道路通车仪式等。这一类型的庆典有助于提高本企业的知名度，迅速打开局面，有效吸引公众。

(5)乔迁庆典

企业因规模扩大而进行搬迁，为了引起公众的关注度和社会的影响力，在乔迁之际举办声势浩大的庆典活动，同时还可以利用制造新闻的手段来进一步提高知名度和美誉度。

3)庆典活动的基本流程

庆典既然是庆祝活动的一种形式，主要以庆祝为主，庆典活动尽可能组织得热烈、欢快而隆重。庆典活动的宗旨——塑造社会组织的形象，显示本企业的实力，扩大企业的影响力。组织一次庆典活动至少要注意两大内容，一是庆典的准备工作，二是庆典活动的程序。

(1)纪念庆典活动的准备工作

①确定主题。

②邀请宾客。

③拟订程序表。

④布置场地。

⑤安排接待工作。

⑥安排礼仪小姐。

⑦准备馈赠礼品。

⑧提前发放宣传资料。

(2)仪式过程

庆典活动仪式过程如图9.1所示。

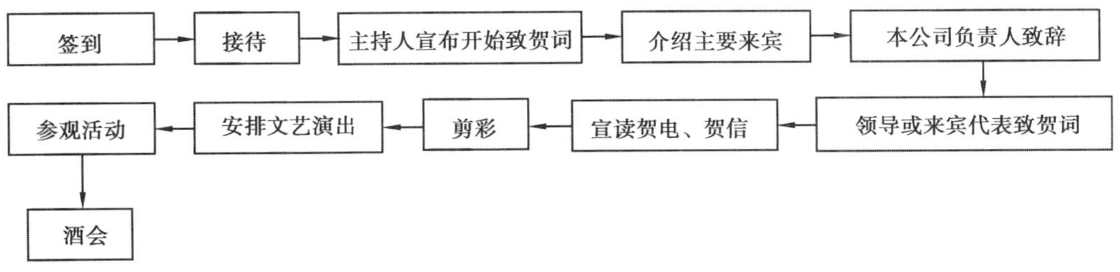

图9.1　庆典活动仪式过程图

实时互动：

1.根据对公共关系的学习与认识，设计常见庆典的类型以及活动的内容。

2.你所在的学校最近有无举办过庆典活动，试用所学内容分析该庆典活动的成功与不足。

◎资料链接

第一章　庆典活动方案思路

总结过去、展望未来。

新闻媒体单位：安徽电视台、省工商导报。

实施策略:总结过去、展望未来,努力建立专业化经营管理团队,通过专业人才服务客商,从而形成具有竞争力的核心优势。

活动流程大纲:

6月18日9:00　金狮队舞狮——中国古老的开业舞狮(从县城中心一直到思创集团工业区)

10:00　剪彩活动开始(由电视台著名主持人主持)

10:10　企业领导致辞、邀请贵宾致辞等

11:00　企业领导为金狮点睛

11:20　正式为公司开业剪彩

11:30—14:00　企业领导和受邀贵宾、商家代表一同就餐

14:20　企业10周年庆典正式开始

∴企业领导致辞

∴受邀贵宾、商家代表致辞

∴企业领导和省著名主持人一同宣布庆典开始

∴思创集团员工大合唱

∴企业党支部领导发展企业内新党员,并和新党员一同宣誓

∴专业演员表演节目

∴企业领导宣布10周年优秀员工

∴专业演员表演节目

∴企业领导和受邀贵宾、商家代表给优秀员工颁奖

∴专业演员表演节目

∴企业员工代表发言

∴企业代表同专业演员一同表演节目

∴专业演员表演节目

∴企业表演队表演节目

通过这套实施方案,预计达成以下效果:

◇提高思创集团的品牌形象;

◇树立良好的企业形象,加强企业员工和企业客户对思创的信心和忠诚度;

◇便于企业文化的积累。

第二章　庆典活动主打宣传策略与形象推广

相关庆典活动:

1.全程策划、组织、执行、监控。

2.庆典会场布置。

3.公关活动策划。

4.媒介策划、分析、投放。

5.户外宣传的设计发布。

6.画册设计制作。

7.宣传资料设计制作。

准备工作:各种媒体宣传;报纸宣传;特色宣传;舞台搭建;顶级演出设备;专业演出团队;省内著名主持人;强势合作伙伴;活动全过程的录制和后期纪念光盘的编辑制作;政府部门的支持;企业宣传片的制作。

9.2.2 新闻发布会策划

1)新闻发布会的作用

新闻发布会,有时也称记者招待会,是一个社会组织直接向新闻界发布有关组织信息,解释组织重大事件而举办的活动。新闻发布会是协调与新闻媒介之间的相互关系的一种重要手段,是塑造企业形象,打造企业品牌文化的一种途径。

◎典型案例

腾讯视频V视界大会

2018年V视界大会在北京演艺中心举办。腾讯视频与行业大咖、合作伙伴、媒体一起探讨行业动态和趋势,分享2018年内容布局。V视界大会是腾讯视频一年一度的内容盛筵,至2018年已经走入第五个年头。在风云变幻的视频行业中,本届大会无论从明星阵容、内容战略和行业高度来看,都颇具看点。腾讯视频进行了品牌升级,以"不负好时光"的品牌精神强化用户情感沟通。一年来,腾讯视频持续下沉这一理念,用每一部匠心之作诠释"不负好时光",让好内容带给用户快乐与思考。

2)举办新闻发布会流程

新闻发布会的准备工作包括以下5个方面的内容。

①确定主题。

②选择时空。

③安排人员。

④邀请与会人员。

⑤准备材料。

9.2.3 赞助活动策划

1)赞助活动的作用

赞助是组织为了赢得社会公众的支持,为企业的生存和发展创造良好的舆论环境。赞助活动从另一方面体现了企业的经济实力,也表明了应该承担的社会责任,赢得社会的认可和赞扬,所以企业应重视搞好赞助活动。

赞助活动的展开对企业是有利而无害的,它的作用主要表现为以下3方面。

①提高知名度、美誉度。组织形象是公众对组织的看法和评价,良好的形象能帮助企业赢得更多的公众,企业开展公共关系活动就是为了提高知名度和名誉度,树立良好的组织形象。

②增强信任度。赞助活动从一个侧面证明了企业的经济实力,通过赞助活动做广告,增

强广告的说服力和影响力,使社会公众对企业放心。

③增进企业与公众之间的情感。赞助活动是采用以情动人的公共关系手段,对赞助对象提供无私的帮助,在情感上建立良好的关系,为企业创造良好的公共关系环境。

◎典型案例

"加多宝"通过《中国好声音》成功实现品牌营销

作为最火爆的中国大型专业音乐真人秀,《中国好声音》的特约赞助商最终落户加多宝集团,这是继红罐凉茶更名为加多宝凉茶之后的第一项重大举措。加多宝凭借敏锐的营销智慧投资亿元携手浙江卫视联合打造的又一力作,不仅掀起一场音乐盛典,更将掀起正宗凉茶消费热潮,续写加多宝神话。《加多宝中国好声音》锁定潮流一族,以"真声音、真音乐"强调音乐的专业性和纯粹性。加多宝可以借助栏目的音乐元素丰富其产品的时尚内涵,获取潮流人群的消费认同,将加多宝凉茶迅速深入人心,二者可谓珠联璧合。在《加多宝中国好声音》录制现场,专业的后台音控操作设备,环绕全场的巨型 Led 屏,使现场看上去不像是电视节目的录像场地,倒像是专业歌手的音乐会布置,就连每位学员脚下踩踏的舞台,也是一面智能 Led 屏幕。同时,节目组还特意改善了学员台下的休息等待采访区域,"Coffee Room"式的舒适设计,确保了每一位学员都能在舞台上正常地发挥。此前一直备受瞩目的导师座椅,成为舞台道具的主角,每把造价 80 万元人民币的豪华座椅,底座上印有"I want you"字样,一旦导师按下红色按钮,"I want you"亮起,宣告正式将这位学员纳入旗下。

加多宝集团之所以第一次重拳出击就选择了浙江卫视的《中国好声音》,主要看中的是浙江卫视这个平台及《中国好声音》这个栏目的高收视率与正版性。"加多宝凉茶与《加多宝中国好声音》共同具有原汁原味、正宗的品牌内涵,这是加多宝凉茶与中国版《The Voice》的结合点。"加多宝品牌管理部副总经理王月贵告诉记者。

实际上,虽然加多宝不再使用王老吉商标,但依然拥有王泽邦先生的祖传秘方,同时拥有独创的凉茶浓缩汁技术和精益求精的生产工艺,更名后的加多宝凉茶,仅仅只改变了产品名称,原有的配方、工艺、口感都不改变。这与《加多宝中国好声音》秉承了《The Voice》正版的原汁原味,严格按照节目版权手册制作节目,并接受版权方派专家现场监制,与"山寨版"有本质不同,正宗好凉茶与正宗音乐可以说是异曲同工。

2)策划赞助活动的步骤

(1)前期调研

调研主要围绕组织形象为战略目标入手,选择正确的赞助对象、赞助主题、赞助形式以及具体的赞助活动内容,充分做好赞助活动的可行性分析报告。对赞助成本和效益进行预期分析,确保企业、赞助对象以及社会同时受益。

(2)制订计划

在赞助研究的基础上,根据企业的赞助目的,公共关系部门制订详细的可行性赞助计划。赞助计划的一般内容包括赞助目的、赞助对象、赞助形式、具体的赞助方式、赞助的费用预算、赞助活动的时间、预计效果评估等具体事项。

(3)具体实施

专门的公关人员根据计划负责赞助活动的各个环节内容。在实施过程中公共关系人员要充分发挥自身的潜能,有效地采用公共关系手段和方法,尽可能地扩大赞助活动的社会影响力,使赞助活动创造出最佳的效果。

(4)效果评估

每一项赞助活动完成以后,都应对照计划对赞助活动效果进行评估,总结各项指标,找出未完成或未达标的原因,分析本次活动的成败之处或差距所在,为以后的赞助活动提供经验、参考和借鉴。

实时互动:

1.运用公共关系原理,分析赞助活动是否是一项双赢的公共关系专题活动。

2.运用公共关系原理,分析赞助活动一定会带来无限商机,创造更高的效益吗。

9.2.4 危机公关活动策划

危机公关指的是由于企业的管理不善、同行竞争甚至遭遇恶意破坏或者是外界特殊事件的影响,而给企业或者品牌带来的危机,企业针对危机所采取的一系列自救行动,包括消除影响、恢复形象等。广义地讲,危机公关是指从公共关系角度对危机的预防、控制和处理。而另一层定义是指组织在自身运作中对发生的具有重大破坏性影响,造成组织形象受到损伤的意外事件进行全面处理,并使其转危为安的一整套工作过程。

1)危机公关的作用

一般来说,对企业而言公关的价值主要体现在品牌或企业信誉维护和市场营销两个方面。危机公关属于信誉维护的范畴,通过合理合法的手段以及有效的方法成功进行危机处置是重要的,但危机公关最大的意义不是处置危机,而是危机到来之前的发现和预防,这是危机公关的更高境界。

2)危机公关的类型

(1)网络危机公关

网络危机公关是指利用互联网对企业的相关品牌形象进行公关,尽可能地避免在搜索企业的相关人物与产品服务时出现负面信息。

(2)政府危机公关

政府危机公关是指在政府管理国家事务中,突然发生的如地震、流行病、经济波动、恐怖活动等对社会公共生活与社会秩序造成重大损失的事件。

(3)企业危机公关

企业危机公关是指企业为避免或者减轻危机所带来的严重损害和威胁,从而有组织、有计划地学习、制定和实施一系列管理措施和应对策略,包括危机的规避、控制、解决以及危机解决后的复兴等不断学习和适应的动态过程。

(4)品牌危机公关

产品质量、企业行为、媒体、消费者都可能引发危机。面对如此多的不确定危机,企业是不是束手待毙,感到危机四伏呢?如果这样,危机真要出现时,那企业也就处在完全的被动状态,其后果是不堪设想的,轻则损失市场份额,重则元气大伤。为此,企业需要树立品牌危机管理意识,制定危机风险管理机制,对可能出现的危机进行全面掌控。当危机出现时,尽可能把危机带来的影响降到最小值，甚至把危机转换成企业正面宣传的契机。

◎**典型案例**

星巴克咖啡致癌风波

对饮食行业来说，质量与安全是非常重大的一个问题，在信息不对等的情况下，消费者成为弱势群体，而一旦出现了相关的口碑问题，对饮食品牌很有可能造成巨大的损害，星巴克的咖啡致癌风波就曾经将其推上舆论的风口浪尖。

一个自媒体在网络上发表了关于星巴克咖啡致癌的一篇文章，提到加州法院对咖啡致癌的裁决，并刻意突出了星巴克。如此“劲爆”的内容自然在全网疯狂炒作与传播，让消费者对星巴克感到恐慌与愤怒，信任度直线下降。

但实际上，这份裁决针对的不仅仅是星巴克，而是整个咖啡行业，并且此后全美咖啡行业协会发布公告称此次法院裁决系误判，咖啡是安全的。这篇文章的用心不言而喻，然而在巨大的品牌知名度与网络的传播之后，舆论还是迅速发酵，星巴克不得不做出应对。面对这则谣言，星巴克首先举报了文章的发布者，然后寻找具有权威性与网络知名度的丁香医生出面进行辟谣，紧接着登出声明，给出了全美咖啡行业协会关于加州法院误判的公告，解释了这一误导消费者、抹黑星巴克品牌的来由，并希望全咖啡行业共同出面抵制这一不良影响。星巴克的这种种举措，成功挽回了网友们的信赖，并且还大出风头，成为行业的发声者，通过媒体进一步扩大了自身的曝光度与美誉度。

3）危机公关策划的程序

众所周知，对危机事件的公关处理主要有两个方面：一是积极预防，严防危机来临；二是危机一旦发生，就立即采取有效措施，缓解危机，尽量避免重大损失。对于危机公关策划的基本程序主要分为两个部分：一是明确问题，包括问题的提出、阐释和分析；二是解决问题，即如何紧紧围绕问题来策划，提出从根本上解决问题的有效对策。

（1）明确问题

危机一旦发生，所谓的“问题”就来了。问题出现的形态一般有两种情况：一是环境直接向组织提出问题；二是问题的存在，致使某种事态发生，需要从危机事件中找出问题所在，无论是何种情况，问题往往不是危机事件发生本身。危机事件是各种信息相互交错的综合表现，它只是某种现象，并不会告诉你问题的实质是什么。

（2）解决问题

明确问题是为了解决问题。解决问题是公关工作的目的所在。危机公关策划的有效性表现在解决问题上。公关不是绣花枕头——中看不中用，公关是为解决问题而存在的。如果公关工作不能解决组织面对的形象问题，那么公关工作就是无效的、多余的。公关组织的形象主要取决于其工作的有效性，即解决问题的力度。

◎**资料链接**

一、危机的预防

1.应变心理。（思想准备很重要，做好防范工作，不要有侥幸心理。对于每一问题，一定要按程序来。例如，煤流子堵塞，正常程序是通知值长，停机疏通。然而，工人擅自停机，认为才几秒钟，不用通知值长。值长巡视发现停机，工人却不在岗位，于是开动了机器。结果，工人被煤压死了，出了重大事故。）

2.危机预警。危机预警主要是搜集信息。

①加强公关信息与组织经营信息的搜集分析工作。

②密切注意国家经济政策以及政治经济体制改革的方向。

③加强与重点客户的沟通。

④分析竞争对手的策略和市场变化，制定自己的特色战略。

⑤定期自我分析，找出薄弱环节，采取措施补救。

⑥采取激励措施。对于隐患的发现者，予以奖励。

3.预防措施。

针对问题，采取措施，加强员工的教育，提高自身的素质等。

二、应变计划

1.组建危机管理小组。

2.为每项潜在的危机制定策略。

问题出现了，采取什么措施？需要跟谁通报？由谁来负责？这些都是很重要的。形成一个危机应变计划手册，每个部门、每个办公室，甚至每个员工人手一册，包括姓名、联络电话等。

还要做好以下7个方面的准备。

①充足的电话线路，当事人亲人及家属、媒体的电话。

②无线电设备，随时随地和主要员工、领导联系。

③危险情况下各种装置的显示图，安全通道、消防设备、安全设施。

④能说明以下问题的图示：危机影响波及范围以及危险区域，应急车辆和人员调度，特别问题区域如撤离区域，其他有关信息。

⑤记录信息的相关工具。

⑥职员名册。

⑦重要领导人及技术人员的地址、联系方式。

危机应变的手册、设备可以为危机的处理提供指南，一定要细致到足以应付危机为止。一旦关键人物联系不上，立马予以替换。做好应变手册、设备的准备对每一个组织来说并非难事，关键是让全体员工熟悉其内容，做到这一点的最好方法就是定期培训或演习。

3.危机模拟训练。

危机模拟训练说到底就是演习。

【任务演练】

××公司（自创）10周年纪念庆典活动

演练内容：

通过学习，掌握庆典筹备方式、议程安排及庆典的规范服务，了解庆典活动的类型，理解庆典活动的整体策划、组织，并能熟练应用与庆典活动相关的技能。

演练要求：

1.先讨论10周年庆典有没有必要举行。

2.明确庆典活动的准备工作有哪些，要求思路清晰，表达清楚。

3.制订具体的活动方案提纲，要求具有创新性。

4.设计庆典活动的仪式程序，要求流程合理。

任务3　公共关系活动策划方案设计

【导入案例】

紫荆百货商场开业庆典活动的策划方案

一、前言（略）

二、活动主题

1.开业庆典

2.第一届“紫荆”杯高尔夫友谊赛开幕式

三、活动风格

隆重、高雅。

四、活动目的

①面向社会各界展示紫荆百货高档品牌形象，提高紫荆百货的知名度和影响力。

②塑造海南第一高档精品商场的崭新形象，塑造紫荆百货精品氛围。

③通过本次开业庆典活动和“紫荆”杯高尔夫赛事开幕仪式，开拓多种横向、纵向促销渠道，掀起国庆黄金周的促销高潮和持续的新闻热点，奠定良好的促销基础和社会基础。

五、广告宣传

1.前期宣传

①开业前10天，分别在海南日报、海口晚报及各高档写字楼的液晶电视传媒网等媒体展开宣传攻势，有效针对高端目标消费人群。

②周边各高档社区及高档写字楼内做电梯广告，有效针对周边高端消费者，有效传达紫荆百货开业及相关信息。

③以各高尔夫球场为定点单位给各高尔夫球场的会员及高尔夫球界名流、精英发放设计精美的邀请函，邀请其参加紫荆百货开业庆典暨第一届“紫荆”杯高尔夫友谊赛。

2.后期广告

①开业后5日内，分别在海南日报、海口晚报及各高档写字楼的液晶电视传媒等媒体进

一步展开宣传攻势,吸引目标消费者的眼球,激起目标消费者的购买欲。

②进一步跟踪报道"紫荆"杯高尔夫友谊赛,掀起持续的新闻热点。

六、嘉宾邀请(略)

七、活动亮点

①以开业庆典为平台,举行第一届"紫荆"杯高尔夫大赛开幕式。以海南各高尔夫球场的会员为主要参赛对象,给每个会员发放邀请函,并附上参赛的相关事项。以商场内各商家为赞助商,还可邀请海口市内知名品牌的高尔夫用具商为赞助商或协办单位;邀请海南各高尔夫球会为协办单位,凡参赛者均可在商场开业当天获得精美礼品,优胜者可按名次获得现金奖励及商场内各世界品牌提供的高档礼品。凡参赛选手在商场内购物可获得相应优惠,在协办单位消费也可获一定礼遇等(或到场嘉宾可当天加入紫荆 VIP 会员)。良性的联合运作状态,使主办方、协办方及赞助方三方在合作中共赢。

②千份 DM(直邮广告)杂志免费赠送。为了扩大商场的开业效应和品牌影响力,发行 DM 杂志(紫荆百货《精致生活指南》)赠阅消费者。此 DM 杂志发行量为 1 500 册。

③在气氛渲染方面,以高雅的模特走秀和钢琴演奏代替庆典仪式中惯用的军乐队、锣鼓、醒狮队等,令每位来宾耳目一新,难以忘怀,且能有效地提高开业仪式的新闻亮点和宣传力度。庆典活动中注入高雅文化,且与紫荆百货的高端定位及目标消费群的理想生活形态有机契合。

④明星巧助阵。邀请高尔夫球界权威或精英,使圈内人士慕名而至;邀请某品牌代言人到场助兴表演一到两个节目,掀起会场的第三个高潮,整个活动在高潮迭起中落幕,令人回味无穷。

八、活动程序

2018 年 9 月 25 日 8:30,播放迎宾曲,礼仪小姐迎宾,来宾签到,为来宾佩戴胸花、胸牌,派发礼品,并引导来宾入会场就座,贵宾引入贵宾席。

8:35,模特高雅的时装表演开始,展示国际著名服饰品牌魅力,在嘉宾印象中深化紫荆百货的高端定位,也可调动现场气氛,吸引来宾的目光。

9:00,时装表演结束,五彩缤纷的彩带彩纸从空中撒下,主持人上台宣布开业仪式正式开始,并介绍贵宾,宣读祝贺单位贺电、贺信。

9:05,紫荆高层领导致欢迎词。

9:10,政府领导致辞。

9:15,协办单位(美视高尔夫)领导致辞。

9:20,参赛选手代表讲话。

9:25,体育部门领导致辞并宣布第一届"紫荆"杯高尔夫友谊赛开幕,鸣礼炮,放飞和平鸽和氢气球(会场达到第一个高潮)。

9:30,钢琴演奏(曲目略)。

9:35,宣布剪彩人员名单,礼仪小姐分别引导主礼嘉宾到主席台。

9:40,宣布开业剪彩仪式开始,主礼嘉宾为开业仪式剪彩,嘉宾与业主举杯齐饮,放礼炮,放飞小气球,彩屑缤纷,典礼推向第二个高潮。主持人宣布正式营业,消费者可进场购物。

9:45,活动进入表演及相关互动活动。

10:00,整个活动结束。

九、会场布置(略)

十、附件(略)

十一、后记(略)

问题讨论:一份完整的公共关系活动策划方案应包括哪些内容?讨论该案例结构是否完整。

9.3.1 公共关系活动策划操作要点

公关活动策划有常规的方法可供遵循,但也有不少技巧。七分策划,三分实施。

1)目标一定要量化

公关活动特别是大型公关活动往往耗费很多人力、物力、财力资源。一个新产品在中心城市的上市传播费用,一般都在百万元以上。为什么要进行这样大的公关投入?为了企业的传播需要,为了建立品牌的知名度、认知度、美誉度,为了让更多的目标消费者去购买它的产品,这就是新产品上市公关活动的目标。没有目标而耗费巨资做活动是不可取的,目标不明确是不值得的。

2)活动主题鲜明

公关活动是展示企业品牌形象的平台,不是一般的促销活动,要确定活动卖点(主题),并以卖点作为策划的依据和主线。公关活动策划需要创造这样一个非常精彩的高潮,要把这个高潮环节设计得更有唯一性、相关性、易于传播性。当然,集中传播一个卖点,并不是只传播一条信息,而是把活动目标和目标公众两项因素结合起来,重点突出一个卖点,提高活动的有效性。

3)公关活动本身就是一个媒体

随着公关新工具、新技术的不断涌现,同新闻媒体、广告媒体一样,公关媒体也在发生着革命,网络等新兴媒体被应用于公关活动。殊不知,公关活动本身就是一个传播媒体,它具备大众媒体的很多特点,其作用和大众传媒相同,只是公关活动实施前不发生传播作用,一旦活动开展起来,它就能产生良好的传播效应。

4)没有调查就没有发言权

国内不少公关公司做公关活动,因缺乏公众研究意识或公众研究水平有限、代理费少、时间紧等,省略公众调查这一重要工作环节已是司空见惯的事情。想一个好的点子,找一个适当的日子就可以搞公关活动。公关实践表明,公关活动的可行性、经费预算、公众分布、场地交通情况、相关政策法规等都应进行详细调查,然后进行比较,形成分析报告,最后做出客观决策。

5)策划要周全,操作要严密

公关活动策划,最应注意的就是“周全”。这是因为公关活动给我们的成功或失败的机会只有一次。公关活动不是拍电影、电视,不能重来,每一次都是现场直播,一旦出现失误就无法弥补,绝不能掉以轻心。

6)化危机为机遇

大型公关活动有一定不确定性,为了杜绝意外事件发生,公关人员在策划与实施的过程中要抱有强烈的危机意识,充分预测有可能发生的各种风险,并制定出相应的对策。只有排除了所有风险,制订出的策划方案才有实现的保障。发生紧急事件时,要随机应变,不要手忙脚乱,不要抱怨,应保持头脑清醒,要冷静,迅速查明原因并确认事实的真相。

◎典型案例

海底捞:"锅我背、错我改、员工我养"

2017 年 8 月,作为餐饮界的模范企业海底捞,因食品安全问题被推到了网络舆论的风口浪尖。

有图有真相,在海底捞厨房内老鼠钻食品柜,用火锅漏勺掏下水道,员工将扫帚、簸箕、抹布与餐具一池清洗,洗碗机内部积累一层厚厚的油污……

危机爆发后,仅仅 3 个小时海底捞就给出了一份可以作为"危机公关范本"的声明。简要概括为:"锅我背、错我改、员工我养",引发又一轮舆论高潮。

其中通报的第六条清晰写明责任由董事会承担,涉事员工无须恐慌。海底捞及时的危机公关让民意迅速反转,网友疯狂转发,舆论导向偏向正面,不仅化解了危机,还为海底捞圈了一波粉。

◎资料链接

除了满足公关活动诚信可靠、富有吸引力和切实可行的要求以外,还要注意以下 5 点。

①要对活动计划进行可行性研究。

②宣传口号的设计要耳目一新。

③组织精明强干的队伍实施。

④加强活动前的宣传。

⑤注意公关活动时间的安排。

9.3.2 公共关系活动策划方案的结构形式

公关活动方案的创意、设想是少数人的智慧结晶,要转变成领导的意图和多数人参与的活动,就需要一个说服的工作过程,因此,其意义十分重大。

1)策划书的结构

策划书的基本结构,可分为以下 10 个内容。

①封面。

②序文。

③目录。

④宗旨。

⑤内容。

⑥预算。

⑦策划进度表。

⑧有关人员职务分配表。

⑨策划所需的物品及场地。

⑩策划的相关资料。

2)公关活动策划书的具体写作步骤

(1)首页书写内容为简明扼要的总提示

①做什么?(What?)

②由谁做?(Who?)

③何时做?(When?)

④如何做?(How?)

⑤如何宣传?(How?)

(2)策划书正文撰写要求

①单位背景介绍。

②活动的目的和宗旨。

③活动的准备(细化)。

a.人员安排。

b.准备物品。

c.广告宣传。

d.活动场所布置。

④活动步骤(细化)。

⑤经费预算(细化)。

⑥效果预测。

【任务演练】

分析并撰写公关活动策划书

演练内容:

某化工厂废水没有经过处理而流入附近水域,致使鱼类大量死亡。以捕鱼为生的渔民于是愤怒地涌入化工厂,演出了一幕幕触目惊心的社区公共关系纠纷。该厂公关部经理为平息这起社区关系纠纷,制订了一个公共关系方案。下面是公共关系策划书。

一、调查公众

①调查外部公众——渔民中的"意见领袖"。

②调查内部公众——员工中的"意见领袖"。

③检验水和死亡的鱼类。

二、策划

1.确立问题

①领导不重视环保,无环保部门。

②员工环境意识淡漠,环保知识贫乏。

③技术设备陈旧。

2.目标

①在全厂普及环保法规。

②成立环保部门。

③进行环保技术培训。

④改造旧设备,使“三废”排放量达到国家标准。

⑤建立厂与社区环保相互监督机制。

⑥建立新型社区关系。

3.选择传播方式

①人际传播:走访渔民家庭。

②设立渔民环保监督员。

③组织传播:开办环保知识系列讲座。

④组织渔民进厂参观。

⑤举办厂与社区文化联谊活动。

⑥大众传播:用闭路电视进行环保教育。

⑦广播站开辟环保专题节目。

⑧厂报开辟环保专栏、专刊。

4.选择公关模式

①宣传型公关模式:在厂区车间与社区路旁设立环保标语和板报。

②征询型公关模式:在厂区、社区设立环保意见箱。

③服务型公关模式:义务培训社区民办教师和科技人员,扶植社区企业。

④交际型公关模式:与社区进行文体联谊活动。

⑤社会型公关模式:义务修理乡村干道和乡村学校,为社区孤寡老人服务。

5.公关预算

①人员预算:公关经理1名、公关策划2名、新闻采编2名、环保专家2名、摄影摄像2名、美工2名、其他3名,共计14名。

②财务预算:三次讲座100元,一次参观50元,录像制作200元,联谊活动100元,标语板报50元,意见箱10元,改造设备10 000元,捐助小学1 000元,其他200元,共计11 710元。

6.时间安排

4月1—3日,走访渔民中的“意见领袖”。

4月4—7日,三次环保讲座。

4月8—15日,一周闭路电视环保法教育。

4月16—23日,一周广播环保专题节目。

4月24—30日,制作环保标语、宣传栏和板报,并安置完毕。

5月1—4日,与社区文体联谊。

5月5—6日，意见箱安置厂区和社区。

5月7—8日，组织渔民分批参观厂区。

5月9—11日，整修乡村干道，维修校舍，义务为孤寡老人劳动。

5月12—13日，举办二期渔民科普讲座。

5月14—15日，评估总结。

演练要求：

1.分析此公关方案存在的问题。

2.模仿此策划书，写一份关于自建公司的公关活动策划书。

【重点概括】

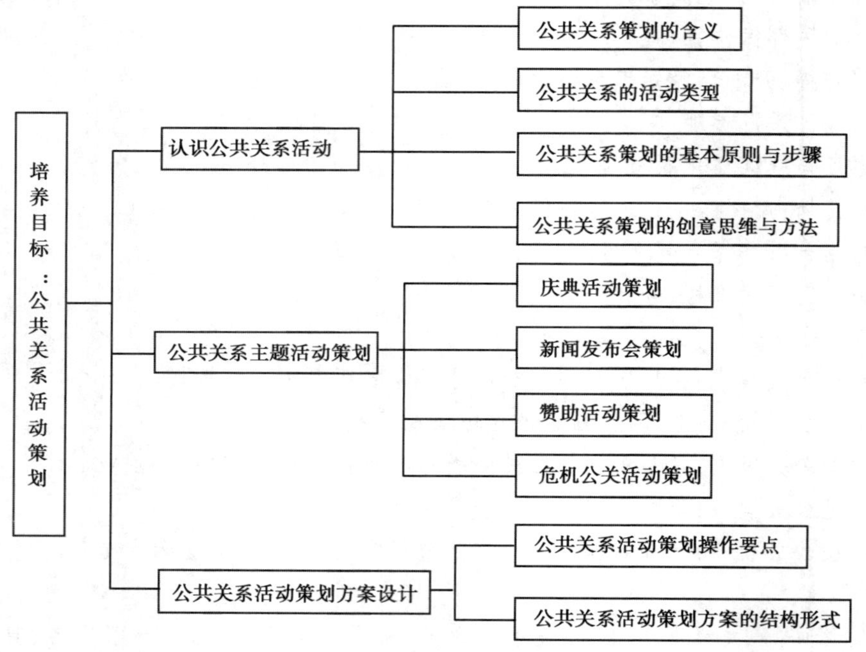

【课后思考】

1.简述公共关系策划的基本步骤。这些步骤可否增减？为什么？

2.公共关系策划活动的类型有哪些？

3.简述庆典活动的常见程序。

4.赞助活动策划有哪些注意事项？

5.企业还有哪些创新活动可以达到“内求发展，外树形象”的公关关系目的？你还有其他的建议吗？

【案例分析】

壳牌公司的公关活动

壳牌集团是全球最大的企业之一，也是全世界最大的能源公司之一，公司以负责任的企业公民为目标，在其有业务活动的各个国家广泛发起并参与各种类型的社会公益活动，称为社会投资。

壳牌（中国）有限公司也秉承集团宗旨，积极从事社会投资，并选择了环保、道路安全与教育作为三大主题。在我国，环保问题显得尤为突出。这一方面是由于政府的着力关注；另一方面也是由于环境污染已经到了“是可忍孰不可忍”的地步。环保已成为一个热门话题，各种环保活动也是此起彼伏，但绝大多数仍处在宣传层面上，实际动手搞环保的还是凤毛麟角。尤其在中小学生中，环保工作停留于知识的传播，广大学生思想活跃，但实践机会少，动手能力显得不足。

为此壳牌策划开展了以下活动。

1.结合环保与教育（教育也是壳牌集团社会投资的一大主题，占总投入的31%），动脑与动手，由学生自己设计环保方案，经评选获奖的方案可以获得壳牌5 000元的资金支持，由设计方案的学生自己动手实施。

2.选择最佳合作伙伴，最大限度地调动各方面的资源。壳牌在北京、上海和广州分别与当地教委合作，一方面保证了活动的广泛性；另一方面也使“壳牌美境行动”的开展有了充足的人力资源保障。在北京，“自然之友”也参加了该活动的组织。

3.强调动手，在评奖中就考虑方案的可实施性，而所有获奖方案都必须提交实施情况报告。

4.把握时机，将活动的启动时间设定在“六一”儿童节和“六五”世界环境日前后，这样能够获得更高的媒介覆盖率，吸引大众关注，同时参与活动的中小学生可以利用暑假时间设计环保方案，经评选后获奖方案又可以较快地在秋季和寒假期间得到实施，保持了与学年起始时间的吻合，避免了组织上不必要的麻烦。

5.充分利用媒介扩大活动的影响，传达“你也能做到”的信息。

6.最大限度地利用活动成果。活动组织者与参加者共同想方设法，更好地利用孩子们的创作成果。

思考题：

1.壳牌公司确定的公关目标是什么？为实现公关目标采取了哪些公关活动？

2.本项目的目标公众有哪些？

3.本项目选择了哪些传播媒介？

4.本项目的活动模式属于哪种公关活动模式？

【实训项目】

公共关系活动策划实训

实训目标：

1.强化对公共关系活动策划相关技能的掌握，能根据企业具体的公关活动要求制订公关活动方案。

2.能进一步熟悉公共关系形象塑造、传播沟通的要求与注意事项，深化对相关公共关系其他知识的理解。

3.树立公共关系意识，提高组织协调、交流沟通、团队合作能力。

实训内容与要求：

1.内容：公共关系策划的程序、方法，策划书的撰写。

2.要求：

①以 5~6 人为一组，主动联系一家企业，获得为其进行公关活动策划的真实任务。

②获得企业实施公关活动的相关背景资料。

③对企业相关领导进行深度沟通。

④撰写策划方案，并向企业有关负责人汇报。

实训效果与检测：

1.企业实施公关活动的相关背景资料。

2.对企业相关领导进行深度沟通的访谈书面材料或录音等。

3.3 000 字以上的 Word 文档策划方案（企业的意见）。

4.实训总结（PPT）。

项目 10　企业形象策划

【学习目标】

知识目标

- 了解企业形象策划的基本概念、基本原则与一般内容。
- 掌握企业形象识别系统（CIS）策划的内容。
- 理解企业形象策划的组织管理要求。

能力目标

- 认知企业形象识别系统策划的内容、程序以及应注意的问题。
- 学会企业形象策划的基本方法。

任务1　认识企业形象策划

【导入案例】

健力宝集团的企业形象战略

健力宝集团的前身是一个默默无闻的小酒厂,自起步之日始,公司就颇有远见地选定了体育作为提高企业和产品知名度,以及开拓国内外市场的突破口。公司的董事长说:"没有中国体育的振兴,就没有健力宝的发展。"这就是健力宝很好的战略定位。为了突出体育运动的意义,公司首创了国内饮料的运动保健型这一鲜明特点,并对公司的标志字体、色彩、产品的包装、广告等进行了统一的设计。在多次重大的中外体育赛事活动中,由于健力宝的积极、巧妙参与,以及大众传媒连篇累牍的广告宣传,企业和产品的形象已牢牢地深入竞技者和观众的记忆之中。

问题讨论:企业形象策划对企业经营有什么影响?

企业形象是企业营销的重要组成部分。正如健力宝集团,良好的企业形象不仅可以得到公众的信任,而且能激励员工士气,形成良好的工作气氛。良好的企业形象不仅有利于企业招募人才、保留人才,而且有利于形成精益求精、奋发向上、追求效率的企业精神。另外,良好的企业形象不仅能增强投资者的好感和信心,容易筹集资金,而且还能扩大企业知名度,扩大广告宣传与说服力,巩固企业基础,使企业产品销售大幅度上升,扩大企业的市场占有率。

10.1.1　企业形象的含义和功能

1)企业形象的含义

要进行企业形象策划首先应该明确企业形象的基本含义。所谓企业形象,就是指企业文化的综合反映和外部表现,是企业通过自己的行为、产品、服务在社会公众心目中绘制的图景和造型,是公众以其直观感受对企业做出的评价。

2)企业形象的功能

(1)文化教育功能

企业形象的建立依赖于企业文化并促进企业文化建设,与企业文化关系密切。企业形象建成以后,其包含的共同的价值观和经营理念会教育新的员工认同企业的精神和文化,会巩固和强化老员工的凝聚力,使新老员工效忠于企业。

(2)协调功能

好的企业形象能增强全体员工的归属感和凝聚力,增强员工的协作意识和大局意识,员工能齐心协力地密切合作,形成强有力的团队。

(3)传播功能

企业形象是企业各种信息展示的结果,信息的统一和较强的感染力有利于企业形象的快速形成。所以,企业形象有利于企业信息更经济有效地传播,有利于企业知名度和美誉度的提高。

(4)管理功能

企业形象能对企业全体员工产生约束作用,使员工自觉地维护企业良好的形象,因此在管理上,员工就能自觉地制定和遵守各种规章制度,增强责任心,加强自我管理,提高工作效率。

(5)识别功能

企业形象的最基本的功能就是能把自己与其他企业区别开来,使企业在公众心目中确立独特的地位和良好的感觉。

◎典型案例

1956年,美国计算机巨人——国际商用机器公司的总裁小沃森聘请著名设计师保罗·兰德担任公司的形象设计顾问。保罗·兰德把公司的全称“International Business Machines”浓缩为“IBM”3个字母,并创造出富有美感的造型,用蓝色作为公司的标准色,以此象征高科技的精密和实力。通过企业形象策划,IBM在世界电子计算机行业中树立起一个响当当的形象。

10.1.2 企业形象的构成

从管理的角度来分类,企业形象由以下要素构成。

1)员工形象

员工是完成企业工作的主体,是塑造和传播企业形象最活跃的决定性因素,还是企业形象的代表者和展示者。因此,塑造员工形象是塑造企业形象的基础。

良好的员工形象表现为:一是良好的思想觉悟,较高的道德水平,与企业发展相一致的价值观;二是工作积极热情、主动;三是较高的文化素养,较完善的企业和产品知识;四是专业技术熟练、工作经验丰富、劳动生产率高。

良好员工形象的塑造,需从以下3个方面着手:一是企业领导知人善任,能做到任人所长,而避人所短;二是给予员工知识、技能、思想、行为等方面适当的培训;三是通过精神、物质等手段,激励员工自愿塑造、维持良好的个人形象。

2)领导形象

领导形象是公众对企业领导者的总体看法和评价。它包括领导者的仪表、气质、工作方法、工作作风和交际方式等外在形象,也包括领导者的理论水平、决策能力、创新精神和信念、意志力等内在素质形象。

在塑造领导形象时,要注意领导团队内部人才结构建设。在年龄结构上,以老、中、青结合形成合理的年龄层次结构;在知识结构上,做到既有专才,又有通才;在性格上,既有外向型又有内向型,既有开拓型又有稳健型,做到优势互补;在能力搭配上,既有决策型,又有智慧型,既有想象型,又有实施型。这样,就有利于塑造出比较完善、比较有个性的领导者形象。

3)产品形象

产品形象是指产品的品牌、质量、性能、造型、包装等在公众心目中的形象,产品是企业形象最直观、最具体的代表,是公众认识企业形象的第一个接触点,在塑造企业形象中有十分重要的作用。产品形象决定着企业形象的好坏和企业的前途命运。

塑造产品形象的主要途径有 4 个方面:一是重视新产品的设计和开发,采用新思路、新技术、新工艺和新材料,开发富有特色的产品;二是认真实行全面质量管理,即将生产、经营或者管理过程中的各工序、各岗位、各部门甚至每个员工,都规定明确的质量标准和目标,保证产品质量最优;三是注重产品商标、包装的设计,做到商标设计新颖别致、美观大方,包装贴近产品特征、突出产品个性、符合时代潮流;四是要充分利用各种传播手段,扩大产品的知名度。

4)品牌形象

品牌是企业为自己的产品所设计的有别于其他企业产品的名称、图案、标记、颜色、符号、字母等因素及其组合。品牌形象塑造是指为本企业产品树立高美誉度、高知名度的优秀的产品形象。

品牌形象塑造的主要途径有 3 个方面:一是要树立市场意识,设计出被顾客喜闻乐见的商品品牌;二是要树立名牌意识,实施名牌战略,即集中企业的人财物打名牌攻坚战;三是要实施名牌工程,即既要注重外在的品牌形象,设计好产品的名称、包装、广告等,也要重视品牌的内在形象塑造,在产品的质量、服务、价格等方面独具特色,形成持久的市场竞争力。

5)服务形象

服务形象是指企业给消费者所提供的服务(售前、售中和售后)的质量(项目多少、态度好坏、是否及时和快捷、效果等)给顾客留下的印象。

服务形象塑造的主要途径有 3 个方面:一是树立优质服务的意识,它要求企业全体员工牢固地树立起为顾客提供优质服务的观念,将自己的一切活动和工作都看作自己为公众提供服务的机会;二是要配置完善的服务设施和条件,保障为消费者提供优质服务,因为当代公众对企业要求的是一流设施、一流环境、一流服务的统一,没有物质基础的服务是不可能达到高水平的;三是要提供周到、全面、细致的服务项目,即要根据顾客的需求来考虑,如供应配件、免费提供安装、调试、维修、上门服务、培训、包退包换、建立用户档案、处理好顾客投诉等,一经承诺,就要切实履行,切不可开空头支票。

6)竞争形象

塑造企业竞争形象的目标,就是要将企业塑造成遵循竞争规则、相互合作、相互理解和公平竞争的形象。

塑造良好竞争形象的主要途径有 3 个方面。一是要把握竞争的焦点,企业产品的定价既要考虑竞争的要求,也要考虑顾客的需要和成本。广告宣传一定要遵纪守法,不能有欺骗、造假等损人利己的舞弊行为。在技术上,一方面要注重开发新的技术,另一方面也要重视技术成果的保密和有偿使用。二是要正确处理竞争矛盾,竞争中产生矛盾是正常的事情,关键是要在矛盾出现后保持冷静的头脑，谨慎处理矛盾，不要因小失大，更不能通过不正当手段开展竞争。三是在竞争的同时，寻求合作的机会，因为企业不可能有永久的竞争对手和合作伙伴，在这个问题上双方可能是竞争对手，在另一个问题上双方又可能成为合作伙伴。化竞争为合作，可以增进相互间的了解，也可以减少双方的矛盾和摩擦，为企业争取更有利的营销环境。

7)信誉形象

企业的信誉是社会公众对企业工作效益、产品质量、技术水平、服务态度、人员素质和总体实力等方面所表现出的信任程度与赞美程度。对于企业而言，信誉是其重要的无形资产，能够为企业带来高于正常投资报酬的利润。信誉形象塑造的目标是让企业在公众心目中树立一种恪守信用、对公众负责、勇于承担社会责任的良好形象。

塑造信誉形象的主要途径有 3 个方面：一是要注重在生产、经营活动中重合同、守信用，即恪守合同，按时履约，讲究职业道德，不搞假冒伪劣，不牺牲公众的利益来获取不法利益，不搞违法犯罪的事情；二是要勇于承担社会责任，要通过自身优良的产品和服务为社会做贡献，要关心由于自身行为引发的社会问题的解决，要敢于对因自己过错造成的社会损失负责；三是努力为公众办实事，即用实际行动维护顾客的合法权益，为公众提供物质和精神上的帮助，为社会解决如就业、污染治理等实际问题。

8)环境形象

环境形象是指企业的生产经营活动场所的好坏给员工和社会公众留下的印象。对企业外部公众而言，企业环境是他们认识和识别该企业形象的窗口；对企业员工而言，企业环境是他们工作的岗位环境和居住的生活环境；对企业本身而言，环境代表了企业的精神风貌和管理水平。企业环境的好坏，对员工的精神状态、行为模式、工作态度、人际关系、工作质量和数量都将产生极大的影响。环境形象塑造的目标，是为企业塑造出一种优美高雅、整洁有序、个性鲜明的环境形象。

塑造环境形象的途径有两个方面：一是要注重环境的全方位美化，要搞好厂区的美化与绿化工作，要使办公和生产场地整洁有序，厂区庭院中的雕塑、装饰及点缀设计要有特色，企业建筑群落的艺术风格和特征设计要力求精美，要搞好企业区域内的废水、废气、废渣的治理；二是强调环境的个性特征，也就是说企业的环境应当具有鲜明的特色。不管是建筑物、绿化带，还是车间、办公室、庭院的装饰和布置，均应别具一格、独树一帜，具有独特的个性差异，以充分体现本企业的形象特征。

10.1.3 企业形象识别系统

企业形象识别系统，翻译自英文 Corporate Identity System（CIS 或 CI），即通过将企业文化与经营理念统一设计，利用整体表达体系（尤其是视觉表达系统），传达给企业内部与公众，使其对企业产生一致的认同感，以形成良好的企业印象，最终促进企业产品和服务的销售。

企业形象识别系统是一个整体系统，它由理念识别（Mind Identity，MI）、行为识别（Behavior Identity，BI）、视觉识别（Visual Identity，VI）3 个子系统构成，三者有机结合在一起，

相互作用，共同塑造具有特色的企业的形象。如果把 CIS 整体系统比作一个人，那么 MI 是人的思想，BI 是人的行为，VI 是人的外表。

CIS 系统中 3 个子系统的层次关系如下。

理念识别(MI)是企业经营哲学思想的确立。它包括企业的经营方向、经营思想、经营道德、经营作风、经营风格等。企业的理念识别是 CIS 的灵魂，它是最高决策层次，是导入企业识别系统的原动力。

行为识别(BI)是企业理念在员工行为中的外在表现，是一种动态的识别形式。它包括对内行为与对外行为。对内行为主要是指干部教育、员工培训、生活福利、工作环境、内部修缮、工作环境维护等管理活动。对外行为主要是指市场调查、产品开发、公共关系、促销活动、公益性资助、文化性赞助等。

企业的视觉(VI)是一种静态的识别形式，它是一种用具体标志等符号来传达企业经营理念的识别战略。VI 的要素很多，归纳起来可以分为两种，即基本要素和应用要素。

VI 的基本要素包括企业名称、企业或品牌标志、标准字体、标准色、象征图案、禁忌示范等。

VI 的应用要素包括办公用品、接待用品、人员服饰、交通工具、环境设计、宣传用品、产品包装、广告传播等。

企业导入 CIS，实施 CIS 战略，即是通过现代设计理论结合企业管理系统理论的整体动作，把企业经营管理和企业精神文化传达给社会及公众，从而达到塑造企业的个性、显示企业的精神，使社会及公众产生认同感，在市场竞争中谋取有利地位和有效空间的一种总体设计与策划。

10.1.4　企业形象策划的原则

企业形象策划要在一定的原则下展开，企业形象策划的原则主要包括以下几方面。

1)战略性原则

战略的本意是指牵动战争全局的决策方案和总计划。战略应用于营销，则是泛指重大的具有全局性、长期性、关键或决定性的谋划。CIS 的战略性原则是指必须从企业全局和长远发展的角度来考虑企业形象塑造，不为眼前利益所迷惑，甚至要为长远利益舍弃眼前利益。

◎资料链接

中国移动通信的标识

图 10.1　中国移动通信的标识

中国移动标识由字母 CMCC(China Mobile Communications Corporation)变形组合而来，两组线条犹如握在一起的两只手，象征着和谐、友好、沟通。2013 年 9 月 28 日，中国移动换上新 Logo，时尚、亲和、智慧的浅蓝色代替了过去强势、冰冷的色彩感受，一抹生机的绿色为企业注入创新活力与社会责任的品牌联想。将“中国移动通信”改为“中国移动”，去掉“通信”二字，打破“中国移动是做电话通信”的局限认知，淡化中国移动"通信"的行业属性。将"CHINA MOBILE"改为"China Mobile",大写字母改为小写字母,不仅提高了可读性,也为中国移动品牌形象带入活泼、亲切感。

2)差异化(个性化)原则

CIS的根本目标是全方位塑造鲜明形象,在目标顾客脑海中留下深刻印象,因此,它归根结底是种差异化(个性化)战略。差异化是CIS的灵魂和生命。日本著名CIS设计专家申西元男说:"CIS的要点就是要创造企业个性。"

企业在理念的设计上应有自己独特的风格,能鲜明地把本企业的理念与其他企业的理念区别开来。例如,同是汽车企业,奥迪汽车的广告词是"突破科技、启迪未来",突出企业的科技领先的形象;沃尔沃汽车的广告词是"关爱生命、享受生活",突出企业在汽车驾乘安全方面的独到之处;丰田汽车的广告词是"车到山前必有路,有路必有丰田车",表达公司以生产大众喜爱的汽车为目标,突出迎合大众口味的形象。

企业的标志、名称、品牌、招牌、装饰等也要有自己的特色,体现出自己鲜明的个性、区别度和易识别性。例如,麦当劳金黄色的弧形门、耐克的小钩子、可口可乐的红色波浪,这些独具个性魅力的商标把企业与其他企业鲜明地区别开来,给公众留下过目不忘的印象。

3)系统化原则

企业形象策划是一项涵盖企业各个方面的系统工程,企业必须从经营哲学、经营宗旨、行为规范及形象传播等方面进行系统设计,不能忽略或者轻视任何一个方面,要克服重形式轻内容、重设计轻传播的CIS策划形式。企业形象策划是多种专业知识的融会与贯通,需要各类专家和专业人才的通力合作,需要专家与企业决策者的密切配合才能完成,单凭某一专家或某一广告公司、设计公司的力量是难以胜任的。

4)民族化原则

企业形象策划既是一种经济的产物,又是一种文化的成果。文化都是植根于不同民族的土壤的。如果要策划设计出具有民族化的企业形象,必须对中西方民族文化有一个比较深入的分析和了解。美国的CIS强调理性、个体性,偏重于制度建设;日本的CIS强调情,强调和谐性,偏重于理念建设;中国在CIS策划设计方面刚刚起步,但中国的CIS设计有五千年民族文化做基础,相信在21世纪,一定会有具备中国民族特色的CIS优秀之作进入世界CIS之林。

5)可操作性原则

企业形象策划方案是一个行动计划,它是要付诸实施的,因此要考虑方案的可操作性。在具体策划时要注意以下几点:一是策划方案要在对时间、空间的把握,对人员和物质的调度,对经费的安排与筹措等方面计算精密、考虑周全;二是策划方案要切实可行,每一个环节、每一个步骤的安排都要明确具体,落实到具体的部门和个人;三是策划方案要具有一定的灵活机动性,能够在执行过程中不断地根据新情况进行适当的调整。

可操作性原则体现在它的可传播性方面。企业形象借助各种传播媒介,进行广泛的对内和对外传播,对内赢得内部职工的参与和认同,对外获得消费者的认可、政府的支持、关系企业和组织的协助、社会公众的赞赏,从而达到企业实施企业形象的目的。

实时互动:CIS的构成要素有哪些?它们之间的关系是什么?

【任务演练】

著名企业的 MI 案例整理分析

演练内容:收集分析中外著名企业的理念识别。

演练要求:

1.至少收集 4 家,其中国内和国外各占一半。

2.进行整理和对比分析,找出中外企业的理念识别系统有什么异同。

3.以 PPT 的形式展示分析结果。

任务 2 企业形象识别系统策划

【导入案例】

全聚德的经营之道

北京全聚德烤鸭是享誉世界的美味佳肴。全聚德之所以能历经百年而长盛不衰,就在于全聚德人以继承传统烤鸭技法、推崇饮食文化、弘扬中华民族特色为自己任。长期以来,全聚德人只知道埋头干,而不太重视企业形象的策划和宣传。20 世纪 90 年代初,全聚德也导入了 CIS,他们通过对百年经营之道的总结,提炼出"时刻不忘宾客至上,广交挚友,坚持以精美的菜肴和周到的服务欢迎各国、各界宾朋的光临"的经营之道。与此同时,他们在店堂民族风格的氛围营造、统一操作技术规程和服务规程,以及对外宣传上都下了功夫,使全聚德在社会公众中树立起了美味可口、技艺精良、品质上乘的企业及产品形象,不断扩大知名度、信任度、美誉度。

10.2.1 企业理念识别系统策划

1)理念识别的内容

理念识别(MI)是企业经营哲学思想的确立。它包括企业的经营方向、经营思想、经营道德、经营作风、经营风格等。企业的理念识别是 CIS 的灵魂,它是最高决策层次,是导入企业识别系统的原动力。

(1)经营方向

经营方向是指企业的事业领域(业务范围)和企业的经营方针。企业事业领域即表明企业在哪一个或哪几个行业、领域为社会提供服务;经营方针即企业经营战略目标及路线。

(2)经营思想

经营思想即经营宗旨,是企业生产经营活动的指导思想和基本原则,是企业领导者的世界观和方法论在企业经营活动中的运用和体现。经营思想的形成非一日之功,它是企业长期经营实践之后形成的精华。这是企业成功之所在,也是企业要永远坚持和维护的传家宝。

◎**资料链接**

IBM 的经营宗旨

"蓝色巨人"IBM 公司,自 1914 年老沃森创立该公司起就确立了公司的经营宗旨,直到 1956 年小沃森导入 CIS 时,又重申了 IBM 的宗旨,其内容如下。

①必须尊重每一个人。

②必须为用户提供尽可能好的服务。

③必须创造最优秀、最出色的成绩。

(3)经营道德

企业的经营道德是人们在经营活动中应该遵循的,靠社会舆论、传统习惯和内心信念来维系的行业规范的总和。企业经营道德以"自愿、公平、诚实、守信"为基本准则。

◎**典型案例**

IBM 的企业道德规范

IBM 公司在《企业指导手册》总则中明确规定了公司的道德规范,具体如下。

①我们公司有令人羡慕的名声,人们通常认为我们是力量、成功和道德的化身。我们坚持贯彻道德规范,已经对我们公司的职业作风和市场营销方面的成功起到了非常直接的作用。希望每个职工的行为现在和今后都符合高标准的道德规范。

②如果这本手册中有一个唯一的、压倒一切的宗旨的话,那就是:IBM 公司希望每个职工在任何情况下,都要按照最高的商业行为准则工作。而最根本的一点,就是在做每一个经营决策时,要像在个人社交活动时一样,负你应负的责任。

③我们依靠你做正确的事情,对你和公司都是正确的事情。毫不夸张地说:IBM 公司的名誉在你的手中。

④你必须遵守公司最基本的法规:按道德办事。IBM 公司要求你们参与竞争、朝气蓬勃、精力充沛、不屈不挠地竞争,但是也坚持要求你们道德地、诚实地、和平地竞争。在商业上没有特别的、约束力较小的道德标准,也没有"软"一些的市场道德。

⑤从一开始,IBM 公司就是靠一个超越一切的特点来销售其产品:卓越。靠我们最优的产品和服务,而不靠贬低对手或他们的产品及服务。贬低他人,不仅意味着欺骗,而且是错误的营销方向或非常不公平的表现,这些行为包括对竞争对手的能力表示怀疑或做不公平的比较等,微妙地暗示和影射也是错误的。

(4)经营作风

经营作风是企业的行为方式和存在方式。如海尔的企业作风——迅速反应,马上行动;中国人寿的企业作风——严谨高效,热情周到;长安集团的企业作风——今天的事今天完,明天的事今天想。

(5)经营风格

企业的经营风格是企业精神和企业价值观的体现。企业精神包括:员工对本企业特征、地位、风气的理解和认同;企业优良传统、时代精神和企业个性融会的共同信念;员工对本企业未来发展抱有的理想和希望。企业价值观是全体员工对其行为意义的认识体系和所推崇的行为目标的认同和取舍。

◎**资料链接**

松下的企业理念

日本的松下公司,其企业理念体现在松下七精神、松下基本纲领、松下员工信条和松下经营哲学4个方面。

松下七精神:产业报国精神、光明正大精神、友好一致精神、奋斗向上精神、礼节谦让精神、适应同化精神、感激报恩精神。

松下基本纲领:认清我们身为企业人的责任,追求进步,促进社会大众的福利,致力于社会文化的长远发展。

松下员工信条:唯有本公司每一位成员和亲协力、精诚团结,才能促成进步与发展,我们每一个人都要记住这一信条,努力使本公司不断进步。

松下经营哲学:坚定正确的经营观念、自主经营、堰堤式经营、量力经营、专业经营、靠人经营、全员式经营、共存共荣经营、适时经营与求实经营。

2)理念识别的应用

(1)企业理念的应用形式

①标语、口号。标语用于横幅、墙壁、标牌上,陈列于企业内外,使员工随时可见,形成一种舆论气氛和精神氛围。口号是用生动有力、简洁明了的句子,呼之于口,使之激动人心,一呼百应。标语和口号的表达方式可以是比喻式、故事式、品名式和人名式等。以下列举几家知名企业有代表性的标语、口号。

李宁:一切皆有可能。

安踏:我选择,我喜欢。

海尔:真诚到永远。

联想笔记本:让世界一起联想。

中国移动:沟通从心开始。

中国联通:情系中国结,联通四海心。

②企业歌曲。优秀的企业歌曲能够激起人们团结奋进、向上的激情,聪明的企业家用音乐这一艺术形式向职工进行巧妙的灌输,向社会各界广泛宣传。美国 IBM 公司每个月唱《前进 IBM》,日本声宝公司每天早晨齐唱《声宝企业颂》,松下公司每天要唱《松下之歌》,北京同仁堂集团、北京长城饭店也有自己的歌曲。

③渗入视觉识别系统。将企业理念渗入视觉识别系统的基本要素之中,进而扩散到各应用要素之中。

(2)企业理念的行为化

企业理念渗入视觉识别系统和行为识别系统的过程,是企业理念的行为化过程。企业理念行为化的方法有以下几种。

①仪式。在企业庆典或某个营业日，举行升旗、播放企业歌曲、领导讲话等固定的、严肃的仪式，经常性地传播企业经营理念，促进企业员工对企业理念的感受、理解和接纳。企业应将每天的有序化仪式纳入企业内部管理系统之中，成为不可缺少的部分。仪式虽为惯例，但主持仪式的人要常有新话题，不能让人产生厌烦情绪。

②环境。企业理念要转化为标语、文字、图案、壁画、匾额，把这些承载企业经营理念的文字载体安置在企业相宜的地方，从而形成企业的文化氛围和人文环境，使全体员工身临其境，在潜移默化之中接受、认同企业的理念，并以此规范自己的语言、行动。同时，还可以用播放、讲解、反复诵读等方法，强化人们对企业经营理念的记忆。

③楷模示范。楷模示范由两部分人组成：一部分是企业领导，以自己的言行严格贯彻经营理念，身体力行，以一致言行给员工做表率，使企业理念不至沦为装饰性、虚有其表的空洞文字；另一部分是通过培养贯彻企业理念的英雄模范来形成强大的影响力和带动作用。企业楷模既有外显行为的榜样功能，催人仿效，也有内隐情绪的感染效应，在潜移默化之中对群众心理起一定的渗透作用。

④培训教育。培训教育是一种强行灌输的方式。企业理念的培训教育包括启发教育、自我教育和感染教育等方式。启发教育要联系企业的奋斗史，用历史事实启发人们加深对企业理念的认识；自我教育是在启发教育的基础上，结合自身的成长经历、岗位职责和对未来美好生活的憧憬及自身的发展前途，自我激励、自我约束、自我加深认识；感染教育是企业利用企业辉煌业绩的实体参观、对竞争成就的了解，进行积极性和创造性激励。此外，还可以采用满足需求激励、目标激励、危机激励等多种方式。

⑤象征性游戏。象征性游戏是通过能缓和紧张气氛和鼓励新活动的游戏来挖掘和贯彻企业理念。游戏的形式多种多样，如即兴表演、策略判断、模拟操作、逗趣比赛、野营郊游、辩论对擂等。通过这些活动把企业理念融于其中，在轻松活泼的气氛中传达理念的内容，激发员工来维护企业理念，自觉贯彻企业理念。

理念与行为识别系统也是表里关系。理念支配企业行为，企业行为体现理念的内涵和意向。理念向行为识别系统渗透，是企业抽象化思维转向具体化实施的过程。

实时互动：理念识别包括哪些内容？请列举几个国内外大型知名企业的理念识别。

10.2.2 企业行为识别系统策划

在确定企业理念识别系统后，就要把理念信息传递给社会大众，使之了解企业，产生认同感。如果说理念识别系统是 CIS 中的“想法”，那么行为识别系统就是 CIS 中的“做法”，它使“想法”在具体的生产经营活动中得以落实和体现。企业行为识别系统由两部分组成：一部分是企业内部行为系统；另一部分是企业外部行为系统，主要包括市场调查、产品开发、公共活动、促销活动、公益性资助和广告、文化性赞助等经营管理行为。

企业的行为识别系统具有 3 个特点：一是独特性，体现为企业的经营管理活动始终围绕企业的经营理念而开展；二是一贯性，指具有典型识别意义的企业活动必须长期坚持，如企业定期开展的集体活动、典礼仪式和由企业领导或者员工亲自参加的社会活动等；三是策略性，指企业识别活动的内容、形式、方法、场合、时间等应根据行为识别系统的目的来确定，可以灵活多样。

1)行为识别系统的内容

(1)内部行为

内部行为以创造理想的内部经营条件为目的,主要包括以下几方面。

①企业管理活动。包括管理过程、管理制度、管理方法、管理责任、管理机构等。

②企业员工信息沟通活动。如员工大会、定期演讲、企业出版物、广播和音像制品、公告栏、电话、员工手册、标语口号、意见箱及企业内的非正式传播等方式。

③企业员工教育活动。优秀的企业都十分重视对员工的教育、训练和培训,教育的主要内容是思想、职业道德、工作作风、技术、管理能力、服务态度、公关技巧、电话礼仪等。

④福利与工作环境建设。营造轻松舒适的工作环境,完善的医疗、娱乐设施,整洁美好的内部环境和优厚的收入,不仅可激发员工的自豪感、成就感,还能最大限度地调动员工的工作积极性。

⑤对股东的传播活动。主要通过年度报告、开展与股东的联谊活动和与股东交流信件等方式,这种传播能定期向股东报告企业的经营业绩,争取股东对企业的信任并赢得股东的支持。

(2)对外行为

对外行为以创造理想的外部经营环境为目的。对外行为主要有:市场调查、产品开发、公共活动、促销活动、公益性资助和广告、文化性赞助等。

2)行为识别系统策划

(1)实行科学管理

科学管理的特征是通过将企业的各项工作标准化、专门化和简单化,达到生产效率最大化的目的。具体做法如下。

①制定科学的管理目标系统,并将总目标层层分解为具体的细目标。

②按照目标的要求,设计精简的、职责与权限相对应的、适合企业特点的、高效的组织机构,这里需要合理地设置管理层管理幅度、分权和授权等。

③确定各机构中的具体工作岗位和职责,规定每个工作岗位的工作原则、任务标准、工作程序和绩效。

④将员工的职务提升,收入和奖励与其工作绩效挂钩。

⑤将程序化的控制与员工的自我管理相结合,充分发挥员工的工作主动性和积极性。

(2)制定严格的行为规范并付诸实施

企业的行为规范是全体员工必须遵守的行为准则,体现为生产操作规程和各种规章制度。企业的行为规范主要有以下四大类。

①各种业务操作规程或规范,如岗位操作规范、业务训练规范、质量管理规范、日常交往行为规范等。

②基本制度,如企业领导制度、民主管理制度、监督制度、选举制度、培训制度等。

③工作制度,如计划审批、生产管理、技术改造与创新、劳动人事、物资领用、销售、财务管理等制度。

④岗位责任制度，即企业根据生产或者分工协作的要求制定的，规定每个岗位的成员应承担的任务、责任及其享受的权利的制度。

◎**典型案例**

“麦当劳”的店规

拥有11 000多家特许店的“麦当劳”除了先后运用“美国口味麦当劳”“世界通用的语言麦当劳”进行宣传，同时还强调以Q（质量）、S（服务）、C（清洁）、V（价值）为内容的“麦当劳”企业行为识别系统。

Q——汉堡包出炉时限10分钟，薯条出锅时限7分钟，逾时不再出售，保证其酥脆。

S——环境有家庭般的温馨，服务员脸上挂有亲切的笑容，让顾客有宾至如归的感觉。

C——员工行为合乎规范，与其背靠墙休息，不如起身打扫卫生，员工不留长发，要戴工作帽，客走桌面洁净等。

V——要提供更有价值的高品质物品给顾客。

它给人的信息是：快捷、方便、周到、热情等。“麦当劳”正是靠这样的行为方式立足于市场。

（3）员工教育和培训

对员工的教育和培训，是企业培养人才、选拔人才、统一思想、加强管理和形成强有力的企业凝聚力的重要手段。对员工进行教育和培训的主要内容如下。

①忠诚于企业的思想和科学的世界观。

②职业道德及工作责任心。

③适应企业发展的新的经营理念、工作目标和方针、企业新的政策和战略。

④工作作风、技术水平和管理能力。

⑤对外交往的技巧与礼节。

⑥优质服务技巧等。

（4）对外行为的整体优化

任何一个部门行为的失误或者与其他部门配合不当，都可能影响企业对外行为的整体优化而导致行为识别系统的失败。因此，行为识别系统不仅要求各部门完成自己的工作任务，而且要求各部门均从塑造企业形象的整体利益出发，团结协作，共同完成企业行为的整体优化。

（5）对外传播策划

企业行为的对外传播途径主要有以下两种。

①市场营销传播，如市场调查、广告宣传、促进销售、协调中间商关系及回馈社会的公益活动等。

②公关宣传活动，即通过对社会公众进行全面的、长期的、一贯的信息传播，塑造企业的良好形象。

10.2.3 企业视觉识别系统策划

企业视觉识别系统是传递企业形象信息的静态识别符号，也是CIS中最具有传播力和感染力的部分。视觉识别与理念识别和行为识别相比,具有明显的直观性,当企业确定其经营理念的基础之后,通过设计出直观的、易于交流的识别符号,借助各种传播媒体,将这些视觉识别符号快速传递给社会公众,以达到形象识别的目的。

1)企业视觉形象选择的依据

企业视觉形象子系统的建立,是将企业的营销理念和战略构想翻译成词汇和画面,使抽象理念转化为具体可见的符号,形成一整套象征性、同一性、标准性、系统化符号的过程。企业视觉形象系统有其自身的构成原理和符号特征,它强调引人注目,寓意隽永,简洁明快,易识易记。企业进行视觉形象的塑造就是要引起消费者的注意和识别,使企业的营销理念和企业特色为社会公众认同。

企业形象可以通过商品本身的造型、包装、款式等风格来表现,也可以通过企业创始人或有名望的领导人形象来表现,还可以通过趣味性强的故事画面或富有代表性的建筑物来表现,甚至可以通过卡通、漫画等艺术形式来表现。其选择主要依据以下 4 个标准。

(1)独创性

独特设计或创意是视觉形象的首要标准。独创性要求设计师充分发挥自己的聪明才智,挖掘生活积累和创造潜能,以"独树一帜、别具一格""不嚼别人嚼过的馍"的精神进行创作。

(2)针对性

企业视觉形象的选择要求针对不同的诉求对象、不同的民族文化背景、不同的地域和历史条件进行设计。选择符合审美规律并且和谐统一的审美表现手法,营造出令人神往和惬意的文化氛围,引导消费者产生认同感。但也不排除选择反常规逆向思维的审美形式,其与众不同的审美视野和别出心裁的创意可以使人产生好奇,或是产生释放紧张后的审美愉悦,加深对具体产品或描述对象的记忆程度,从而形成较强的视觉冲击力。

(3)情趣性

情趣性要求设计师从"来源于生活又高于生活"的原则出发,将人世间富有情感、幽默感和精神趣味的东西应用于企业标志、商业广告、商品包装、商标设计、商品展示等活动中,以增强吸引力和感染力。

(4)艺术性

艺术性要求设计师通过准确、鲜明、生动的艺术形象来表现审美主体,对审美对象在形式、结构、表现技巧上尽可能达到尽善尽美、美轮美奂的境界,在产品造型、装潢设计、徽章创意,乃至建筑物、室内、办公用品设计等方面都能体现出企业高雅的审美价值和上佳的管理艺术。

2)企业视觉形象设计的内容及要求

企业视觉形象设计的内容包括对企业视觉识别系统的基本要素的设计和应用要素的设计。

视觉识别系统的基本要素包括企业名称、企业标志、企业标准字体、企业标准色、企业吉祥物等。

视觉识别系统的应用要素包括办公用品、接待用品、人员服饰、交通工具、环境设计、宣传用品、产品包装、广告传播等几大系列。

(1)视觉识别系统的基本要素

①企业名称。在设立新企业或者老企业需要塑造新形象时,都要考虑名称设计。企业名称是企业与企业之间相区别的根本标志,是用文字来表现的识别要素,一旦注册,便受法律保护。但是,企业名称又不是简单的文字符号,它是企业理念的浓缩,需要综合考虑企业规模、经营范围等因素,而且必须与企业目标、企业宗旨、企业精神等相协调,要有利于树立形象、宣传促销、创造品牌等。在设计企业名称时,一定要突出两个原则,即名称的设计要有个性,而且简短易记,这样才能利于传播。比如,"海尔""联想""方正"等名称,具有独特的个性,使人印象深刻。"狗不理""娃哈哈"等名称朗朗上口,易记易流传。

②企业标志。企业标志是企业的文字名称、图形及其组合的设计,目的是把抽象的企业理念用具体的标志传达给利益相关者。也就是说,企业标志要给利益相关者带来联想,通过标志,可以识别企业及其理念、产品、服务等。因此,企业标志是企业视觉识别要素的核心,一旦确定,不宜经常改变。

企业标志被广泛应用在广告、产品、包装及视觉识别系统中。按照其表现方式的不同,企业标志可分为文字标志、图形标志、组合标志 3 种。

A.文字标志可以直接用中文、外文或汉语拼音的单字或单词构成,如联想、方正、FORD、Haier、APPLE 等,也可以用汉语拼音或外文单词的首字母进行组合,如 BMW、LV、TCL 等。文字标志能直观地传达企业和商品的有关信息,具有可读性、可传播性,但其识别记忆性不及图形标志。

B.图形标志具有生动、形象、便于传达、易于识别记忆的特点,但其可读性较差。

C.图文相结合的组合标志是文字标志和图形标志优势互补的产品,该类型标识将抽象、简单的图形形态与字形组合,融为一体,既保持了文字标志的易读性,又加强了视觉吸引力和品牌个性。如中国联想、麦当劳的标志。

一般来说,企业标志的设计要经过以下几个程序:第一,明确理念,产生创意;第二,拟订设计要求,形成设计预案;第三,进行方案评估,选定企业标志;第四,根据企业标志,进行辅助设计;第五,进行设计制作。

◎资料链接

可口可乐的标志

可口可乐公司的合作人之一弗兰克·鲁滨逊设计了沿用至今的可口可乐名字和商标图案。这就是用红色作为底色,在可口可乐名字左右两侧画上白色水波纹,表示清凉饮料。色彩本身除了具有知觉刺激,以引起人的一定的生理反应之外,还会经由观察者的生活经验、社会意识、风俗习惯、民族传统、自然景观、日常生活等各方面因素的影响,而对色彩产生具象的联想和抽象的情感。可口可乐的商标图案设计正是利用了这种心理特点,使该标志的红色在广大公众的心理产生一种健康的、热烈的、青春的、朝气的、新鲜温暖的而且还是充满气泡、蒸蒸日上的抽象情感和联想。

③企业标准字体。企业标准字体是指由特殊字体组成或用特别设计的文字来表达企业

或产品的名称。它通常是将企业或品牌的名称、宣传标语、广告语等文字通过设计、整体组合成风格独特、个性突出的整体。

在设计标准字时，有以下几个要求：第一，标准字应该与标志等视觉识别的其他要素相配合；第二，标准字应该与企业所处的行业及其经营的产品相呼应，如香水、纤维制品等企业经常使用英文曲线；第三，标准字应该具有独特性，与其他企业存在差异性，能从众多的同行中脱颖而出；第四，标准字具有识别性，字体一定要清晰，容易辨认，这样才能完成标准字本身的原始使命——文字的信息传递。

④企业标准色。企业标准色是指企业根据企业理念和产品特质等的需要而选定的某一特定的色彩或一组色彩系统，它广泛地应用于企业标志、广告、包装、服装、办公用品等应用要素上。标准色是一种独特的企业形象，它利用色彩产生的视觉刺激与心理反应，表达企业的经营理念或产品的内容特性。企业标准色具有强烈的识别效果，是 CIS 设计重要的基本要素。

在设计标准色时，要注意以下问题。第一，企业标准色要有利于表现企业理念，如美国航空公司，使用红、白和蓝 3 种颜色组合构成企业标准色，正好与美国国旗使用的颜色一致，从而清楚地表明了该企业作为美国运输者的地位。第二，企业标准色要显示企业的独特个性，肯德基(KFC)以红色和蓝色两种颜色作为自己的标准色，表达出一种朝气蓬勃的团体精神。可口可乐公司采用红色作为标准色，表达激情、青春和健康的个性。第三，企业标准色要符合大众的心理，便于产品的市场拓展。第四，企业标准色要注意民族倾向，如伊斯兰教忌类似猪的图形和黄色，法国忌用白色和山羊。

⑤企业吉祥物。企业吉祥物是为了强化企业形象而设计的企业造型和具体图案。企业吉祥物很容易唤起社会公众的亲和力和想象力，引起社会关注，与抽象的企业标志和企业标准字相比，往往更有视觉冲击力和情感偏好，更有助于企业与社会公众之间的沟通。

在设计企业吉祥物时，要充分考虑企业的形象定位，还要考虑信仰和风俗问题，另外，还要注意企业经营范围和产品特性。

(2)视觉识别系统的应用要素

①办公用品。办公用品用量大、辐射面广，而且长期使用，因此具有很强的实用价值和视觉识别效用。办公用品主要有名片、信纸、信封、便笺、请柬、贺卡、证书、记事本、公文夹、文件袋、文具、票据、员工证件、报表、资料卡、旗帜、公文箱、公文包等。

②接待用品。接待用品可以很好地向企业的利益相关者展示企业风貌。接待用品主要有水杯、茶壶、保温瓶、烟灰缸、垃圾桶、毛巾等。

③人员服饰。企业人员服饰也可有效传达企业的经营理念、行业特性、精神面貌等。人员服饰主要有各类员工的服装、领带、徽章、胸卡、帽子等。

④交通工具。交通工具是流动的形象展示平台，如果与企业标志、标准字、标准色配合使用，将会产生很强的视觉冲击力。交通工具主要有货车、客车、轿车、班车、旅行车、集装箱、小推车、船舶等。

⑤环境设计。环境设计包括室内和室外的设计。室内设计主要有办公设备、空间设计、室内装修、车间布置、公共环境标识、公告栏等；室外设计主要有建筑外观、风景设计、门面招

牌、路标等。

⑥宣传用品。宣传用品是推出和介绍企业的有效手段。宣传用品主要有企业简介、企业刊物、小册子、图片、宣传单、公关礼品等。

⑦产品包装。产品包装具有商品宣传和美化的作用，是“无声的推销员”，也是视觉识别系统的重要内容。产品包装设计主要有包装箱、包装盒、包装绳、手提袋、包装造型、运输包装、分类包装、赠品包装、印刷品、专用包装纸、标签等。

⑧广告传播。广告是一种经济有效的传播信息的方法。广告传播主要有报纸、杂志、电视、广播、户外的媒体选择和广告设计、展示和促销设计、POP广告、DM广告等。

【任务演练】

VI案例收集整理

演练内容：课后收集VI设计案例。

演练要求：

1.至少收集不同行业的4家企业。

2.分析不同行业的企业在VI设计上的异同点。

3.以PPT形式展示分析结果。

任务3　企业形象策划的组织实施

【导入案例】

广州地铁形象识别系统设计

广州地铁是指服务于中国广东省广州市和珠江三角洲的城市轨道交通系统。广州地铁是国际地铁联盟的成员之一，其第一条线路广州地铁1号线于1997年6月28日正式开通运营，使广州成为中国(不含港澳台地区)第四个、广东省首个开通地铁的城市。

截至2018年12月28日，广州地铁运营线路共14条，共设车站257座，共有换乘站31座，运营里程478千米；运营里程居中国第三，世界第三。2018年，广州地铁日均客运量828.77万人次，总客运量达到30.25亿人次。

广州地铁的标志为羊角造型，结合了广州的别称羊城(Yangcheng)的“Y”缩写和广州市市徽“山羊”；标志可抽象为胜利的手势，寓意欣欣向荣；同时，标志代表了无限延伸的两条铁轨，寓意四通八达，体现了现代化的轨道行业的属性。

CIS策划的实施，是一项复杂的系统工程，需要由专门的健全的组织机构和人员来负责。这些机构主要有企业内部的企业形象策划委员会、企业形象策划执行委员会和专业的企业形象策划公司。在进行调查分析之后,制订出 CIS 策划方案,用以指导 CIS 的具体实施。

10.3.1 成立企业形象策划委员会

企业形象策划委员会是负责 CIS 策划的大政方针、提供信息和后勤保障工作的决策机构。企业在导入 CIS 之前,首先要成立企业形象策划委员会。

1)企业形象策划委员会的主要职责

企业形象策划委员会的主要职责有 10 项:确立 CIS 导入的时间与日程;确立 CIS 导入的方针与政策;确立 CIS 导入的价值取向;全面检讨企业的现状;提供 CIS 设计的全部资料;审定 CIS 设计的各种方案;协助 CIS 设计人员开展设计工作;调动全体人员参与 CIS 导入活动;将 CIS 设计在企业内部全面推行;反馈企业内部与外部对 CIS 设计的意见。

2)企业形象策划委员会的组成原则

①权威性原则,指企业形象策划委员会能独立在企业内全面展开工作,因此,其参加人员必须有高级主管甚至董事长、总经理,其中专家也应该是较高层次的,必须是其意见能够为企业主管部门认可的权威人士。

②代表性原则,指企业形象策划委员会的组成成员要能够代表企业的各个方面,具有广泛的代表性。所以,企业形象策划委员会的成员,要注意从企业的各个部门抽调。

③协调性原则,指企业形象策划委员会必须能保持其内部与外部的高度协调,即在企业形象策划委员会内部,要做到畅所欲言,行动高度统一;在企业形象策划委员会外部,要取得全体员工的支持。因此,要求企业形象策划委员会成员应该有较好的人际关系。

④创见性原则,指企业形象策划委员会及其组成人员应该能够独立地发表有创见性的见解,这样才能保证 CIS 方案的创新性和独特性。

3)委员会的人员构成

①决策人员。决策人员主要是企业主管,他们有权决定企业的一切行为。CIS 设计和传达要靠他们来保障,否则 CIS 策划不可能开展下去。

②职能人员。职能人员主要是企业内部各主要部门的负责人。他们的参加,可以向企业形象策划委员会提供本部门的情况和收集 CIS 策划所需要的信息,还可以掌握 CIS 设计的全部内容并在本部门推行。

③策划人员。策划人员主要是专门的 CIS 策划专家,由他们负责 CIS 的全部具体设计工作。

10.3.2 成立企业形象策划执行委员会

1)企业形象策划执行委员会的任务

企业形象策划执行委员会是隶属于企业形象策划委员会的一个具体从事 CIS 设计与推广工作的机构。它主要有 8 项任务:预测导入 CIS 的具体时段;预算 CIS 导入的费用;提出 CIS 设计的论证报告;对企业内部进行 CIS 诊断;对企业的外部环境进行调查;对企业的理念、行为、感觉识别和传达系统进行设计;负责 CIS 设计的内外推广;负责对 CIS 设计效果进行检验。

2）企业形象策划执行委员会的人员构成

①创意策划专家，负责 CIS 设计过程中的创意构思，一般由 CIS 策划专家担任。

②平面设计人员，是根据策划专家提供的创意，将企业的理念系统、行为系统进行视觉设计的人员。

③市场调研人员，是根据创意策划专家的创意，组织具体市场调查，并将回收资料提供给策划专家的人员。

④文案人员，是负责 CIS 设计过程中的全部文案工作，包括系统的新闻报道人员。

10.3.3 CIS 策划方案的设计

在提出 CIS 策划方案的构想之前，应先自问一个问题：引进 CIS 的真正目的是什么？是不是认为公司本身存在着某些问题，必须加以改善？换个角度讲，是否已经看出 CIS 能解决公司所面临或即将面临的问题。

因此，策划方案的内容应该清楚地突出“问题”和“解决办法”两大重点，并且对具体的实行步骤、方法和预期成果加以说明。

1）CIS 策划方案的内容

如果能列出公司目前的问题，并加以详细说明，就更能打动经营负责人的心。所以，一个完整的 CIS 策划方案，必须包括下列项目。

①标题。

②实施 CIS 的目的。

③实施 CIS 的理由和背景。

④CIS 计划的方针政策。

⑤CIS 的具体施行细则。

⑥CIS 计划的推动者、组织者、协办者。

⑦实施 CIS 计划所需的费用与时间。

在这 7 个项目中有两大重点：实施的目的和实施 CIS 的理由与背景。尤其是实施 CIS 的理由一定要说明清楚，因为它可能决定了公司对 CIS 系统的运作方向。

这里要特别提醒：不能只针对公司目前的缺点，还要根据时代趋势、企业界和同业间的现状，提出看法，并以长远的眼光来审视问题。CIS 计划的方针政策也是策划方案的重心之一，必须根据所列的问题、背景，提出推行 CIS 的基本方针。

2）CIS 执行方案

良好的企业形象不是一朝一夕就能塑造出来的，而是需要长时间累积、培育而成。企业在实施 CIS 方案前，须先针对下列调查重点做深入的了解。

①企业要将自己塑造成什么样的形象？

②企业发展的方向是什么？

③与同行业其他企业相比较，本身是属于哪一层次？

④企业本身知名度如何？在哪一区域的知名度最强？

⑤企业本身形象上有哪些不足？原因何在？

⑥企业对外的形象最能被社会大众接受的是什么？

这些事前的调查作业完成之后，CIS 规划的方向就会浮现出来。根据这些调查结果，提出具体化的概念和提案内容，之后，即可制订 CIS 实施的执行方案。执行方案的大纲包括以下 5 条。

①明确主题。

②拟订具体实施办法。

③编列导入时间预定表。

④明确实施组织功能。

⑤编制经费预算。

CIS 的经费预算大致可分为 4 个方面：企业调查及企划费用、设计开发费用、实施管理费用、其他费用。

【任务演练】

格力空调如何塑造企业形象

演练内容：通过收集相关资料，认真分析格力空调是如何塑造企业形象的。

演练要求：

1.通过多种途径，了解格力空调的 MI，BI，VI 设计内容。

2.分析格力空调如何向外界传播企业的 CI 设计。

【重点概括】

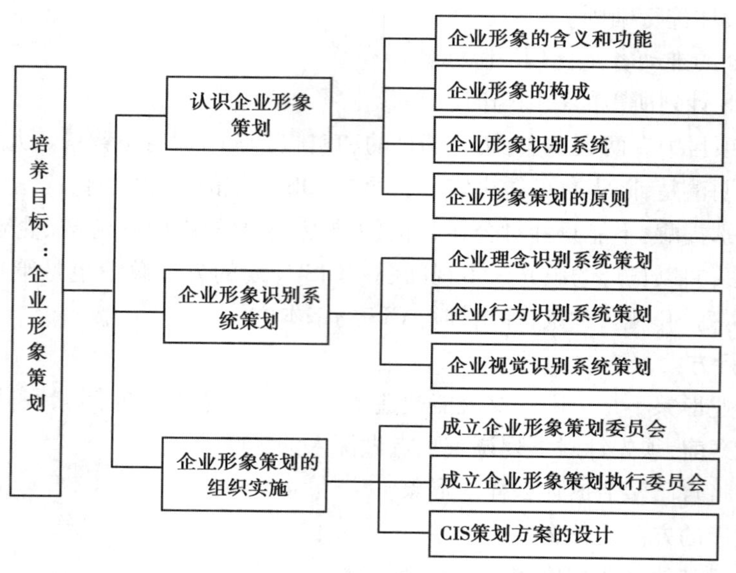

【课后思考】

1.什么是企业形象？企业形象包含哪些要素？

2.简述 CIS 策划的原则有哪些。

3.理念识别包括哪些内容？为什么说企业的理念识别系统是 CIS 的灵魂？

4.海尔："真诚到永远"；华联："天天平价，样样称心"。以上是不是企业精神，为什么？

5.行为识别包括哪些内容？分析企业行为识别系统在 CIS 中的地位和作用。

6.视觉识别包括哪些内容？分析企业视觉识别系统在 CIS 中的地位和作用。

7.企业形象的日常维护和管理有哪些主要工作？怎样才能使 CIS 持续发挥作用？

【案例分析】

李宁体育用品有限公司的 CI 企业形象演变

李宁公司是中国家喻户晓的"体操王子"李宁先生在 1990 年创立的体育用品公司。经过 30 来年的探索，李宁公司已逐步成为代表中国的国际领先的运动品牌公司。产品主要包括自有李宁品牌生产的运动及休闲鞋类、服装、器材和配件产品。

自 2004 年 6 月在香港上市以来，李宁公司业绩持续增长，截至 2018 年 12 月 31 日，李宁品牌在中国境内的线下店铺总数为 6 344 家（不包含李宁 YOUNG），并持续在东南亚、印度、中亚、美国和欧洲等国家和地区开拓业务。

李宁是国内体育用品品牌的佼佼者，李宁标志被大家所熟知。李宁标志的设计元素是运用"李"的拼音首字母"L"，简单而富有含义。

从 1997 年开始，李宁公司根据对中国体育用品市场需求的分析，认识到在年轻人中蕴藏的巨大消费潜力，从而决心将品牌设计风格从单一的大众化塑造成"时尚年轻、具有个性"的城市品牌。这一时期的李宁公司认为开发决定市场，在这一时期的广告中，李宁公司相继使用"把精彩留给自己""我运动我存在"和"季风新运动"作为其广告语。

2002 年，李宁公司确立全新的品牌定位：即"专业化、时尚化、东方特色和国际化"，走上了体育用品专业化的发展道路。其广告诉求改为"李宁，一切皆有可能"。在短短十几秒的品牌广告里，没有绚丽的画面，没有夸张的修饰，而是用最真实的画面，再现了那段年少时美好的回忆，传达出体育无处不在的理念，从而引出"一切皆有可能"的体育精神。

2010 年 6 月 30 日，李宁公司高调宣布品牌重塑战略，发布全新的标识和口号，并对品牌 DNA、目标人群、产品定位等做了相应调整，打造"90 后李宁"。李宁公司新口号为"Make The Change"（"让改变发生"），李宁公司品牌负责人解释称："新的品牌宣言，体现了从敢想到敢为的进化，鼓励每个人敢于求变、勇于突破，是对新一代创造者发出的呼告号召。"此外，李宁品牌新标识不但传承了经典 LN 的视觉资产，还抽象了李宁原创的"李宁交叉"动作，又以"人"字形来诠释运动价值观。

思考题：

李宁体育用品有限公司的 CI 企业形象是如何演变的？背后的原因是什么？

【实训项目】

CIS 策划实训

实训目标：

学生通过该实训，加深对 CIS 构成内容的感性认识，提升对所学知识进行综合应用的能力。

实训内容和要求：

把全班分成若干小组，确定一个负责人，各组为所在学校拟定形象策划，要求包含 MI，BI，VI 3 个系统。

实训效果与检测：

1.利用投影、图片、实物等形式，推选代表在全班进行推介，从各组方案中选出最佳方案。

2.教师根据学生的任务完成情况进行考核与评价，给出实训成绩。

参考文献

[1] 孙玮琳,徐育斐.市场营销策划[M].5 版.大连:东北财经大学出版社,2017.
[2] 方志坚,章金萍.营销策划实务与实训[M].北京:中国人民大学出版社,2011.
[3] 张国良,张付安.市场营销策划[M].杭州:浙江大学出版社,2013.
[4] 孟韬,毕克贵.营销策划:方法、技巧与文案[M].北京:机械工业出版社,2008.
[5] 周玫.营销策划[M].武汉:华中科技大学出版社,2009.
[6] 王学东.营销策划:方法与实务[M].北京:清华大学出版社,2010.
[7] 叶万春,叶敏.营销策划 [M].北京:清华大学出版社,2008.
[8] 马同斌.现代企业营销策划[M].北京:中国时代经济出版社,2004.
[9] 聂艳华,张广霞.营销策划实务[M].北京:科学出版社,2009.
[10] 邓镝.营销策划案例分析[M].北京:机械工业出版社,2007.
[11] 董丛文,易加斌.营销策划原理与实务[M].2 版.北京:科学出版社,2008.
[12] 张昊民.营销策划[M].2 版.北京:电子工业出版社,2010.
[13] 戴国良.图解营销策划案[M].北京:电子工业出版社,2011.
[14] 杨明刚.营销策划创意与案例解读[M].上海:上海人民出版社,2008.
[15] 陈建中,吕波.营销策划文案写作指要[M].北京:中国经济出版社,2011.
[16] 徐汉文,袁玉玲.市场营销策划[M].北京:清华大学出版社,2011.
[17] 张卫东.营销策划:理论与技艺[M]. 2 版.北京:电子工业出版社,2010.
[18] 徐盛华.新编市场营销学基础[M].北京:清华大学出版社,2006.
[19] 郭洪.品牌营销学[M].成都:西南财经大学出版社,2011.
[20] 钟伟.品牌营销策划与管理[M].北京:科学出版社,2009.
[21] 沈巾力.品牌策划与设计教程[M].重庆:西南师范大学出版社,2013.
[22] 程宇宁.品牌策划与管理[M].北京:中国人民大学出版社,2014.
[23] 岑丽莹.中外危机公关案例启示录[M].北京:企业管理出版社,2010.
[24] 王富祥,史本林.企业形象策划[M].武汉:武汉理工大学出版社,2006.
[25] 李怀斌,李响.企业形象策划[M].3 版.大连:东北财经大学出版社,2018.
[26] 李民.企业形象设计[M].南宁:广西美术出版社,2013.
[27] 李凯.CI 教学与设计[M].北京:中国水利水电出版社,2012.

[28] 陈诗江.产品创新：向茅台学习“塔尖战略”[J].销售与市场(管理版),2018(15):79-82.

[29] 孙瑞雪.现象级产品如何延长生命周期[J].销售与市场(管理版),2016(1):64-67.

[30] 谭长春.为什么连统一、娃哈哈都开发不出好产品?[EB/OL].(2017-06-13)[2019-11-30].中国营销传播网.

[31] 何炎冬. 浅谈零售商场的节假日促销[J]. 黑龙江科技信息,2015(25):286.

[32] 崔静.国内百货商场营销策略研究[D]. 贵阳:贵州大学,2009.

[33] 刘朝晖.陈攀峰,姜会.浅析节假日促销策略[J].中国商贸,2010(4):10-11.

[34] 刘光林.浅谈做好节假日促销活动的方法[J].商场现代化,2007(27):22.

[35] 黄静.节假日促销活动的注意事项[J].现代家电,2008(22):24-25.